Rudolf Louis
Die Weltanschauung Richard Wagners

Louis, Rudolf: Die Weltanschauung Richard Wagners
Hamburg, SEVERUS Verlag 2012
Nachdruck der Originalausgabe von 1898

ISBN: 978-3-86347-302-0
Druck: SEVERUS Verlag, Hamburg, 2012

Der SEVERUS Verlag ist ein Imprint der Diplomica Verlag GmbH.

Bibliografische Information der Deutschen Nationalbibliothek:
Die Deutsche Nationalbibliothek verzeichnet diese Publikation in der Deutschen Nationalbibliografie; detaillierte bibliografische Daten sind im Internet über http://dnb.d-nb.de abrufbar.

© **SEVERUS Verlag**
http://www.severus-verlag.de, Hamburg 2012
Printed in Germany
Alle Rechte vorbehalten.

Der SEVERUS Verlag übernimmt keine juristische Verantwortung oder irgendeine Haftung für evtl. fehlerhafte Angaben und deren Folgen.

seVERUS

DIE

WELTANSCHAUUNG RICHARD WAGNERS

VON

RUDOLF LOUIS

SEINEM LIEBEN FREUNDE

LUDWIG JAHN.

Vorwort.

Zur erschöpfenden Behandlung meines Themas hätte es zweifellos mehr als eines dicken Bandes bedurft. Wollte ich innerhalb des engen Rahmens, in dem diese kleine Schrift von Anfang an geplant war, die Fülle des Stoffes einigermaßen bewältigen, so konnte ich einen zweifachen Weg einschlagen. Entweder mußte meine Arbeit den Charakter eines Kompendiums annehmen, das nicht sowohl entwickelt und ausführt, als nur andeutet und aufzählt, — oder ich mußte mich unter Hinweglassung allen Details darauf beschränken, die Hauptpunkte der Wagnerschen Weltanschauung und ihrer Genesis, die dann aber auch mit aller wünschenswerten Ausführlichkeit, zu behandeln. Ich habe keinen Augenblick gezögert, den letzteren Weg zu wählen, schon deshalb, weil mein Buch sich nicht ausschließlich an das engere wissenschaftliche Publikum, sondern vor allem auch an die breite Masse der Gebildeten wendet.

Diese Alternative und die von mir getroffene Entscheidung möge man im Auge behalten, wenn man ein Eingehen auf alle die Einzelanwendungen, welche die Weltanschauung Richard Wagners auf die verschiedensten Gebiete des Lebens und der Kunst in den Schriften ihres Urhebers findet, etwa allzusehr vermissen sollte, — wie ich mich denn andererseits auch nicht vor Wiederholungen gescheut habe, so oft ich solche für die stete Aufrechterhaltung eines ununterbrochenen Zusammenhanges der Darstellung mit jenen Haupt- und Grundgedanken, auf deren Entwickelung es mir vor allem ankam, für nötig erachtete.

Soweit Detailausführungen nicht zu umgehen waren, habe ich mich bemüht, diejenigen Einzelpunkte der Wagnerschen Weltanschauung in dieser Beziehung zu bevorzugen, die mir in der bisherigen Wagnerlitteratur etwas vernachlässigt worden zu sein schienen.

Daß meine Ausführung in manchen Stücken nicht unerheblich hinter meiner Absicht zurückgeblieben ist, dessen bin ich mir selbst sehr wohl bewußt. Möge der einsichtige Beurteiler mit in Erwägung ziehen, wie große Schwierigkeiten eine zugleich knappe und allgemein verständliche Behandlung meines Themas zu überwinden hatte, wenn sie nicht an den Klippen der Einseitigkeit und Oberflächlichkeit scheitern wollte! Das redliche Bestreben, gerade diese letzteren Gefahren thunlichst zu vermeiden, wird man nicht leicht verkennen können, wie man auch sonst über den Wert meiner Arbeit denken möge.

München, im Juli 1898.

R. L.

Inhalt.

Seite

I. Richard Wagner als Künstler und Denker. Kunst und Philosophie 1
II. Die Weltanschauung Richard Wagners als sich entwickelnde Einheit. Die historische Stellung: Beethoven und Schiller. Geistige Eindrücke und Bildungseinflüsse der Jugendzeit 12
III. Richard Wagners künstlerischer und menschlicher Charakter. Die Entwickelung vom Unbewußtsein zum Bewußtsein 39
IV. Das Reinmenschliche als oberster Idealbegriff. Richard Wagner und Ludwig Feuerbach 64
V. Die Kunstwerke vom Fliegenden Holländer bis zum Lohengrin. Der Ring des Nibelungen. Richard Wagner und Arthur Schopenhauer. Tristan und Isolde 101
VI. Vom absoluten zum bedingten Pessimismus. Deutschtum und Christentum. Der Regenerationsgedanke. Die Meistersinger von Nürnberg und Parsifal 149

Die Citate aus Wagners Schriften beziehen sich ausnahmslos auf die 2. Auflage der Gesammelten Schriften und Dichtungen, Leipzig 1888.

I.

Richard Wagner als Künstler und Denker.
Kunst und Philosophie.

Ein tiefes, dem menschlichen Geiste eigentümliches und angeborenes Bedürfnis treibt ihn dazu an, sobald er einmal aus dem primitiven Zustande halbtierischen und unbewußten Dahinvegetierens herausgetreten ist, sich in irgend einer Weise Rechenschaft zu geben über sich und seine Stellung in und zu dem Weltganzen, sich ein Bild auszumalen, welches die ihm von der täglichen Erfahrung gelieferten Einzelzüge zu einem mehr oder minder einheitlichen Ganzen zusammenfaßt, — und es giebt wohl kaum ein menschliches Individuum, das so stumpf wäre, daß es nicht wenigstens die Rudimente einer **Weltanschauung** in diesem Sinne besäße.

Verstehen wir so unter der Weltanschauung eines Individuums ganz allgemein die Summe der von ihm ausgehenden Urteile über Wesen und Wert der Welt, so können wir, unbeschadet der durch keinerlei Klassifizierung zu bewältigenden unendlichen Fülle von **inhaltlichen** Verschiedenheiten, infolge deren, genau genommen, ein jeder Mensch seine eigene, aparte und im tiefsten Grunde auch nur ihm allein vollkommen verständliche Weltanschauung besitzt, in Bezug auf die **Form** und äußere **Einkleidung**, in welcher uns eine Weltanschauung gegenüber tritt, **drei** specifisch verschiedene **Arten** unterscheiden: wir sprechen von **religiöser, künstlerischer** und **philosophischer** Weltanschauung und wollen damit den Unterschied in der **Darstellungsform** bezeichnen, gemäß dem der Schöpfer einer Weltanschauung ihren Inhalt entweder in **Mythen** und **Dogmen**, in **ästhetischen Bildern** oder in **abstrakten Begriffen** niedergelegt hat.

Daraus, daß die religiöse und künstlerische Form der Mitteilung einer Weltanschauung uns schon in frühen Zeiten der menschlichen Geistesentwickelung gegenübertritt, während der Philosoph erst viel später und nur in Zeiten hochentwickelter Verstandeskultur erscheint, hat man wohl geschlossen, daß Religion und Kunst, insofern sie sich, gleich der Philosophie, in den Dienst des »metaphysischen Bedürfnisses« des Menschen stellen und der Vermittelung einer Weltanschauung dienen, lediglich als **Vorstufen** zu der vollendetsten und einzig einem metaphysischen Inhalte vollständig adäquaten Form der **philosophischen Spekulation** zu betrachten seien, welch letztere dann auch natürlicher Weise dazu berufen erscheine, jene primitiven und s. z. s. atavistischen Formen der Darstellung einer Weltanschauung schließlich ganz zu verdrängen und zu ersetzen. Die vielumstrittene Frage, wie sich in dieser Beziehung die **Religion** zur **Philosophie** verhalte, kann uns hier nicht näher beschäftigen. Es genügt darauf hinzuweisen, daß ein Konflikt zwischen den Vorstellungen des religiösen Bewußtseins und den Resultaten des wissenschaftlichen Denkens dann allemal eintreten muß, wenn das verstandesmäßige Erkennen des Menschen soweit fortgeschritten ist, daß es sich außer stande fühlt, gewissen religiösen Lehren und Dogmen mehr als bloß **allegorische** Wahrheit zuzugestehen, während die Vertreter der religiösen Orthodoxie, und von ihrem Standpunkte aus mit Recht, daran festhalten, die Lehren der Religion im eigentlichen, d. h. supranaturalistischen Sinne aufzufassen. Der so entstehende Kampf zwischen dem überlieferten religiösen Dogma und der wissenschaftlich geschulten menschlichen Vernunft führt, wie die Geschichte lehrt, immer zu einer Zersetzung der traditionellen Religion und verurteilt diese schließlich zu einem bloßen Scheindasein, in dem sie solange fortvegetiert, bis sie durch eine neue Offenbarung des religiösen Bewußtseins abgelöst wird.

Ganz anderer Natur ist dagegen das Verhältnis der **Kunst** zur Philosophie, und einzig ein vollständiges Verkennen dieses

Verhältnisses konnte zu dem Glauben verführen, die Kunst als eine primitive und einzig dem Jugendalter der Menschheit angemessene Geistesmanifestation, müsse durch die Fortschritte des wissenschaftlichen und philosophischen Denkens schließlich antiquiert und überflüssig gemacht werden.

Daß dies unmöglich ist, davon überzeugt schon eine oberflächliche Betrachtung der charakteristischen Eigentümlichkeiten, welche die künstlerische Form der Mitteilung einer Weltanschauung von der philosophischen und wissenschaftlichen unterscheidet. Beide, der Philosoph wie der Künstler, gehen aus von dem, was man im weitesten Sinne des Wortes Anschauung nennt, von einem sinnlichen Eindrucke, einem konkreten Erlebnisse, in dem ihnen mit der unvermittelten Plötzlichkeit einer Offenbarung ein Licht aufgeht über eine bisher dunkel gebliebene Seite der Welt. Aber während für den Philosophen die Anschauung nur der Ausgangspunkt ist, den sein Denken sogleich wieder verläßt, um in eine ganz andere Sphäre, nämlich die der Abstraktion, überzugehen, d. h. um seine konkreten Anschauungen in allgemeine Begriffe umzusetzen, aus der Fülle der besonderen Einzelfälle Gesetz und Regel, aus dem Individuellen das Typische und Generelle zu abstrahieren und s. z. s. die Arithmetik der Erfahrung zu einer Algebra des Denkens zu sublimieren, — besteht die Eigentümlichkeit des künstlerischen Verfahrens darin, daß der Künstler bei der Anschauung stehen bleibt und das, was ihm sein genialer Blick in die Welt geoffenbart hat, nicht wie der Philosoph zum Zwecke der Mitteilung in die Sprache der Vernunft und des abstrakten Denkens übersetzt, sondern im Kunstwerke anschaulich gestaltet, d. h. die Welt, wie er sie geschaut hat, in einem konkreten und sinnlichen Abbilde zur Darstellung bringt. Darauf nun, daß der Künstler in der Sphäre der Anschauung verharrt und überhaupt nicht aus ihr heraustritt, beruht die eigentümliche Bedeutung seines Werkes, das, was ihn vom Philosophen unterscheidet und zugleich verbürgt, daß sein Schaffen niemals durch die Arbeit des wissenschaftlichen Denkens antiquiert und ersetzt werden kann.

Denn der Weg von der Anschauung zum abstrakten Begriff ist ein weiter und mannigfach vermittelter; ja es kann zweifelhaft erscheinen, ob es überhaupt möglich sei, den Inhalt einer konkreten Anschauung vollkommen restlos und ungetrübt in die ihrer innersten Natur durchaus inadäquate Sprache der Vernunft zu übersetzen. Und wenn wir das auch dahin gestellt sein lassen wollen, so muß doch auf alle Fälle die Anschauung an Frische, Unmittelbarkeit und Lebendigkeit verlieren, ihre organische Einheit muß in die Dialektik des »dis-kursiven« Denkens »auseinander gehen«, um überhaupt in Begriffen wiedergegeben werden zu können. — Da erscheint denn das Kunstwerk als der berufene Vermittler zwischen der konkreten Sinnlichkeit des lebendigen, realen Seins und der rein gedanklichen Abgezogenheit der abstrakten Begriffswelt. Nicht mehr ganz »objektive« Natur, sondern bereits durch das Prisma einer Subjektivität hindurchgegangen und durch dieses zum Spektrum einer individuellen Anschauung auseinander gezogen, sind die Gestalten des Künstlers doch noch soweit Naturprodukt, daß sie sich zunächst und direkt an das primäre Geistesvermögen des Menschen, die Anschauung, wenden, geradeso wie die Naturerscheinungen selbst, daß sie die konkrete Fülle und lebendige Sinnenfälligkeit des realen Seins beibehalten, indem das Allgemeine in ihnen nicht als toter, abgezogener Begriff, sondern als konkrete, ihre Existenz nur im individuellen Einzelnen habende Idee erscheint, der Künstler, um in der Sprache der Scholastiker zu reden, die »*universalia in re*« giebt, nicht wie der Philosoph, »*post rem*«. Durch diese größere Unmittelbarkeit der Sprache des Künstlers, seine »Ungebrochenheit« und Naivetät, ist es ihm möglich, das mit einem Schlage und als direkt einleuchtendes Erlebnis uns mitzuteilen, wozu der philosophische Denker eines mannigfach vermittelten, eigentlich nur auf Umwegen sein Ziel erreichenden gedanklichen Prozesses bedarf.

Darum wird auch gerade der echte Philosoph im Künstler seinen natürlichen Bundesgenossen erblicken, dessen Werk seinem Denken nicht nur als Quelle dient — nämlich als »Natur aus zweiter Hand«, als »*nature vue à travers un tempérament*«, wie Zola sagt —, sondern auch als Ergänzung, die allemal da einzutreten hat, wo seine eigene Sprache, die der abstrakten Vernunft, nicht mehr ausreicht, den tiefsten Gehalt seiner ursprünglichen Anschauung zu völlig überzeugendem und zwingendem Ausdruck zu bringen. Weit entfernt also, daß der Künstler, als eine nur der Kindheit des Menschengeschlechtes angehörende Erscheinung, schließlich einmal dem Philosophen das Feld zu räumen und sich von diesem zu mediatisieren lassen hätte, herrschen beide mit unbeschränkter Souverainetät in zwei verschiedenen, aber benachbarten und einen lebhaften Grenzverkehr miteinander treibenden Reichen. Sie rivalisieren nicht, sondern ergänzen einander, und eben deshalb, weil der Künstler das hat, was dem Philosophen fehlt, und dieser wieder im Besitze dessen ist, was jenem unerreichbar bleiben muß, kann keiner ohne den anderen leben, sind beide aufeinander angewiesen; und wie die Philosophie auf den Höhepunkten ihrer geschichtlichen Entwickelung die Kunst auf das nachhaltigste und fruchtbarste beeinflußt hat, so ist auch andererseits das Studium der Weltanschauung eines genialen Künstlers nicht nur für die tiefere Ergründung der Natur des künstlerischen Individuums selbst, sondern auch für das philosophische Erkennen im allgemeinen von der allergrößten Bedeutung.

Treten wir nun an die Aufgabe, die Weltanschauung Richard Wagners zu entwickeln, selbst heran, so finden wir als Quellen unserer Darstellung zwei verschiedene Arten von Kundgebungen, in denen der Meister seine Ansicht vom Wesen der Welt niedergelegt hat: seine Kunstwerke und seine (prosaischen) Schriften — und es ist zunächst notwendig, Wert und Bedeutung beider für unser Unternehmen zu charakterisieren und gegeneinander abzuschätzen. Da soll denn zu allererst ausdrücklich konstatiert werden, wie wir keinen Augenblick vergessen wollen, daß Richard Wagner in erster Linie Künstler gewesen ist, erst in zweiter Denker und philosophischer Schriftsteller, und zwar so sehr, daß wir auch bei Beurteilung seiner Prosaschriften, wenn wir sie im richtigen Lichte erblicken wollen, niemals aus dem Auge verlieren dürfen, daß sie ein Künstler geschrieben hat, dem als solchem das unbestreitbare Recht zusteht zu verlangen, daß man an seine philosophischen Arbeiten, was streng wissenschaftliche Systematik, fachmännische Vorbildung, überhaupt die äußere Form und Einkleidung der Gedanken anbelangt, nicht denselben strengen Maßstab anlege, wie an die Werke des zünftigen Philosophen. Für diesen Mangel entschädigen die Wagnerschen Schriften vollauf durch ihren hohen substantiellen Gehalt, die sprühende Lebendigkeit und Unmittelbarkeit ihres Vortrags und vor allem dadurch, daß der Gegenstand, der ihren Hauptinhalt ausmacht und im Lichte dessen ihr Urheber die ganze Welt erblickt, die Kunst, ihm nichts Fremdes, von außen Aufgenommenes, sondern ein durchaus und innigst Vertrautes, mit seinem eigenen Wesen und Wollen geradezu Identisches ist. Es gehört daher die ganze selbstgefällige Überhebung des philiströsen Zunftgelehrten dazu, um den Wert solcher, streng genommen allerdings nur halbphilosophischen, Offenbarungen des Genies gänzlich zu verkennen und bei ihrer Beurteilung, wie dies gerade Wagnern gegenüber öfter geschehen ist, einzig an ihrer formalen Außenseite hängen zu bleiben.*

Damit, daß wir in Wagner vor allem und in erster Linie den Künstler sehen, hinter den der von jenem zudem in jeder Beziehung abhängige Denker durchaus zurücktritt, haben wir nun für unseren Zweck einer Darstellung der Weltanschauung des Meisters seine Schriften zwar als die erste und nächstliegende Quelle erkannt, um zu erfahren, wie Wagner über die Welt dachte, zugleich aber auch zugestanden, daß diese Schriften nur im Zusammenhang mit den das eigentliche Lebenswerk des Meisters bildenden Kunstwerken, in welchen sich uns offenbart, wie Wagner die Welt anschaute, wahrhaft verstanden und gewürdigt werden können. Die Kunstwerke und ihr poetischer Gehalt werden uns immer als die oberste Instanz zu gelten haben für jegliche Beurteilung des inneren Kerns der Wagnerschen Weltanschauung, und gerade auch seine Schriften werden wir erst dann für unsere Absicht recht nutzen können, wenn wir sie zusammen mit den Kunstwerken als deren Ergänzung, das gesamte Schaffen und Wirken des Meisters als eine organische Einheit betrachten.

Denn nicht so ist die vielseitige Begabung eines Wagner

---

* Vergl. meinen Aufsatz »Richard Wagner als Musikästhetiker« in »Die redenden Künste«. 1896/97, Heft 43 ff., namentlich S. 1059 ff.

zu verstehen, als ob da wunderbarerweise zwei grundverschiedene Seelen, eine künstlerische und eine philosophische, in einen Körper gefahren wären und da nun, so gut es ging, nebeneinander gehaust hätten, — vielmehr ist das Grundstreben, welches das innerste Wesen des Wagnerschen Wollens ausmacht, ein einziges und durchaus einheitliches: es ist gerichtet auf die Verwirklichung eines dramatischen Kunstwerkes, wie es sich ihm gemäß seiner Begabung als Worttondichter als naturgemäßer Ab- und Zusammenschluß der bis auf ihn getrennten Entwickelung des gesprochenen Dramas und der Oper geoffenbart hatte.

Nichts ist daher verkehrter und unsinniger als jenes oft gehörte Gerede, Wagner hätte besser gethan, bei seinem Leisten zu bleiben, als sich um Dinge zu kümmern, wie Politik, Religion u. s. w., die ihn als Musiker doch eigentlich gar nichts angingen. Denn abgesehen davon, daß nicht einzusehen ist, warum einem denkenden Menschen verwehrt sein sollte, jenen höchsten Fragen des äußeren und inneren Menschenlebens, die dazu noch für jedermann das allerhöchste persönliche Interesse haben, seine Aufmerksamkeit und Thätigkeit zuzuwenden, selbst wenn er nur Künstler ist, — Wagner hat auch jenen gutgemeinten Rat in Wirklichkeit so sehr befolgt, daß er Zeit seines Lebens eigentlich über gar nichts anderes geschrieben hat, als über das von ihm angestrebte Kunstwerk. Das klingt paradox, wenn man die mannigfaltigen Gegenstände, welche in den Wagnerschen Prosaschriften behandelt werden, sich vergegenwärtigt, ist aber nichtsdestoweniger buchstäblich richtig. Denn so sehr erblickt er die ganze Welt nur im Lichte und in Beziehung auf die ihm gewordene individuelle Lebensaufgabe, daß man ihn mit einem Wanderer vergleichen könnte, der unentwegt die eine Straße, welche er einmal eingeschlagen, einhält, ohne jemals von ihr abzuweichen. Aber auch nichts, was ihm auf dieser Straße begegnet, entgeht ihm; wehrt ihm ein den Weg versperrendes Hindernis die weitere Verfolgung seiner Bahn, so macht er sich zunächst daran, dieses aus dem Weg zu räumen; kommt er an einen höher gelegenen Punkt, der einen freien Ausblick gewährt, so genießt er diesen in vollen Zügen, und manchmal besteigt er einen steilen Gipfel, um sich aus dem Erschauen des fernen

Zieles Mut und Kraft zu holen für unermüdetes Weiterwandern; wüste Strecken sind es, die er oft zu durchschreiten hat, spärlich die Oasen. Sollte es am Ende nur das Luftschloß der Fata morgana sein, das er als lockendes Ziel am fernen Horizonte zu erblicken wähnt? Einerlei, auf alle Fälle wird es von höchstem Interesse sein, unseren Wanderer auf seinem Wege zu begleiten.

Eigentlich gesprochen: Wagner erstrebt die Verwirklichung seines Kunstideals, er erkennt die Unmöglichkeit seiner vollen Verlebendigung und Realisierung unter den modernen Kunstverhältnissen, wie sie ihm als ein notwendiger Ausfluß unseres ganzen socialen und öffentlichen Daseins, unserer Civilisation und Kultur erscheinen: daher seine Kritik dieser Zustände. Aber auch abgesehen von diesen äußeren Hindernissen gelangt er in Verfolgung seines Weges an einen Punkt, wo sich ihm die unabweisliche Nötigung aufdrängt, über sein eigenes Wollen zu vollständig klarem Bewußtsein zu gelangen und das, was er bis dahin instinktiv und unbewußt angestrebt hatte, mit der Fackel des begrifflichen Erkennens zu beleuchten: so entstehen anscheinend rein theoretische Werke, wie »Oper und Drama«.

Er findet Genossen auf seinem Wege, solche, die vor ihm dieselbe Straße gezogen, und solche, die mit ihm gleichzeitig nach demselben Ziele streben; es drängt ihn, sich mit ihnen auseinanderzusetzen, über ihr Wesen und Wollen im Verhältnis zu seinem eigenen sich klar zu werden: so macht er einen Beethoven, einen Liszt zum Gegenstand seiner kunstphilosophischen Untersuchungen u. s. w. Aber immer und überall werden wir in den Prosaschriften des Meisters diese enge und genaue Beziehung zu seinem künstlerischen Wollen und Streben, seiner eigentlichen Lebensaufgabe finden; nur wenn wir dies nie vergessen, werden wir im stande sein, Wagner als Denker richtig zu verstehen und zu würdigen; dies außer Acht gelassen, muß diese Seite seiner Thätigkeit notwendigerweise in falschem Lichte erscheinen und ungerecht beurteilt werden. Hüten wir uns also vor allem vor der irrtümlichen Meinung, Wagner habe irgendwie außerkünstlerische Zwecke verfolgt, etwa ein philosophisches System begründen oder eine religiöse Sekte stiften wollen. Wagner war Künstler, und zwar im tiefsten Grunde seines Wesens nur

Künstler. Wenn er sich nicht damit begnügen konnte, bloß Kunstwerke zu schreiben und diese aufzuführen, so lag das eigentlich immer nur daran, daß es ihm zeitweise, in gewissem Sinne sogar sein Leben lang verwehrt war, dies so zu thun, wie er es einzig wollen konnte, nämlich so, daß diese Werke für sich allein ohne die Möglichkeit eines Mißverständnisses oder einer Mißdeutung dem Publikum seine Meinung und Absicht vollkommen verständlich übermittelt hätten. —

Eine jede Weltanschauung ist individuell gefärbt, subjektiv und somit einseitig, schon deshalb, weil wir die Dinge nur so und soweit kennen, wie sie uns erscheinen, als unsere Vorstellung, und weil als subjektive Faktoren, welche diese bedingen, neben der uns allen gemeinsamen Organisation des Erkenntnisvermögens nicht minder die individuellen Differenzen, Charakter, Temperament, Stimmung u. s. w. in Frage kommen. In ganz besonders hohem Grade gilt dies von der künstlerischen Weltanschauung; denn alle jene individuellen Einflüsse, welche der philosophische Denker bis zu einem gewissen Grade als »Fehlerquellen« betrachten und eliminieren kann, sie machen sich beim Künstler ohne allen Gegeneinfluß geltend; was für den Philosophen ein oft lebhaft gefühlter Mangel ist, den er möglichst unschädlich zu machen sucht, die individuelle und subjektive Bedingtheit und Einseitigkeit seiner Weltanschauung, für ihn »ein Erdenrest zu tragen peinlich«, gerade das betrachtet der Künstler als einen ihm eigentümlichen Vorzug. Und mit Recht. Denn diese Einseitigkeit, mit welcher der Künstler alles s. z. s. vom »egocentrischen« Standpunkt aus betrachtet, sie allein verleiht ihm jene ruhige Festigkeit und eindringende Tiefe des Blicks, die ihn Abgründe erhellen lässt, die dem wissenschaftlichen Denken ewig im Dunkel bleiben oder im irrlichterierenden Hin- und Herflackern des dialektisch sich widersprechenden Für und Wider das augenblendende und alles bestimmte Erkennen eines festen Gegenstandes unmöglich machende Antinomienspiel eines unentschiedenen Skepticismus zeigen. Man könnte die künstlerische Individualität in dieser Beziehung vergleichen mit einem scharf geschliffenen, aber gefärbten Augenglase. Freilich zeigt es uns alle Gegenstände in einer einzigen, einfarbigen Beleuchtung, aber es entschädigt dafür durch die geradezu magische Erhöhung der Sehkraft, die es unserem Gesicht verleiht. Je genialer der Künstler ist, desto mehr tritt dieser Nachteil hinter dem Vorzug zurück, desto weniger ist jene individuelle Beleuchtung eine inhaltliche Fälschung oder Trübung des Wesens der Dinge, desto ausschließlicher erstreckt sie sich allein auf die formale Gestaltung und Art der Mitteilung; denn, wie schon Schopenhauer sagt, »Genialität ist Objektivität«, — aber nicht jene oberflächliche, welche aus dem sich widersprechenden Für und Wider das arithmetische Mittel einer lendenlahmen Kompromißmeinung zieht, welche ihre Individualität zurücktreten und schweigen läßt, soweit sie überhaupt eine solche hat, nicht jene Objektivität der »*aurea mediocritas*«, sondern eine ganz anders geartete, welche dadurch entsteht, daß sich das künstlerische Subjekt zur Weltseele erweitert, daß das Individuum alles Seiende in sich aufnimmt und aus seiner selbsteigenen schöpferischen Urkraft heraus neu gebiert, — die Objektivität der im Gegensatz zur diskursiven Vernunft *uno obtutu* das Wesen der Dinge erfassenden genialen Intuition.

Diese höchste Art genialer Objektivität, welche identisch ist mit der Subjektivität eines das All umfassenden, wahrhaft universal veranlagten Individuums, besaß kein Künstler mehr als Wagner, und er besaß sie in so hohem Maße gerade wegen seiner »Einseitigkeit«, die ihn, unbekümmert um einen möglichst vorurteilsfreien und allgemein zugänglichen Standpunkt, die ganze Welt s. z. s. *sub specie suae ipsius individualitatis* erblicken ließ, die ihn befähigte, den Dingen auf den Grund zu sehen, weil er ihre Seele in sich aufgenommen, sich in ihnen wiedererkannt und sie in seinem und durch seinen eigenen Geist zu neuem bewußtem Leben erweckt hatte. Wie viel diese gute Einseitigkeit des genialen Individuums mehr wert ist und tiefer dringt als die an ihrem Orte und innerhalb der ihr gezogenen Schranken ja keineswegs zu verachtende individualitätsentleerte wissenschaftliche Objektivität, das können wir von niemand besser lernen, als von dem großen Bayreuther Meister. Und daß wir diese Lehre nötig haben, dürfte so lange unbestreitbar sein, als wir noch immer nicht ganz aufgehört haben, eine charakter- und physiognomielose Allerweltsobjektivität, die zudem oft nichts weiter ist als ein billiger Deckmantel für marklose Gesinnungslosigkeit und feige Opportunitätspolitik, schon an und für sich für etwas Höheres zu halten als das Recht einer autonomen und selbsterworbenen eigenen Meinung, solange noch die Charakteristik, welche Bogumil Goltz einmal vom modernen Menschen entwirft und welche ich mir nicht versagen kann hier *in extenso* anzuführen, mehr oder minder zutrifft. »Der moderne Fluch und Unsinn,« meint der geniale, heutzutage leider Gottes viel zu wenig mehr gelesene Seelenkündiger, »ist die überall angestrebte Universalität, Objektivität und Weltbürgerlichkeit. Die gebildeten Leute möchten heute rechts und links, oben und unten, sie möchten witzig und weise, pfiffig und einfältig, und Alles in Allem und in einem Atem sein, und darum sind sie eben charakterlose Gaukler und Narren, darum sind sie nichts. Die Bestimmung des Volks ist aber Stärke, Tiefe und Festigkeit in der Einseitigkeit und Subjektivität. Einer großen, wahren Idee, einem Gefühl soll der Mensch mit aller Kraft der Seele und des Geistes hingegeben sein, das macht ihn charakterfest, freudig und frei. Wer aber keinen festen Anknüpfungspunkt im Innern hat, der buhlt mit allen Erscheinungen und geht mit keiner eine Ehe ein, — der ist ein Rohr im Winde. Es gilt aber, das Leben in einem und demselben Gesichtswinkel festzuhalten, es gilt einen festen Standpunkt in diesem Wechsel und Wandel der Erscheinungen, es gilt Tiefe und Einseitigkeit; denn wer Eines versteht und lebt, der versteht und lebt Alles, da die Welt dieselbe ist überall.« (Das Menschendasein in seinen weltewigen Zeichen und Zügen. I. S. 299 f.)

II.

Die Weltanschauung Richard Wagners als sich entwickelnde Einheit. Die historische Stellung: Beethoven und Schiller. Geistige Eindrücke und Bildungseinflüsse der Jugendzeit.

Die Darstellung der Weltanschauung eines genialen Individuums hat sich vor zwei Klippen zu hüten, wenn sie nicht einseitig werden und damit ihren Zweck verfehlen soll. Ist nämlich die geistige Individualität des Genies eine reiche und mächtige, erstreckt sich sein Leben und Schaffen über eine lange Reihe von Jahren, innerhalb welcher die verschiedensten intellektuellen Strömungen und Eindrücke auf ihn einwirken, so ist es unausbleiblich, daß seine Schöpfungen und Mitteilungen, die Quellen der Darstellung seiner Weltanschauung, ein gar wechselndes Antlitz zeigen, ja daß sich zu verschiedenen Zeiten ausgesprochene Ansichten nicht nur zu widersprechen scheinen, sondern thatsächlich für das logische Denken unvereinbar sind. Kann man dies schon bei jedem genialen Philosophen beobachten, so braucht man sich nicht sehr zu wundern, daß solche Widersprüche in den Äußerungen eines genialen Künstlers, der sich als solcher zunächst und mit dem Gros seiner Schöpfungen, als welches Kunstwerke sind, gar nicht an die Vernunft, sondern an Gefühl, Phantasie und Anschauung wendet, uns noch viel häufiger begegnen. Da liegt denn die Gefahr nahe, daß der Darsteller, an der Außenseite hängen bleibend, über der Beobachtung und Konstatierung formaler Widersprüche, die im Grunde trotzdem vorhandene materiale Einheit aus dem Auge verliere. Statt Satz und Gegensatz gleichsam als Revers und Avers derselben Medaille zu betrachten, die sich einander ergänzen, und nebeneinander gehalten, ja als zusammengehörige Einheit erfaßt werden müssen, wenn ein nur als untrennbares Ganzes zu verstehendes Bild uns nicht in seine einzelnen Teile zerfallen soll, wird er da einen Wechsel der Anschauung, eine Sinnesänderung annehmen, wo in Wirklichkeit nur eine neue, bis dahin latent gebliebene Seite derselben Ansicht ans Tageslicht des Bewußtseins tritt, dieselbe Überzeugung, nur in anderer Beleuchtung, sich uns darbietet. Ein solcher Darsteller, der nicht bis zu dem Kernpunkt der Individualität vorzudringen vermag, wo alle ihre verschiedenen Äußerungen und Bethätigungen ihren Einheitspunkt haben und wie die Radien im Centrum des Kreises sich schneiden, der sich darauf beschränkt, — um im Bilde zu bleiben — s. z. s. bloß die Abstände der Endigungspunkte der verschiedenen Radien auf der Peripherie des Kreises zu messen, der wird immer auch Einwirkung und Einfluß fremder Lehren und Meinungen auf die von ihm dargestellte Weltanschauung mehr oder minder überschätzen, und damit gerade das, was das Wichtigste und Wesentlichste an ihr ist, nämlich das Eigentümliche und Originale, aus persönlichem Schauen und Erleben Hervorgegangene, das Individuelle und Eigenständige zu kurz kommen lassen.

Bei der Darstellung der Weltanschauung eines Künstlers liegt diese Gefahr doppelt nahe: denn soweit er dieselbe in Kunstwerken niedergelegt hat, ist sie an den in den seltensten Fällen vom Künstler frei erfundenen Stoff gebunden. Dieser ist ihm gegeben, von außen aufgenommen; er ist für den geistigen Inhalt, welchen uns der Künstler mitteilen will, einerseits die Form, in welcher er erscheint, andererseits aber auch die »Einkleidung«, welche ihn bis zu einem gewissen Grade verhüllt. Je mehr wir also an der stofflichen Außenseite des Kunstwerkes haften bleiben, desto mehr kleben wir an dem, was dem Künstler eigentlich gar nicht selbst angehört, während wir erst, wenn wir unser Augenmerk auf das richten, was der Künstler aus dem Stoffe gemacht hat, auf die mit ihm vorgenommenen Veränderungen, die Gestaltung und Formung im weitesten Sinne des Wortes, hoffen dürfen, den eigentlichen dem Künstler angehörigen Inhalt des Kunstwerkes zu erfassen. — Soweit der Künstler aber als Denker sich vernehmen läßt, wird er immer — denn daß dasselbe Individuum gleichzeitig genialer Künstler und primärer, ein selbständiges, eigenes System begründender Philosoph ist, dürfte kaum vorkommen — gezwungen sein, die begrifflichen Formen für die Mitteilung seiner Anschauung einem fremden philosophischen Systeme zu entnehmen. Diese

Begriffe werden nun der eigentlichen Meinung des Künstlers nicht immer vollständig entsprechen, und wenn wir jene selbst richtig erfassen wollen, werden wir zwischen den Zeilen lesen, uns in die Seele des Künstlers hineinversetzen, den Kern von der Schale wohl unterscheiden müssen. Wie der »Stoff« des Kunstwerkes nur das Medium ist, mittels welchem der Künstler uns ein Eigenes mitteilt, gerade so sind die einem bestimmten philosophischen System entlehnten Begriffe seiner theoretischen Schriften nur das immer mehr oder minder ungenügende Hilfsmittel, dessen er sich bedient, um in der ihm eigentlich fremden, auf alle Fälle aber ungewohnten Sprache der abstrakten Vernunft sich überhaupt nur verständlich machen zu können. Beide verhalten sich zum innersten Wesen der vom Künstler intendierten Kundgebung, wie die »Welt als Vorstellung« zum »Ding an sich«, wie das Phänomenale (Existentielle) zum Essentiellen in der idealistischen Metaphysik; denn gerade so wie dieses in jenem sowohl erscheint und sich offenbart, als auch sich hinter ihm verbirgt und verhüllt, so dürfen wir auch bei der Darstellung und Beurteilung der Weltanschauung eines Künstlers die Bedeutung des »Stoffes« der Kunstwerke, wie die der begrifflichen Einkleidung seiner theoretischen Lehrmeinungen nicht überschätzen, wenn wir diese selbst in richtigem Lichte und in ihrer individuellen Einheit erblicken wollen. So wäre es z. B. durchaus falsch, aus dem äußeren Umstande, daß Wagner die Fabel seiner früheren Werke »Tannhäuser« und »Lohengrin« dem Sagenschatze des christlichen Mittelalters, die des späteren »Ring des Nibelungen« dagegen der altnordischen Mythologie entnahm, um erst wieder mit dem »Parsifal« einem christlichen Stoffe sich zuzuwenden, die abenteuerliche Ansicht herzuleiten, Wagner sei bis zu seinem 35. Lebensjahre etwa gläubiger Christ gewesen, dann plötzlich ungläubiger Heide geworden, um sich schließlich wieder zu den Heilswahrheiten der christlichen Religion bekehren zu lassen, — und daraus, daß der Meister in seinen großen theoretischen Schriften von Anfang der fünfziger Jahre sich der philosophischen Terminologie Ludwig Feuerbachs bediente, während er nach seiner Bekanntschaft mit den Werken Schopenhauers sich mit Vorliebe an diesen in seinem Denken anschloß, folgt nicht, daß er in jener früheren

Zeit durchaus und in jeder Beziehung (z. B. auch als Künstler) Optimist gewesen sei, um sich dann plötzlich und unvermittelt unter der Ägide des großen Frankfurters dem Pessimismus zuzuwenden, wie man wohl gemeint hat. Vor solcher Äußerlichkeit und Oberflächlichkeit wollen wir uns hüten. Wir wollen niemals vergessen, daß wir erst dann überzeugt sein dürfen, in den Kern einer individuellen Weltanschauung eingedrungen zu sein, wenn wir sie als ein im Grunde Einheitliches und Selbständiges, und deshalb auch trotz alles Wechsels ihrer äußeren Erscheinungsformen in ihrem innersten Wesen Konstantes und Beharrendes erkannt haben.

Je mehr wir nun aber diese innere Einheit und Konstanz der Weltanschauung eines genialen Individuums betonen und hervorheben, desto größer wird die Gefahr, in das entgegengesetzte Extrem zu verfallen, an der zweiten jener oben erwähnten Klippen zu scheitern, indem wir nämlich verkennen, daß Leben und Entwickelung gleichbedeutend sind, daß auch der Geist sich nur dadurch lebendig erhalten kann, daß er fremde Stoffe in sich aufnimmt, daß er sich fortwährend erneuert und damit verändert, daß das Individuum — ob man es nun philosophisch als bloß der »Welt als Vorstellung« angehörig oder als schlechthin ewiges Wesen von metaphysischer Aseität betrachten mag — jedenfalls in die Erscheinung treten kann nur als bedingt durch seine Bezogenheit auf andere. Wenn uns die Weltanschauung eines Richard Wagner daher mehr und etwas Besseres sein soll als ein totes Dogma, nämlich etwas Lebendiges, weil Erlebtes und Empfundenes, so ist es ganz selbstverständlich, daß wir ihre Einheit nicht in dem Sinne zu verstehen haben, daß sie in einem bestimmten Augenblicke, wie die Athene aus dem Haupte des Zeus, fix und fertig dem Gehirne des Künstlers entsprungen sei und nun durch ein an Erlebnissen, Erfahrungen und Studien überreiches Leben von 70 Jahren sich unverändert in ihrer ursprünglichen Gestalt erhalten habe. Wir werden vielmehr von vornherein als sicher annehmen können — und die Quellen beweisen es aufs unwiderleglichste —, daß die Weltanschauung unseres Meisters gemäß seinem reichen und bewegten Geistesleben eine zeitliche Entwickelung erfahren habe, daß ihm verwandte Geister der Vor-

und Mitwelt sie auf das nachhaltigste beeinflußten, so daß eine »Dogmatik« derselben zu schreiben, ohne die Eigentümlichkeiten der einen Periode zu Gunsten einer anderen zu vernachlässigen oder gar zu fälschen, ein Ding der Unmöglichkeit wäre.

Wenn wir nun trotzdem von einer Weltanschauung Richard Wagners und nicht von verschiedenen, sich in der Geistesentwickelung des Künstlers ablösenden und aufeinander folgenden Weltanschauungen reden, so wollen wir damit nicht bloß sagen, daß die verschiedenen Entwickelungsphasen der Wagnerschen Weltanschauung in der lebendigen Individualität des Künstlers ihre organische Einheit haben, sondern vor allem auch dies, daß das Urteil über das Wesen der Welt, wie es sich dem Künstler aus seinem ersten hellen und ungetrübten Blicke in die Tiefen des menschlichen Daseins geoffenbart hatte, seinem innersten Kerne nach im Laufe seines Lebens sich immer gleich bleibt, daß die Entwickelung Wagners keine plötzlichen Schwankungen und unvermittelten Wendungen aufweist, daß vielmehr alle die Änderungen, welche seine Weltanschauung in den verschiedenen Perioden seines Lebens erleidet, einzig und allein dadurch entstehen, daß neue Seiten und Elemente seiner geistigen Natur, welche in einer früheren Phase s. z. s. »unter der Bewußtseinsschwelle« geblieben waren, schärfer und in hellerer Beleuchtung hervortreten, daß das, was zuvor latent und unbewußt gewesen war, nun deutlicher und kenntlicher von dem dunkeln Hintergrund sich abhebt, hinter dem nun jenes andere zuvor Beleuchtete verschwindet.

Wie mir scheint haben die beiden Autoren, welche vor mir den Versuch einer Darstellung der Weltanschauung Richard Wagners gemacht haben, Hugo Dinger und Houston Stewart Chamberlain,* diese Wahrheit, daß das geistige Leben eines Künstlers nur dann wahrhaft und in seinem innersten Wesen zu verstehen ist, wenn man es einerseits als strenge Einheit, andererseits aber auch als sich entwickelnde Einheit auffaßt, nicht genügend gewürdigt, — ersterer, indem er die Bedeutung

---

* Vergl. Hugo Dinger, Richard Wagners geistige Entwickelung, Band I. Leipzig 1892, u. H. St. Chamberlain, Richard Wagner, München 1896.

der Wandlungen in der geistigen Entwickelung des Meisters, namentlich aber auch die der fremden Einflüsse auf dieselbe, überschätzt und so die organische Einheit der geistigen Natur des Künstlers zerstört, letzterer, indem er durch sein Bestreben, gleichsam eine Dogmatik des Wagnerschen Denkens zu geben, sich verleiten läßt, das entwickelungsgeschichtliche Moment über Gebühr zu vernachlässigen und die Bedeutung fremder geistiger Einflüsse für das Wachsen und Werden der Wagnerschen Weltanschauung in einer Weise zu unterschätzen, wie es mit den geschichtlichen Thatsachen nicht immer zu vereinbaren ist.

Diese beiden Klippen, die meinen Vorgängern gefährlich geworden sind, zu vermeiden, war bei der vorliegenden Arbeit mein vorzüglichstes Bemühen. Ob und wie weit mir das gelungen ist, kann natürlicher Weise nur meine Darstellung selbst in ihrem Verlaufe erweisen. Hier sei mir nur gestattet, ein paar Worte über die von mir selbst befolgte Methode zu sagen, in der ich das rein historisch-genetische Verfahren Dingers und die *quasi* dogmatische Darstellungsweise Chamberlains s. z. s. zu kombinieren suchte, indem ich mir das Berechtigte an beiden Arten zu Nutzen machte.

Wie wir sehen werden, hat die Weltanschauung Richard Wagners ihren festen Einheitspunkt in einem obersten Idealbegriffe, in dem der Meister das Endziel seiner durch das Leben unbefriedigten künstlerischen und menschlichen Sehnsucht nach außen projiziert. Einmal erschaut und ergriffen, bleibt dieses Ideal durch alle Entwickelungsphasen des Wagnerschen Geistes hindurch in seinem innersten Wesen unverändert dasselbe; was sich im Lauf der Zeit ändert, und zwar wesentlich und radikal ändert, ist einzig das Urteil des Theoretikers, des philosophischen Denkers Wagner über das Verhältnis der realen Wirklichkeit der Welt zu diesem seinem Ideale, und im Zusammenhang damit die Begründung seines Glaubens an die Möglichkeit einer Verwirklichung dieses Ideales auf Erden

Wir werden daher, wollen wir die Wagnersche Weltanschauung als sich entwickelnde Einheit darstellen, zunächst die Voraussetzungen derselben zu untersuchen haben. Es sind dies folgende: 1) das von seinen großen Vorgängern ihm hinterlassene Geisteserbe, oder mit anderen Worten: die von ihm vorgefundene Lebensaufgabe; 2) des Meisters eigener künstlerischer und menschlicher Charakter als der die besondere Art und Weise, mit welcher er diese seine Lebensaufgabe ergriff, bestimmende individuelle Faktor; und endlich 3) des Künstlers geistige und seelische Erlebnisse bis zu dem Zeitpunkte, in welchem seine Weltanschauung zum erstenmale greif- und faßbare Gestalt gewinnt. Aus dieser Voruntersuchung wird sich uns das Wagnersche Ideal, dessen Verwirklichung all sein Wirken und Streben gilt, ergeben, die, gleich dem berühmten roten Faden der englischen Schiffstaue, durch seine ganze geistige Entwickelung sich hindurchziehende fundamentale Grundidee seiner Weltanschauung, — während uns die Darstellung dieser Entwickelung selbst die Fragen beantworten wird: Welches Urteil fällt Wagner in den verschiedenen Perioden seiner Entwickelung über Wesen und Wert der an jenem Idealbegriffe gemessenen Realität unseres Lebens und Daseins? — und: Welche Hoffnungen hegt Wagner für eine Verwirklichung seines Ideals trotz des ihm als durchweg feindlich erkannten Charakters der Welt der Gegenwart? Wie sich im Verlaufe der Darstellung zeigen wird, ist Wagners Ideal das Reinmenschliche, d. h. die von allen Schranken gesellschaftlich konventionellen Zwanges und historisch gewordener Unnatur befreite Idee des im Gleichgewichte seiner körperlichen und geistigen Kräfte seine Individualität harmonisch auslebenden »reinen« Menschen. In diesem Idealbegriffe glaubte er sich zunächst zu begegnen mit den Anschauungen desjenigen Philosophen, der ihm zuerst die systematischen Begriffe und Terminologieen für die Mitteilung seiner eigenen Gedanken lieferte, Ludwig Feuerbachs. Als die naive Hoffnung, daß die natürliche und notwendige Entwickelung der Dinge ganz von selbst die endliche Verwirklichung seines Ideals mit sich bringen werde, eine Hoffnung, die ihn in den großen Kunstschriften von Anfang der 50er Jahre die Menschheitsgeschichte noch durchaus im Sinne der Hegelianischen Geschichtsphilosophie als eine natürliche und vernünftige Entwickelung und stetige und kontinuierliche Annäherung an den vollkommenen und idealen Zustand ansehen ließ, durch allerbitterste Lebenserfahrungen und gründlichste Enttäuschungen unwiederbringlich zu Grabe gesunken war, lernte er die Philosophie Schopenhauers kennen. Im Centralpunkte dieses Systems steht die Überzeugung, daß Ideal und Wirklichkeit nicht nur in Bezug auf die Gegenwart in einem empirischen und zeitlichen Gegensatze stehen, sondern daß der Konflikt zwischen Ideal und Realität ein absoluter und ewiger ist, der nur dadurch gelöst werden kann, daß der metaphysische Träger der realen Welt, der Wille zum Leben, sich gänzlich umkehrt, indem er das verneint, was er zuvor bejaht hatte. Daß die Bekanntschaft mit Schopenhauer eine totale Revolution im Denken unseres Meisters hervorbrachte, ist unbestritten, wenn auch nicht geleugnet werden kann, daß Wagner einerseits, ehe er noch eine Seite von Schopenhauer gelesen hatte, durch eigenes Erleben und Nachdenken zu dem Standpunkte vollkommener Resignation in Bezug auf die historische Entwickelung des Menschengeschlechtes gelangt war, wie er andererseits, was die trotz alledem uns noch verbleibende Hoffnung auf eine »*final emancipation*«, eine schließliche Erlösung von der Not und dem Elend der realen Welt anlangt, auch späterhin nicht bei dem absoluten Pessimismus Schopenhauers stehen blieb. Indem Wagner über diesen hinaus dazu fortschritt, seinen Glauben an die Möglichkeit einer Gesundung und Idealisierung unserer gesamten Zustände auf eine höchst originelle und eigentümliche Weise dadurch zu begründen, daß er eine in vorgeschichtlicher Zeit stattgefundene Abirrung des Menschen von seiner reinen, ihm ursprünglich eigenen und mit dem Idealbegriffe des Reinmenschlichen in Übereinstimmung befindlichen Natur annahm, zu welcher wir nun mit Bewußtsein eine Rückkehr anzubahnen hätten, begegnete er sich in diesem Versuche eines Kompromisses zwischen pessimistischer und optimistischer Weltanschauung mit den religiösen Lehren des Christentums, dessen eigentümliches Wesen auf einem analogen Kompromisse beruht. Diese drei Gesichtspunkte: Wagners Ideal, sein Urteil über die an diesem Ideale gemessene Wirklichkeit, sein Glaube an die Möglichkeit einer (vollständigen oder teilweisen) Realisierung dieses Ideals ergeben sich also von selbst als das Grundgerüst, an dem sich seine Weltanschauung aufbaut.

Acceptieren wir sie als Leitsätze für unsere Darstellung, so werden wir imstande sein, der durch das gesamte Wagnersche Denken sich hindurchziehenden Grundidee als Einheit, wie auch ihrer genetischen Entwickelung gleicherweise gerecht zu werden. Denn es wird sich zeigen, daß zwischen diesen drei Fragen und dem Verhältnis Wagners zu Feuerbach, Schopenhauer und dem Christentum, durch welche Namen drei Hauptperioden seiner Entwickelung bezeichnet werden, ein gewisser Parallelismus besteht: an der Hand Feuerbachs gelangt der Meister zuerst zur bewußten Formulierung seines Ideales des Rein-Menschlichen, durch Schopenhauer werden ihm die Augen geöffnet für die Erkenntnis der **absoluten** Unvereinbarkeit des Ideales mit dem Wesen der Welt, wie sie ist, und endlich, indem er den Strahlen des Sterns von Bethlehem nachgeht, glaubt er, über den unbedingten Pessimismus des großen Frankfurters hinaus, die Berechtigung zu erneuter Hoffnung auf Verwirklichung seines Ideales anerkennen zu dürfen. Indem wir so diese drei Gesichtspunkte bei unserer Darstellung niemals aus dem Auge verlieren wollen, wird sich uns sowohl die Grundeinheit als auch die fortschreitende Entwickelung der Wagnerschen Weltanschauung in befriedigender Weise offenbaren. —

Friedrich Nietzsche sagt einmal von Richard Wagner, er gehöre »zu den **ganz großen Kulturgewalten**«, und er konnte dies sagen, weil in der That eine solche Kulturgewalt in Wagner lebt, in deren Dienst er sich gestellt, mit der er sich vollständig identifiziert hat. Diese Kulturgewalt ist die **deutsche Kunst** in ihrer ganz besonderen Eigenart, durch die sie eine über das rein und bloß Ästhetische weit hinausgehende Bedeutung erlangt hat, — und zwar nenne ich die deutsche Kunst eine Kulturgewalt nicht im Sinne einer rhetorisch-hyperbolischen Phrase, wie es wohl bei hochpatriotischen Anlässen und feuchtfröhlichen Sängerfesten üblich ist, sondern verstehe den Ausdruck durchaus eigentlich und ernsthaft. Denn das zeichnet die deutsche Kunst in ihren wahrhaften und bedeutenden Vertretern aus, daß ihnen ihr Schaffen nicht eine bloße Luxussache ist, ein rein ästhetisches, formales Spiel, das zwar die schönste Blüte unseres Daseins, aber trotzdem nur ein Schmuck, ein Überflüssiges und s. z. s. bloß Dekoratives wäre, sondern sie betrachteten die Kunst als eine Lebensmacht, als eine Kraft von fundamentaler und konstruktiver Bedeutung für den Aufbau und die Gestaltung unseres ganzen Daseins, als eine Potenz, durch die der Mensch erst wirklich befähigt wird, seine eigentliche und höchste Bestimmung zu erreichen und das menschliche Ideal zu verwirklichen. Dem deutschen Künstler ist seine Kunst ein seelisches Grundprincip, welches das Bildungsferment für das Wachstum der ganzen psychischen Persönlichkeit abzugeben hat, ein Fluidum, welches die ganze Individualität belebend durchströmen soll, das geistige Bindemittel, welches allererst die verschiedenen auseinanderstrebenden Seelenkräfte zur idealen Einheit zusammenschweißt, mit einem Worte: die *conditio sine qua non* der Persönlichkeit im eminentesten Sinne des Wortes.

Dadurch unterscheidet sich die deutsche Kunst vor allem auch von der ihr vorausgegangenen großen und weltbewegenden ästhetischen Erscheinung, durch die sie sich so vielfach beeinflussen ließ, von der Kunst der Renaissance. Denn, wie Heinrich von Stein in seinen »Vorlesungen über Ästhetik« (Stuttgart 1897, S. 79) feinsinni gbemerkt: »Im Renaissancemenschen ... geht im allgemeinen das Bewußtsein für sich den Weg des Gelehrtentums, inspiriert durch den Ruhmsinn, und der künstlerische Geist für sich den Weg der dekorativen Instinkte, inspiriert durch den Prunksinn; die belebende große gemeinsame Gesinnung fehlt,« — während dagegen bei unseren Klassikern »von den tiefsten Gründen der Gesinnung bis zu der Einzelheit des Kunstwerks ein Zusammenhang reicht.« (A. a. O. S. 78.)

Daher auch das innige Wechselverhältnis zwischen deutscher Kunst und deutscher Philosophie auf den Höhepunkten ihrer beiderseitigen Entwickelung. Denn der deutsche Künstler wollte von jeher das Bewußte und Unbewußte seines geistigen Seins zu einer einheitlichen individuellen Weltanschauung verbinden, indem er danach strebte, einerseits seine unbewußten künstlerischen Gefühle und Instinkte mit Hilfe des philosophischen Erkennens sich zu klarem und deutlichem Bewußtsein zu bringen, und andererseits wiederum jene durch dieses zu rechtfertigen und zu veredeln. —

Zwei Hauptströmungen sind es, in denen dieser specifisch deutsche Kunstgedanke in mächtigen Wogen durch die Jahrhunderte fließt, um sich in Richard Wagner zu vereinigen: die deutsche Musik und die deutsche Dichtung. Beide strebten von entgegengesetzten Richtungen demselben Ziele zu, ihrer **Vereinigung**; denn daß die Sehnsucht, welche Musik und Dichtung sich immer wieder in die Arme treibt, niemals erlöschen, noch auch jemals vollständig und restlos befriedigt werden kann, ist eine einfache Folge der geschichtlichen Thatsache, daß Musik und Dichtkunst ursprünglich in einer einzigen Kunst vereinigt und verbunden waren, wie denn z. B. noch ein **Platon** sowohl die von Musik entblößte reine Wortdichtung als auch die absolute Instrumentalmusik als eine Verirrung verwirft (Leges II, 669 d).* So unleugbar es nun ist, daß erst die Trennung und Differenzierung der primitiven Wort-Tonkunst in zwei getrennte Sonderkünste die reiche und gewaltige Entwickelung beider ermöglichte, indem jede durch ihre Isolierung gezwungen war, nun für sich allein zum Organ einer universalen künstlerischen Mitteilung zu taugen und alle in ihr ruhenden Ausdrucksmöglichkeiten bis an die äußersten Grenzen durchzuprobieren und auszubeuten, so natürlich ist es andererseits auch, daß beiden die Sehnsucht nach einer Wiedervereinigung trotz der erfolgten Trennung immerdar verbleiben wird, obgleich es nicht denkbar ist, daß irgend einer dieser auch noch so vollendeten Versuche, Dicht- und Tonkunst zu der gemeinsamen Wirkung eines Gesamtkunstwerkes zu verschmelzen, in d e m Sinne definitiv sein könnte,

---

* Die Stelle ist interessant genug, um sie hier anzuführen: ταῦτά τε γὰρ .. πάντα ..... διασπῶσιν οἱ ποιηταὶ, ῥυθμὸν μὲν καὶ σχήματα μέλους χωρὶς, λόγους ψιλοὺς εἰς μέτρα τιθέντες, μέλος δ' αὖ καὶ ῥυθμὸν ἄνευ ῥημάτων, ψιλῇ κιθαρίσει τε καὶ αὐλήσει προσχρώμενοι, ἐν οἷς δὴ παγχάλεπον ἄνευ λόγου γιγνόμενον ῥυθμόν τε καὶ ἁρμονίαν γιγνώσκειν, ὅτι τε βούλεται καὶ ὅτῳ ἔοικε τῶν ἀξιολόγων μιμημάτων. ἀλλὰ ὑπολαβεῖν ἀναγκαῖον, ὅτι τὸ τοιοῦτόν γε πολλῆς ἀγροικίας μεστὸν πᾶν ...... »Dieses alles« (nämlich die Elemente der musischen Gesamtkunst) »reißen die Künstler aber nun auseinander, indem sie einerseits dadurch, daß sie bloß gesprochene Worte in Metren bringen, Rhythmus und Versmaß von der Melodie, andererseits im rein instrumentalen Kithara- und Flötenspiel Melodie und Rhythmus vom Gesang trennen, wobei es dann sehr schwer ist, ohne dazukommende Worte zu begreifen, was der betreffende Rhythmus und die Harmonie zu bedeuten haben, und was für ein künstlerisch bedeutungsvoller Inhalt damit eigentlich zum Ausdruck gebracht werden solle. Dieses alles müssen wir notwendigerweise als eine ganz und gar rohe Kunstausübung ansehen.«

daß die in ihm verbundenen Künste von nun ab ihre Sonderexistenz aufgäben und die einmal erfolgte Differenzierung vollständig wieder rückgängig gemacht würde. Poesie und Musik befinden sich in der nämlichen Lage, wie Mann und Weib nach dem grotesk-tiefsinnigen Mythos, den Aristophanes im Symposion des Platon erzählt: Die waren ursprünglich zusammengewachsen in der Gestalt eines doppelgeschlechtlichen Hermaphroditen, bis Zeus aus Furcht, das zu gewaltige Geschlecht möchte der Herrschaft der Götter gefährlich werden, auf das Auskunftsmittel des »*Divide et impera*« im eigentlichsten Sinne des Wortes verfiel und sie mitten entzwei schnitt. So entstanden die getrennten Geschlechter. »Nachdem nun so die Gestalt entzwei geschnitten war, sehnte sich jedes nach seiner anderen Hälfte, und so kamen sie zusammen, umfaßten sich mit den Armen und schlangen sich ineinander.« Die Liebe »vereinigt sie miteinander zu der alten Natur und versucht aus zweien eines zu machen und so die menschliche Natur zu heilen«. (Symposion XIV f.)

Wie im Leben des Menschen, so ist im Dasein der musischen Sonderkünste diese Maienzeit der Liebe, in welcher die trennenden Schranken vor der überströmenden Gewalt des nach Vereinigung brünstig sich sehnenden Gefühls zusammenstürzen, nur eine vorübergehende Episode, aber die schönste und fruchtbarste.

In Deutschland hatte nun die absolute Instrumentalmusik zum erstenmale im Laufe ihrer selbständigen Entwickelung einen Punkt erreicht, über den sie auf dem von ihr bisher eingehaltenen Wege nicht hinausgelangen konnte, ja wo sie die Unmöglichkeit einsehen mußte, die künstlerische Absicht, welche ihre innerste Seele war, allein durch die reine und absolute Tonsprache vollständig und mit bestimmender, ein Mißverständnis ausschließender Deutlichkeit zu offenbaren und restlos zum Ausdruck zu bringen. Diesen ihren Kulminationspunkt bezeichnet die gigantische Gestalt Beethovens. Man weiß, auf welch unerhört kühne Weise dieser Echteste der Echten im letzten Satze seiner 9. Symphonie sich zu helfen suchte, indem er das gesungene Wort sagen ließ, was durch die bloße Sprache der Instrumente zu sagen ihm unmöglich dünkte. Die Art und Weise nun, wie Beethoven das Wort in seine Dienste nahm, hat innerhalb jener Symphonie unleugbar keine andere Bedeudung als die eines mißglückten Experimentes. Aber dieses Experiment war kein willkürliches und zufälliges, wie uns die Verfechter der absoluten Musikmacherei *à tout prix* immer wieder weiß machen wollen, sondern ein notwendiges, von der höchsten Not und Verlegenheit um ein seinen Intentionen vollkommen adäquates musikalisches Ausdrucksmittel dem Künstler eingegebenes. Es ist nicht anders als wie Wagner einmal an Liszt schreibt, nachdem dieser ihm den Plan seiner Dante-Symphonie mitgeteilt hatte: »Für die neunte Symphonie (als Kunstwerk) ist der letzte Satz mit den Chören entschieden der schwächste Teil, er ist bloß **kunstgeschichtlich wichtig**, weil er uns auf sehr naive Weise die Verlegenheit eines wirklichen Tondichters aufdeckt, der nicht weiß, wie er endlich (nach Hölle und Fegfeuer) das Paradies darstellen soll.« (Briefwechsel II, 78 f.)

Aber diese kunstgeschichtliche Bedeutung jener That Beethovens ist unbestreitbar, sie bezeichnet eine Epoche in der Entwickelung der Musik als Sonderkunst, und Richard Wagner war es, der dies zuerst einsah und begriff. Wollte die Musik jene Freiheit von der konventionellen Form und reiche Mannigfaltigkeit gewaltigster und differenziertester Ausdrucksmittel, welche ihr der Genius Beethovens erobert hatte, sich erhalten und weiter ausbauen, wollte sie über jenen Gewaltigen fortschreiten und hinausgehen, das Problem lösen, an dem er gescheitert war, so mußte sie sich mit dem Worte des Dichters verbinden und zwar derart, daß die Dichtung und Musik in intimster Wechselbeziehung einander gegenseitig bedingten, indem die Musik das innerste An-sich der poetischen Gestalten, gleichsam ihre klingende Seele, zum tönenden Ausdruck zu bringen hatte, während der Dichtung die Aufgabe zufiel, die wesenlosen Schemen der allgemeinen, *quasi* abstrakten Tonsprache mit einem sichtbaren Körper zu umkleiden, ihnen jenes formale Schema zu liefern, ohne das die in ihrem Wesen rein innerliche Musik nicht Erscheinung werden kann, jene Anknüpfung an die räumliche Außenwelt, wie sie die klassische Symphonie an ihrer aus der Tanzmusik hervorgegangenen viersätzigen Form hatte, — mit dem Unterschiede, daß das dichterische

Wort, insonderheit in dem den ganzen Menschen zu restlosem Ausdruck und sinnenfälliger Darstellung bringenden Drama, der Musik die Möglichkeit einer freiesten Entfaltung und Individualisierung geben kann, wie dies innerhalb der engen und schematisch unfreien Form der alten Symphonie nicht im entferntesten anging, wenn nicht die Tonsprache unmotiviert und somit unverständlich werden sollte.

War so die Musik durch ihre Entwickelung als von der Poesie getrennte selbständige Sonderkunst dazu gekommen, nach einem ihrer rein innerlichen Welt entsprechenden und dieselbe in ihren einzelnen Gestaltungen bestimmenden und motivierenden Gegenbilde in der sichtbaren Außenwelt sich zu sehen, nach einer Ergänzung des bloßen »Hörspieles« durch ein ihm kongruentes »Schauspiel«, eine Sehnsucht, welche uns beim Anhören jener gewaltigen letzten Symphonie des großen Beethoven mit dem Gefühl erfüllt, als wolle »alles Hörbare der Welt auch als Erscheinung für das Auge ans Licht hinauf und hinaus«, wie Friedrich Nietzsche einmal von Wagner sagt (Richard Wagner in Bayreuth, S. 47), als suche eine überirdische transscendentale Geisterwelt nach sinnlicher »Leiblichkeit«, um durch sie und in ihr erst zu jenem realen Dasein und konkreten Leben zu erwachen, das sie uns ganz verständlich macht, — so hatte die deutsche Dichtung unterdessen einen gewissermaßen geradezu umgekehrten Weg zurückgelegt, den der immer fortschreitenden Vertiefung und Verinnerlichung. Von den sichtbaren Gestalten und Vorgängen der äußeren Welt ausgehend, wie es dem Dichter natürlich ist, suchten unsere Klassiker — worunter ich Goethe und Schiller verstanden wissen will, nicht aber etwa sämtliche Autoren, die so glücklich waren, ihre Werke bei Cotta in Stuttgart verlegen lassen zu können — s. z. s. durch den Körper der Dinge hindurchzudringen, um ihre verborgene Seele zu entdecken. Sie gingen aus von der nackten Wirklichkeit der realen Welt, um eine höhere Wahrheit aufzusuchen, die sich zu jener verhält wie das Ding an sich zu seiner Erscheinung in der gleichzeitigen kritischen Philosophie Kants, die den darzustellenden Gegenstand nur deshalb in eine höhere Sphäre erhebt, idealisiert, wie man gewöhnlich sagt, um sein eigentliches und innerstes Wesen unentstellt und gereinigt von den verwirrenden Nebensächlichkeiten und störenden Zufälligkeiten des empirischen Daseins in seiner schlechthinigen Notwendigkeit zum Ausdruck zu bringen, so daß sich Gehalt und Form vollkommen decken, diese nichts zu sein hat als der Körper, der sichtbare Leib der Idee, wie der Inhalt die Seele der Form. Sie strebten nach jener poetischen Wahrheit, zu der sich die Wirklichkeit verhält, wie die Historie zur Kunst, in Beziehung auf welche schon der alte Stagirite das Urteil fällte, daß die Poesie philosophischer und gehaltvoller sei als die Geschichte. (Καὶ φιλοσοφώτερον καὶ σπουδαιότερον ποίησις ἱστορίας Aristot. Poet. IX, 3.)

Ein Kunstwerk, das in solcher Weise das Rätsel des Daseins uns deuten soll, indem es die Gestalten und Vorgänge desselben in ihren typischen und vorbildlichen Grundformen, ihren wesentlichen, den Kern des Seienden wiedergebenden Hauptzügen uns vorführt, suchten Goethe und Schiller auf dem Höhepunkte ihres Schaffens zu verwirklichen. In der Vergangenheit fanden sie ein solches Kunstwerk vor, das alte attische Drama. Es ist daher wohl begreiflich, daß sie sich in ihrem Streben nach dem idealen Drama dazu verleiten ließen, dasselbe auf dem Wege einer Nachahmung der altgriechischen Tragödie zu suchen, ein Weg, der Schillern bis zu dem merkwürdigen und doch, wenn man es aus diesem Gesichtspunkt betrachtet, so ungemein lehrreichen Experimente der »Braut von Messina« führte. Als beide von diesem Wege sich wieder abwendeten, kehrte Goethe resigniert dem Theater für immer den Rücken, während Schiller, nachdem er den Geist der Kantischen Philosophie in sich aufgenommen hatte, mittels einer Durchdringung des historischen Stoffes mit dem philosophischen Gedanken in immer erneuten und immer edler und bedeutender sich gestaltenden Versuchen seinem Ideale sich näherte. — Wir kennen die häufigen Klagen Schillers über die Sprödigkeit der historischen Stoffe, die der dichterischen Auffassung ihres idealen Gehalts so unüberwindliche Hindernisse in den Weg stellten und die ihm doch einzig in Frage zu kommen schienen, wie auch über die Verlegenheiten, die sich daraus ergaben, daß ihm die Idee des Allgemeinen nur als abstrakter, philosophischer Gedanke sich geoffenbart hatte! »Gewöhnlich,« schreibt er am

21. August 1794 an Goethe, »übereilte mich der Poet, wo ich philosophieren sollte, und der philosophische Geist, wo ich dichten sollte. Noch jetzt begegnet es mir häufig, daß die Einbildungskraft meine Abstraktionen, und der kalte Verstand meine Dichtung stört.« Und wenn er drei Tage vor seinem Tode ausruft: »Gebt mir Märchen und Rittergeschichten, da liegt doch der Stoff zu allem Großen und Schönen« — so bewegte sich sein ahnender Künstlerinstinkt damit in derselben Richtung, wie wenn er (29. 12. 1797) seinem Freunde schreibt: »Ich hatte immer ein gewisses Vertrauen zur Oper, daß aus ihr, wie aus den Chören des alten Bacchusfestes das Trauerspiel in einer edlern Gestalt sich loswickeln sollte.«

Aber zur Gewißheit konnte diese Ahnung sich erst bei einem Geiste erheben, der ebensosehr genialer Musiker als genialer Dichter, die Epoche Beethovens in seinem Innern erlebt und in ihrer Bedeutung vollkommen erlebt und begriffen hatte. Dieser Genius war Richard Wagner.

Ihm mußte es aufgehen, daß jenes mit Worten so ganz unnennbare und unsagbare Etwas, das aus den wunderbaren musikalischen Gebilden Beethovens uns entgegentönt und trotz seiner unfaßbaren Idealität und unbegreiflichen Transscendentalität doch so deutlich und unverkennbar als der Ausdruck eines ganz bestimmten Inhaltes sich kundgiebt, nichts anderes sei, als eben jene innerste Seele der Dinge, welche ein Schiller hinter den so vielfach bewegten und verwirrenden Erscheinungen der empirischen und historischen Wirklichkeit gesucht und in seinem Drama zur Darstellung hatte bringen wollen, daß die Musik das Allgemeine, Generelle und Typische, das An-sich alles Seienden, das einem Schiller nur in der Gestalt des abstrakten Begriffs und als Ergebnis einer seine dichterische Phantasie störenden und erkältenden philosophischen Reflexion sich geoffenbart hatte, ganz direkt und unvermittelt als künstlerische Anschauung — das Wort in jener erweiterten Bedeutung genommen, in der es auf alle Sinne anwendbar ist — ausspricht, daß also das Drama sich nur mit ihr zu einer einheitlichen Gesamtwirkung verbinden müsse, um ganz von selbst in jene höhere und idealere Sphäre sich zu erheben, in welcher statt der Gesetze der realen Wirklichkeit nur das Gebot der inneren Notwendigkeit und Folgerichtigkeit herrscht, und daß die Verlegenheit um einen für dieses recht eigentlich so zu nennende »Seelendrama« geeigneten Stoff, welche Schillern so viel zu schaffen gemacht hatte, sofort gehoben erscheint, wenn man die Frage einfach so stellt: welche Stoffe lassen zu ihrer dramatischen Bearbeitung die Musik als integrierendes Ausdrucksmittel der künstlerischen Absicht zu, oder genauer: welche Stoffe erfordern eine solche Mitwirkung der Musik, welches sind die Stoffe, für welche eine Heranziehung der Tonkunst *conditio sine qua non* ihrer dramatischen Gestaltung ist?

Welche Schwierigkeiten Wagner zu überwinden hatte, bis er die in diesem Problem implizierten Fragen sich vollständig beantwortet und zu klarem Bewußtsein gebracht hatte, warum er vor allem die historisch vorhandene Kunstform der Oper, in welcher eine Verbindung der Tonkunst und Dichtkunst zu gemeinsamer dramatischer Wirkung schon vor ihm versucht worden war, als für seine höheren Zwecke ungeeignet verwerfen mußte, um etwas ganz Neues an ihre Stelle zu setzen, das soll später an seinem Orte untersucht werden. Hier genüge der Nachweis, daß die künstlerische Erscheinung Richard Wagners nur zu verstehen ist als eine notwendige historische Konsequenz der vorhergegangenen Entwickelung der deutschen Musik und der deutschen Poesie, wie sie einerseits in Beethoven, andererseits in Schiller kulminierte, als der Zusammenfluß zweier Strömungen, die von Anfang an von entgegengesetzten Ausgangspunkten demselben Ziele zustrebten, als die Verbindung — um es kurz und paradox, aber nach der vorhergegangenen Erörterung kaum mehr mißverständlich auszudrücken — des unbewußten Metaphysikers Beethoven (man erinnere sich an die Schopenhauersche Theorie der Musik), der zu dem Lichte des Bewußtseins und der sichtbaren Sinnenwelt hinaufstrebt, und des dichtenden Denkers Schiller, der nach der hinter der konkreten Körperwelt verborgenen tönenden Seele der Dinge sucht, der danach strebt, das An-sich der Welt, das ihm als kritischem Philosophen und Schüler Kants nur als rein negativer »Grenzbegriff« bekannt war, künstlerisch zu erfassen und darzustellen.

Als idealistischer Künstler, dem seine Kunst nicht bloß dekorative Luxussache ist, sondern eine seelische Macht, welche das ganze menschliche Leben durchdringen und zu den höchsten ihm erreichbaren Möglichkeiten hinanführen soll, ist Wagner ein specifisch deutsches Genie, das in seinem Streben dem Zuge folgt, der gerade die deutsche Kunst vor der aller anderen Völker auszeichnet, — als Schöpfer des durch die Mitwirkung der Musik einzig zu ermöglichenden idealen Dramas ist er direkter Erbe der künstlerischen Hinterlassenschaft Schillers und Beethovens, in welchen das Streben nach einem idealen Kunstwerke höchsten Stils auf den Sondergebieten der Musik und dramatischen Dichtung sich in seinem eigentlichen Wesen am deutlichsten und unverkennbarsten kundgegeben hatte.

Wie Richard Wagner das formale und stilistische Problem, an denen sich jene beiden Großen vergeblich abgemüht hatten, gemäß seiner eigentümlichen Begabung, die ihn ausschließlich auf das Drama hinwies, zu lösen versuchte, haben wir oben schon kurz angedeutet. Wollten wir nun dazu fortgehen, den Inhalt, welcher in der Symphonie Beethovens so geheimnisvollüberirdisch lebt und webt, sich hinter der konventionellen musikalischen Form zuerst verbirgt und verhüllt, um sie schließlich kühn zu durchbrechen, uns zu deutlichem Bewußtsein zu bringen, jenen Inhalt, von welchem wir durch Wagner wissen, daß er identisch ist mit jenem ideellen An-sich alles Seienden, das Schiller als den der realen Welt zu Grunde liegenden Wesenskern hinter den — oder besser gesagt: im Innern der — Erscheinungen gesucht hatte, um ihn lauter und rein, befreit von allem nebensächlichen und störenden Beiwerk dichterisch zu gestalten, so würden wir sehen, daß diese Idee nichts anderes ist als das Rein-Menschliche, jener Begriff, welcher, im Mittelpunkt der Wagnerschen Weltanschauung stehend, unserem Meister ebensosehr Schaffens- als Lebensideal ist, dessen künstlerischer Darstellung alle seine Werke gewidmet sind, wie er in seiner praktischen Verwirklichung das erhabene Ziel der gesamten Menschheitsgeschichte erblickt. — Wir stehen also unmittelbar vor dem ersten Teil unserer eigentlichen Aufgabe, der Betrachtung und Darstellung des Rein-Menschlichen als des der Wagnerschen Weltanschauung zu Grunde liegenden Ideals.

Um indessen die historische Kontinuität der Erscheinung Richard Wagners, ihr natürliches Hervorgehen aus dem vorangegangenen und ihren Zusammenhang mit dem gleichzeitigen Leben und Wirken des deutschen Geistes noch weiter zu erweisen, müssen wir zuvor noch einen Blick werfen auf die Zeit, in die unser Künstler hineingeboren wurde, und die geistigen Einflüsse und Eindrücke, die auf seine Entwickelung eingewirkt haben, vor unserem Auge vorüberziehen lassen.

Wilhelm Richard Wagner wurde den 22. Mai 1813 zu Leipzig geboren, kaum 5 Monate vor den Tagen jenes gewaltigen Ringens, in welchem die verbündeten Völker vor den Thoren derselben Stadt den korsischen Eroberer niederwarfen. Er war der jüngste der drei großen Musiker, welche der ernsten Tonkunst unseres Jahrhunderts den Stempel ihres Genius aufgedrückt haben: Hektor Berlioz war um zehn, Franz Liszt um zwei Jahre älter. Beethoven rüstete sich eben in erhabener Einsamkeit, unverstanden von der Mitwelt, seine reifsten und tiefsten Schöpfungen zu concipieren; er hatte im Herbst des verflossenen Jahres (1812) seine 8. Symphonie vollendet und stand unmittelbar vor der *Missa solemnis*, der »Neunten«, den letzten Sonaten und Quartetten. Was die musikalische Öffentlichkeit mehr bewegte als die fast ungehört verhallende Stimme dieses Predigers in der Wüste, war der eben aufgehende Stern Rossinis, der gerade in demselben Jahre (1813) mit seinem Tancred sich den ersten Platz unter den zeitgenössischen italienischen Opernkomponisten erobert hatte. Sein deutscher Antipode Karl Maria von Weber, dessen Romantik von so bestimmendem Einflusse auf die künstlerische Entwickelung des Bayreuther Meisters werden sollte, bewährte sich einstweilen als musikalischer Leiter und Organisator der Oper zu Prag (Ostern bis Oktober 1813), um erst mit den 1814 erschienenen Kompositionen aus Theodor Körners »Leier und Schwert« weiteren Kreisen bekannt zu werden, während sein Mitschüler bei Abbé Vogler in Darmstadt, Jakob Liebmann Beer, nachdem er zu seinem Verdruß bemerkt hatte, daß mit ernstem künstlerischem Streben nicht viel zu »machen« sei, sich anschickte in Italien in jenen kosmopolitischen Tausendkünstler »Giacomo Meyerbeer« sich zu verwandeln, als welcher er berühmt geworden ist.

So stand es mit der Musik. In der deutschen Dichtung hatte die sogenannte »klassische Periode« mit dem Tode

Schillers (1805) ihren Abschluß erreicht. Goethe, durch den Verlust des Freundes nun ganz vereinsamt, überschreitet die Schwelle des Greisenalters, um den ihn umgebenden Zuständen der künstlerischen, litterarischen und politischen Öffentlichkeit gegenüber immer mehr in eine bloß schauende, nur selten von lebhafterer Anteilnahme an einer ihm besonders sympathischen Erscheinung (Lord Byron) unterbrochene, hoheitsvolle und wehmütig-heitere Resignation sich zurückzuziehen. Zwei Jahre vor der Geburt Richard Wagners hatte er begonnen, in »Wahrheit und Dichtung« seinen Lebens- und Entwickelungsgang zu schildern (1811 ff.). — Gegen die antikisierenden Tendenzen, zu welchen die beiden großen Weimaraner infolge ihres Strebens nach einem idealen Kunststile auf der Höhe ihres Schaffens hinneigten, hatte sich in der Romantik eine Reaktion erhoben, welche, obgleich es keinem ihrer Vertreter gelang, sich zu den höchsten Höhen der Kunst zu erheben, besonders durch ihr zeitliches Zusammenfallen mit dem Neuerwachen des deutschen Nationalgefühls in den Freiheitskriegen und mit der Begründung einer volkstümlichen deutschen Oper durch Weber von der größten Bedeutung für die Entwickelung unseres geistigen und künstlerischen Lebens wurde. Die deutsche Vergangenheit, in erster Linie Mittelalter und Rittertum, traten in den Vordergrund des poetischen Interesses, gegenüber der im 18. Jahrhundert als allein »klassisch« und absolut vollendet betrachteten Kunst und Poesie der Antike fing man an, die großen Spanier, einen Calderon de la Barca und Lope de Vega, vor allem den großen Briten William den alten Griechen an die Seite zu setzen; durch Schlegels Übersetzung (1797—1810) wurde Shakespeare unser »dritter Klassiker«.

Die herrlichen Schätze unseres Volkes an Liedern, Sagen und Märchen begannen die Aufmerksamkeit auf sich zu lenken (»Des Knaben Wunderhorn« 1806, Grimmsche Märchen 1812), ebenso wie die mittelalterliche Kunstpoesie und Malerei (Gebrüder Boisserée!) anfingen, gerechtere Würdigung zu finden. Die Richtung auf das Geheimnisvolle und Übernatürliche, eine naturgemäße Rückwirkung auf die platten und nüchternen Aufklärungstendenzen des Rationalismus des 18. Jahrhunderts, ließ die Romantiker von neuem in die Mysterien der christlichen Religion sich vertiefen, eine Strömung, welche bei einzelnen ihrer Vertreter in ein Hinneigen zum asketisch gefaßten Katholizismus, in krankhaftes Spielen mit Magie und Mystik, endlich in tollen Obskurantismus ausartete.

Für die geistige Entwickelung Richard Wagners wurde die Romantik namentlich durch zwei ihrer Elemente von Wichtigkeit: erstlich durch ihr Betonen des nationalen Standpunkts in der Kunst, und zweitens dadurch, daß die Sehnsucht der Poesie nach einer Vereinigung mit ihrer Schwesterkunst Musik, von der wir oben sprachen, in der Romantik s. z. s. akut wurde. Seinem innersten Wesenskerne nach können wir das Streben der Romantiker nämlich charakterisieren als den krampfhaften Versuch der Poesie, mit ihren Mitteln die Wirkungen der Dichtkunst und Tonkunst in sich zu vereinigen. In der Romantik zerfloß die Dichtung einerseits in den gestaltlosen Nebel bloßer Stimmungen, um andererseits durch ironische Selbstzersetzung in ihr gerades Gegenteil, nämlich die reine und nackte Prosa umzuschlagen, welche Konsequenz dann die Erben der Romantik, die Vertreter der sogenannten »jungdeutschen« Schule, mit vollem Bewußtsein zogen.

Bei dem künstlerisch genialsten und gestaltungskräftigsten der deutschen Romantiker hatte sich infolge einer im Kleinen an Wagner erinnernden ungemeinen Vielseitigkeit der Begabung diese charakteristische Doppelstellung der Romantik in seinem äußern Leben gleichsam symbolisiert. Ich meine den späteren kgl. preußischen Kammergerichtsrat E. Th. A. Hoffmann, der um die Zeit, als Wagner das Licht der Welt erblickte, Musikdirektor der Secondaschen Theatergesellschaft in Dresden war, um bald als Komponist einer selbst von einem Weber hochgeschätzten Oper (Undine 1816) und noch mehr als heute noch unerreichter Meister der phantastischen Novelle die Aufmerksamkeit des deutschen Publikums auf sich zu lenken. Wir werden in der Folge noch sehen, wie stark und mannigfach sich der junge Wagner von seinen Schriften anregen ließ.

Parallel mit der romantischen Bewegung in der schönen Litteratur entwickelte sich in jenen Tagen die deutsche Philosophie, indem sie sich bemühte, von den Fesseln und Schranken, welche der nüchterne Ernst und die kritische Gewissenhaftigkeit

Kants der spekulativen Vernunft aufgenötigt hatten, loszukommen, um sich frei in der Region einer vieles ahnenden und wenig erkennenden, immer zügelloser werdenden Phantastik zu ergehen. Da indessen auf Wagner mit Ausnahme des um kaum ein Jahrzehnt älteren Ludwig Feuerbach (geb. 1804) und Schopenhauers kein Philosoph irgendwie nennenswerten Einfluß ausgeübt hat, so mag der Einweis genügen, daß Schelling, dessen späteres System der positiven Philosophie, wie Kuno Fischer (Geschichte der neueren Philosophie VI, S. XI) mit Recht bemerkt, unserem Meister, wenn er es gekannt hätte, manchen Berührungspunkt mit seiner eigenen Weltanschauung hätte bieten können — ein Verwandtschaftszug, der sich auch später in der Widmung einer Darstellung jener letzten Phase der Schellingschen Philosophie durch Wagners politischen Freund und Gesinnungsgenossen Constantin Frantz an ihn aussprach. — gerade um jene Zeit vor dem aufgehenden Sterne seines an Jahren älteren, in seiner geistigen Entwickelung jüngeren Studien- und Jugendfreundes Hegel in den Augen des philosophischen Publikums zurückzutreten begann. Hegel selbst weilte, mit dem Ausbau seines eigenen Systems beschäftigt, als Rektor des Gymnasiums zu Nürnberg, wo er im Jahre zuvor begonnen hatte, seine »Wissenschaft der Logik« (1812—1816) herauszugeben, während der junge Schopenhauer (geboren 1788), ohne sich vom nahen Kriegsgetümmel stören zu lassen, in dem abgelegenen Rudolstadt an seiner Abhandlung »Über die vierfache Wurzel des Satzes vom zureichenden Grunde« arbeitete, mit der er am 2. Oktober 1813 vor der philosophischen Fakultät der Universität Jena zum Doktor der Philosophie promovierte. —

Seiner Abstammung nach gehörte Richard Wagner in jene sociale Schichte, welche in Deutschland seit jeher recht eigentlich den gebildeten Mittelstand repräsentiert hatte. Die ersten nachweisbaren Vertreter des ursächsischen Geschlechtes waren Schullehrer und Organisten in kleinen Gemeinden, sein Großvater, studierter Theologe, trat später zur Steuerverwaltung über, und sein Vater ergriff die juristische Staatsbeamtenlaufbahn. Schon in diesem Manne, der übrigens wenige Monate nach der Geburt Richards starb, trat eine auffallende leidenschaftliche Begeisterung für das Theater charakteristisch hervor, und nachdem seine Witwe den Schauspieler, Sänger und Lustspieldichter Ludwig Geyer geheiratet hatte (1814), geriet die ganze Familie in die Sphäre des Theaters: außer dem Meister selbst gingen sein älterer Bruder Albert (geboren 1799) und drei Schwestern zur Bühne. Somit partizipierte Richard schon durch seine Familie gleichzeitig an zwei gänzlich verschiedenen socialen Kreisen, dem soliden, akademisch gebildeten deutschen Bourgeoistum und jener, aus dem verachteten Stande der »fahrenden Leute« hervorgegangenen eigentümlichen Bohémien-Welt des deutschen Schauspielertums, das eben erst eigentlich anfing, sich sociale Gleichberechtigung mit den übrigen Staatsbürgern zu erobern. Dieses Doppelverhältnis wurde in mannigfacher Beziehung bestimmend für seine geistige Entwickelung.

Wagners innerste Veranlagung machte ihn zum dramatischen Dichter und Komponisten, der Trieb zur Bühne war ihm angeboren, und die ganze Umgebung seiner Kinderjahre kam diesem Triebe entgegen: er wuchs s. z. s. auf dem Theater auf und lernte die theatralische Praxis und Misère von frühester Jugend an aufs genaueste kennen. Aber andererseits war er der erste unserer großen Musiker, der eine vollständige humanistische Bildung genoß, dem es vergönnt war, im Reiche des deutschen Geistes heimisch zu werden, ein Vorteil, der einem Mozart und Beethoven z. B. schon durch ihre Abstammung aus Familien des damals geistig wie gesellschaftlich gleich tief stehenden ausübenden Musikantentums vorenthalten blieb und der in seiner Bedeutung für die ganze geistige Entwickelung nicht leicht überschätzt werden kann.

Aber was nicht minder wichtig ist: dadurch, daß Wagner dem sittlich tüchtigen und gesunden, wenn auch oft allzu philiströsen, deutschen Bürgerstande angehörte, war ihm jenes Gefühl für ethische Würde und Reinheit angeboren, das dem geborenen Theaterkinde trotz oft unleugbar vorhandener, individuell vorzüglicher Charaktereigenschaften in der Regel abgeht, ja, wenn man gerecht sein will, bei der heute noch nicht ganz überwundenen socialen Stellung der Bühnenangehörigen, abgehen mußte. So war unser Meister gleichsam schon durch seine Familie prädestiniert zu dem leidenschaftlich begeisterten Theaterreformator, der er geworden ist, indem er niemals ganz in dem Bühnenleben, wie es ist, auf- und untergehen konnte, noch auch je es vermochte, über dem äußeren Glanz und Flitter den inneren Ernst und das ideale Ethos des seiner moralischen Bestimmung sich bewußten höheren Menschen zu verlieren, während er andererseits infolge seiner Zugehörigkeit zu jener dem soliden Bürgertum so diametral entgegengesetzten Welt des Theaters stets die Augen offen behielt für das, was an jenem äußerlich so wohlanständigen Bourgeois bloß täuschender Firnis ist, für die Prüderie und moralische Heuchelei des guten Staatsunterthanen, für die Lüge einer mit ihrer Sittlichkeit pharisäisch sich brüstenden Scheinheiligkeit. —

Die großen geistigen Eindrücke, welche die Entwickelung der Jugendjahre Wagners bestimmten, lassen sich in fünf Namen zusammenfassen: das klassische Altertum, welches Wagner als Gymnasiasten so intensiv beschäftigte, daß seine Lehrer den künftigen Philologen in ihm zu erkennen glaubten, Shakespeare, um dessentwillen er im 13. Lebensjahre für sich Englisch lernte, Karl Maria von Weber, den er in Dresden noch persönlich sah, Beethoven, der ihn erst zum Musiker machte und weihte, und E. Th. A. Hoffmann, der Meister der romantischen Novelle. Wie sehr die Antike die Gestaltung des Wagnerschen Kunstideals beeinflußte, ist bekannt und wird an seinem Orte noch öfter zu berühren sein, nicht minder die Bedeutung, welche Wagner dem Schwan vom Avon beilegte, in dem er den Dramatiker *par excellence* erkannte, der sich zu den übrigen dramatischen Dichtern verhält, wie Beethoven zu allen anderen musikalischen Genies. Von diesem als dem Vorgänger unseres Meisters, dessen Erbe er antrat, ist schon oben geredet worden, und der Einfluß Webers auf Wagner ist eher bisweilen überschätzt worden, als daß darüber etwas nachzuholen wäre. Dagegen sind wohl einige Worte über Hoffmann am Platze.

Sein Einfluß auf Wagner war bedeutend, wie er selbst konstatiert, die Lektüre seiner Schriften ohne Zweifel nach dem Eindruck der Beethovenschen Symphonieen das, was die ganzen Nerven und Sinne des jungen Künstlers am intensivsten und heftigsten in jenen Jahren erregte.*

---

* »In meinem sechzehnten Jahre war ich, zumal durch die Lek-

Und das ist nicht zu verwundern. Von ebenso vielseitiger, wenn auch nicht gleich genialer Begabung wie Wagner, Schriftsteller, Komponist, Dirigent und hervorragender Zeichner, war Hoffmann entschieden das bedeutendste poetische Talent der ganzen deutschen romantischen Schule. Das ist im Ausland, z. B. in Frankreich, wo der Verfasser der Serapionsbrüder zu den gelesensten deutschen Schriftstellern gehört, mehr anerkannt als bei uns. Seine Neigung zum Excentrischen, seine kühne, auch vor dem Bizarren nicht zurückschreckende, durch und durch antiphiliströse Laune, seine glühende Phantastik und leidenschaftliche Sinnlichkeit haben es verschuldet, daß er von unseren litteraturgeschichteschreibenden Herren Professoren unter die Kategorie der krankhaft überspannten und »ungesunden« Talente eingereiht wurde, und das ist im lieben Deutschland verhängnisvoller als etwa konstatierte normale und »gesunde« Talentlosigkeit. Die Zahl derer, die Hoffmann in seiner unerreichten Eigenart wirklich kennen und lieben, ist gering, aber es sind die besten, und, wenn es noch eines Beweises bedürfte, daß, was man so gewöhnlich Litteraturgeschichte nennt, zum großen Teile nichts ist, als von mediokren Geistern dem allgemeinen Bewußtsein aufoctroyierte *fable convenue*, so brauchte man für Deutschland nur die beiden Namen Lichtenberg und Hoffmann zu nennen.

Was Wagner Hoffmann verdankte, war mancherlei. Zunächst ist Hoffmann der erste deutsche **Musikschriftsteller** gewesen, der diesen Namen wirklich verdient, d. h. der genug fachmännisches Urteil und technisch musikalisches Wissen besaß, um, wenn er über Musik redete, nicht den Boden des Thatsächlichen unter den Füßen zu verlieren, nicht in inhaltlose ästhetische Schönrednerei zu verfallen, aber andererseits auch genug Künstler und Dichter war, um nicht an der formalen und technischen Außenseite der Musik hängen zu bleiben, sich mit trockenem Analysieren zu begnügen, ohne ins Innere der Sache zu dringen.

---

türe Hoffmanns, zum tollsten Mysticismus aufgeregt: am Tage, im Halbschlafe hatte ich Visionen, in denen mir Grundton, Terz und Quinte leibhaft erschienen und mir ihre wichtige Bedeutung offenbarten.« G. Schr. u. D. I. 6. ... Hoffmanns Erzählungen wirkten in phantastisch-mystischer Weise auf meine jugendliche Einbildungskraft. Ebd. IV, S. 269.

An Hoffmann hat sich der Musikschriftsteller Wagner gebildet; besonders in den frühesten litterarischen Arbeiten unseres Meisters, den Pariser Novellen und Skizzen, ist der stilistische Einfluß des Verfassers der Phantasiestücke in Callots Manier unverkennbar. Dazu kam noch, daß Hoffmann nicht nur im allgemeinen ein tiefes, aus eigenem gefühlsmäßigen Erleben der Wirkungen der Musik hervorgegangenes Verständnis für die specifische Eigenart der Tonkunst besaß, sondern auch speciell über dramatische Musik und die Oper Ansichten entwickelte (man sehe z. B. das interessante Gespräch »Der Dichter und der Komponist« im 1. Teile der Serapionsbrüder), welche den jungen Musikdramatiker auf das nachhaltigste anregen mußten, daß ferner Hoffmann wohl Wagners Auge zuerst auf die Stoffwelt hinlenkte, welcher er später seine Sujets entnahm: in jenem oben angeführten Gespräche macht Hoffmann auf die dramatischen Märchen des Italieners Gozzi als für die Oper geeignete Vorwürfe aufmerksam, was sicherlich den ersten Anstoß zu Wagners Erstlingswerke »Die Feen« (nach Gozzis »Die Frau als Schlange«) gab. Bei Hoffmann begegnete unser Künstler zuerst dem Sängerkrieg auf der Wartburg, und der Heinrich von Ofterdingen Hoffmanns weist manche verwandte Züge mit Wagners den gleichen Rufnamen führenden Tannhäuser auf; hier lernte er zum erstenmale die farbenprächtige und reiche Welt des alten Nürnberg kennen, und es ist anzunehmen, daß er in der Novelle Hoffmanns »Meister Martin der Küfner und seine Gesellen« zuerst auf den Titel jenes Buches des Altdorfer Professors Johann Christoph Wagenseil »Von der Meistersinger holdseligen Kunst« stieß, das ihm späterhin als Hauptquelle für die kulturhistorische Milieuschilderung seines Hans Sachs-Dramas dienen sollte.

Aber über diese Einzelheiten hinaus war es ein charakteristischer Grundzug in Hoffmanns Wesen, in dem sich Wagner sympathisch mit ihm berührte: das ist der scharf ausgeprägte Dualismus zwischen sinnlichem und geistigem Princip, zwischen dem nach Genuß und Macht auf dieser Erdenwelt begehrenden und dem einzig in einem transscendenten, überirdischen, idealen Dasein sein Genüge findenden Teile der menschlichen Seele, ein Gegensatz und Konflikt, den wir in Wagner und Hoffmann gleicherweise vorfinden, nur daß dieser Zwiespalt bei diesem unversöhnt blieb und seinem Leben den Charakter des Zerrissenen aufdrückt, was ihn mit Vorliebe in seinen Werken der ästhetischen Form der Ironie sich bedienen läßt, während der Bayreuther Meister es verstand, mit gewaltiger ethischer Energie die beiden auseinanderstrebenden Teile seiner Psyche zu der bruchlosen Einheitlichkeit einer geschlossenen Persönlichkeit zusammenzuzwingen.

Ich glaubte hier über Hoffmann etwas ausführlicher sein zu müssen, erstlich weil sowohl seine allgemeine Bedeutung innerhalb der Geschichte unserer Dichtung als sein besonderer Einfluß auf Wagner bisher meistens nicht genügend gewürdigt wurden, und zweitens weil er, nur für Wagners geistige Jugendentwickelung von Wichtigkeit, uns in der Folge nicht mehr begegnen wird.

Als Deutschlands Völker von dem herannahenden Ende der gallischen Fremdherrschaft das Heraufblühen eines neuen Völkerfrühlings erhofften, erblickte Richard Wagner das Licht der Welt. Die Zeit seiner Kinderjahre brachte über das politisch nach wie vor ohnmächtige deutsche Vaterland jenen Sturm der Reaktion, welcher die freiheitlichen und nationalen Knospen im Keim zerstörte und, als der junge Wagner im Jahre 1831 als 18jähriger stud. music. die Universität Leipzig bezog, hatte gerade in Paris die Juli-Revolution (1830) eine politische und sociale Bewegung entfacht, die sich auch auf Deutschland ausdehnte und der romantischen Periode des deutschen Geisteslebens ein Ende machte. Neue Ideen, neue Schlagworte tauchten auf; es kamen jene so aufgeregten und gärenden Jahre, wo jede Stunde fast ein neues weltbeglückendes System gebar, das so schnell wieder verschwand, als es erschienen war, jene Zeit voll ehrlichen Idealismus und lügnerischen Schwindels, der man unrecht thun würde, wenn man als ihre einzige Wirkung den tragikomischen Rummel der sogenannten deutschen Revolution von 1848/49 ansehen wollte, eine Zeit voll glühender, schwärmerischer Hoffnungen, aber von einer gewissen ephemeren Kurzatmigkeit und durchaus auf das Diesseits, das Reale, die Gegenwart und das Heute gerichteten Kurzsichtigkeit, eine Zeit, die noch in weit höherem Maße (wenigstens geistig) schnelllebig war, als unsere *fin de siècle*, die im Gegenteil dem tiefer dringenden Auge des aufmerksamen Beobachters unverkennbare Anzeichen von Stagnation und schläfriger Müdigkeit zeigt — eine wirre, tolle, unklare, aufgeregte, stürmische, aber sicherlich nicht unfruchtbare Periode unseres Geisteslebens.

Wie sich unser Meister mit ihr auseinandersetzte, worin er sich mit ihr berührte, worin sie ihn abstieß, zu welchen Illusionen und Täuschungen sie ihn verleitete, das werden wir in der Folge zu sehen Gelegenheit haben.

III.

Richard Wagners künstlerischer und menschlicher Charakter. Die Entwickelung vom Unbewußtsein zum Bewußtsein.

>»Zwei Seelen wohnen ach! in meiner Brust,
>die eine will sich von der andern trennen;
>die eine hält in derber Liebeslust
>sich an die Welt mit klammernden Organen;
>die andre hebt gewaltsam sich vom Dust
>zu den Gefilden hoher Ahnen« —

mit diesen oft citierten Worten beklagt Goethes Faust den unlösbaren Konflikt im Innern seiner Seele, und wir können sagen, daß er damit den Dualismus im Wollen eines jeden einem idealen Ziele zustrebenden Menschen überhaupt in typischer Weise formuliert.

In der Sprache der Metaphysik ausgedrückt ist es ein Wille, der seinen Inhalt sowohl bejaht als auch verneint und gerade in diesem gleichzeitigen Zusammen von sich widersprechendem Ja und Nein sein eigentümliches Wesen offenbart und auslebt, was allem irdischen Sein mit seinem rastlosen Werden und Vergehen schließlich zu Grunde liegt, und im Bereiche des menschlichen Wollens ist es die — wie es der Philosoph, welcher diese uralte Erkenntnis in den Centralpunkt seines tiefsinnigen Systems gestellt hat, Julius Bahnsen, nennt — »realdialektische« Natur des Ideals, in welcher das universale Urgesetz des Widerspruchs sich am deutlichsten zu erkennen giebt. Das Ideal ist das seiner innersten Natur nach dem Realen Entgegengesetzte, das absolut Unwirkliche, weil an keinem Ort und zu keiner Zeit jemals Realisierte oder auch Realisierbare, ein bloßes Gedankending, das Sinn und Bedeutung nur dadurch erhält, daß es Motivitationskraft für den menschlichen Willen gewinnt, daß es eine lebendig wirkende Gewalt im praktischen Handeln des Menschen wird. Indem der durch einen Wahn, eine Illusion über die Unrealisierbarkeit des Ideals irre geführte Wille durch keine Enttäuschung sich davon abhalten läßt weiter zu streben, obgleich ihn — an der absoluten Unendlichkeit der Entfernung des Ideals von seiner Realisierung gemessen — kein Schritt seinem Ziele wesentlich näher bringt, lebt der einzelne Mensch sein individuelles Dasein, die gesamte Menschheit ihre Geschichte.

Diesem widerspruchsvollen Charakter des Ideals entspricht nun innerhalb der Subjektivität des strebenden Individuums jene Doppelheit des Wollens, wie sie sich in den oben angeführten Worten des Goetheschen Faust ausdrückt. Darum ist auch das Leben eines jeden nach einem idealen Ziele strebenden Menschen mit Notwendigkeit tragisch, insofern die Einheit eines in sich gespaltenen, sich widersprechenden Wollens ihm als letztes Ziel seiner Lebensarbeit, in dessen Erreichung er einzig endgültige Befriedigung zu erlangen hofft, eben ein Ideal vorhält, d. h. ein seiner innersten Natur nach Unrealisierbares. Populär ausgedrückt: der höhere Mensch, d. h. der Mensch, der mehr ist als ein »*animal risibile*« (nach der Definition Spinozas), erscheint als »Bürger zweier Welten«: einerseits verwehrt ihm seine jenseitige, geistige Natur an der realen Welt, wie sie ist, Genüge zu finden, während andererseits seine diesseitige, sinnliche Natur es ihm nicht erlaubt, ganz in das Reich des unwirklichen Idealen zu flüchten, ihn zwingt, das erkannte Ideal irgendwie zu gestalten, in die Sphäre des realen Seins herabzuziehen, dasselbe in irgend einer Weise zu »verwirklichen« zu suchen. Zwischen diesen beiden Welten pendelt der Wille des Menschen unaufhörlich hin und her; was wir sein Leben und Wirken nennen, besteht im Grunde aus nichts anderem als dem rastlosen Herüber und Hinüber von der einen zur anderen.

Je nachdem nun die eine dieser beiden Seiten des menschlichen Wesens überwiegt, oder aber beide sich mehr oder minder die Wage halten, wird die Art der Lebensarbeit des Individuums eine verschiedene sein. Präponderiert die auf das Reale und Diesseitige gerichtete Seite seiner Natur, so wird es dem betreffenden Menschen hauptsächlich um thatsächliche Erfolge und handgreifliche Ergebnisse in der wirklichen Welt der Gegenwart zu thun sein; es wird ihm zwar ein festumrissenes Idealbild bei all seinem Thun und Lassen vorschweben, aber er wird sich nicht allzusehr darüber grämen, wenn er nur zu bald einsehen muß, daß eine vollkommene und restlose Verwirklichung desselben unmöglich ist, er wird vor einem Kompromiß seines Ideals mit den realen Mächten der Wirklichkeit nicht zurückschrecken, er wird sich begnügen, soviel von seinem Ideal zu realisieren, als ihm eben, wie die Welt nun einmal ist, realisierbar dünkt, er wird trotz des ihm im Herzen wohnenden Ideals Dinge und Menschen nehmen *tels qu'ils sont*, und niemals so sehr Idealist sein, um darüber die Klugheit und praktische Lebensweisheit aus dem Auge zu verlieren: er ist im wesentlichen Opportunist, der geborene Staatsmann und Politiker — ich würde sagen »Realpolitiker«, wenn dies nicht ein Pleonasmus wäre, wie »Idealpolitiker« eine *contradictio in adjecto* — ein Typus, wie ihn z. B. in unseren Tagen Fürst Bismarck in genialer Größe repräsentierte.

Hat umgekehrt die ideale Seite der menschlichen Natur das Übergewicht über die dem Diesseits und der realen Wirklichkeit zugekehrte, so werden, je nachdem der Schwerpunkt des individuellen Charakters im Intellekt oder im Willen (dem Moralischen) ruht, zwei äußerlich sehr verschiedene, aber in ihrer Wurzel unmittelbar miteinander verwandte Phänomene entspringen: zuerst die rein kontemplative Natur, die mit dem »Wanderer« im »Siegfried« sagt: »Zu schauen kam ich, nicht zu schaffen«, der Denker, der Philosoph, der sein praktisch thätiges Leben als etwas für sein eigentliches Sein durchaus »Irrelevantes« hält, für einen »Erdenrest zu tragen peinlich«, für ein notwendiges Übel, das keine andere Bedeutung hat, als das

Piedestal für das geistige Leben abzugeben, — woher es denn auch kommen mag, daß man dem »Gelehrten« von Alters her Vernachlässigung des »äußeren« Menschen und seiner Beziehungen zur Umgebung nachgesagt hat. Diesem Typus, welcher sich damit begnügt, das Ideal geschaut und erkannt zu haben, und sich höchstens darin mit der realen Wirklichkeit berührt, daß er das Resultat seines Denkens auch darstellen und mitteilen, schließlich sogar von anderen, sei es auch nur eine geringe Zahl auserwählter Freunde, verstanden und gewürdigt wissen will, der eigentlich nur in einer vorgestellten und gedachten Welt wirklich lebt, diesem s. z. s. rein intellektualen Menschen entspricht als sein genaues Gegenbild in der Kategorie der »Willensmenschen« die eigentliche ethische Heldennatur, deren Wollen sich den Mächten der realen Wirklichkeit gegenüber gerade so bloß negativ und ablehnend verhält, wie das wertende Bewußtsein des rein theoretischen Menschen.

Der echte ethische Held ist im Grunde so wenig darum bekümmert, sein Ideal auch faktisch zu verwirklichen und sich mit der realen Wirklichkeit auseinanderzusetzen, daß er sich schließlich immer zu dem »Mein Reich ist nicht von dieser Welt« bekennt; er kommt in unsere Erdenwelt gleichsam nur herab, um hier Zeugnis abzulegen für eine andere jenseitige Welt — ob er sich diese mythologisch »überm Sternenzelt« denkt, oder sich bewußt ist, daß es nur der Gott, der ihm »im Busen wohnt«, ist, der aus ihm spricht, ist von keiner wesentlichen Bedeutung —, für eine Welt, von welcher der gewöhnliche Mensch, der ἄνθρωπος ψυχικός des Apostels Paulus (1. Kor. 15) keine Ahnung hat; er ist Märtyrer, und in seiner reinsten und vollendetsten Ausbildung als totale Resignation und Entsagung anstrebender Asket hängt er nur insofern noch an einem dünnen Faden mit der Welt in Raum und Zeit zusammen, als eine vollständige und restlose Verneinung des Willens zum Leben eben faktisch unmöglich ist.

Mitten inne zwischen diesen Extremen als der Mensch *par excellence*, als derjenige, der nicht nur überhaupt, sondern in gleicher Weise und in gleichem Maße »Bürger zweier Welten« ist, insofern jene beiden antagonistischen Triebe der menschlichen Seele in ihm sich die Wage halten und mehr oder minder ausgleichen, steht der Künstler, oder besser gesagt: der künstlerische Mensch.

Es ist bekannt, daß Schiller es war, der, ausgehend von der mittleren und vermittelnden Stellung, welche Kant der ästhetischen Urteilskraft innerhalb seines kritischen Dualismus angewiesen hatte, zuerst die Forderung einer »ästhetischen Erziehung des Menschen« aufstellte, als des einzigen Mittels, den Zwiespalt, welchen Kultur und Civilisation zwischen dem natürlichen und geistigen Menschen, dem ἄνϑρωπος ψυχικός und dem ἄνϑρωπος πνευματικός aufgerissen, durch gleichmäßige Ausbildung aller seiner Kräfte, der körperlichen wie der geistigen, in einer harmonischen Einheit zu versöhnen. Wagner, der diesen Zwiespalt, wie vielleicht kein anderer, an und in sich selbst erlebt und erlitten hat, griff diesen Schillerschen Gedanken auf und begegnete sich mit ihm in der Würdigung der Kunst als der im eminentesten Sinne des Wortes eigentlich und specifisch menschlichen Lebensbethätigung, durch die eine ideale menschliche Kultur allein zu ermöglichen sei, eine Würdigung, die wir als ein Fundamentalaxiom seiner Weltanschauung in der Folge kennen lernen werden.

Stellen wir uns nun einen Künstler vor, bei dem diese beiden Triebe, sowohl der auf das Reale und Sinnliche, als der auf das Ideale und Geistige gerichtete, nicht nur sich die Wage halten, sondern gleich mächtig und kräftig entwickelt sind, so wird sich ein solcher nicht damit zufrieden geben, seine künstlerische Absicht, das von ihm erschaute Ideal, in ästhetischen Formen mehr oder minder bloß anzudeuten oder auszusprechen, er wird vielmehr nicht eher ruhen, als bis er den Inhalt seiner künstlerischen Mitteilung vollständig und restlos hat sinnliche und sichtbare Erscheinung werden lassen, bis alles Innerliche und Seelische auch greifbare Gestalt gewonnen hat; denn so sehr drängt ihn die aufs Diesseits gerichtete Seite seiner Natur zur blühend lebendigen und sinnenfälligen Realität, daß er erst in ihr seine Absicht verwirklicht, sein Wollen erlöst fühlt. Andererseits aber auch wird ihm nichts Sichtbares, kein in Raum und Zeit sich bewegendes reales Ding bloß als solches, s. z. s. als reine »Vorstellung« (Phänomenon) genügen, ehe er nicht seine innerste Seele, sein »An-sich« durch die Hülle der äußeren Erscheinung hindurchdringend, entdeckt hat, um es durch das Ausdrucksmedium der Musik als tönende Weltseele zu offenbaren. (Vergl. S. 24 ff.) Ein solcher Künstler wird sich nur in einer Kunstform voll aussprechen und ausleben können, in der »Vorstellung« und »Ding an sich«, Phänomenon und Noumenon, Äußeres und Inneres, Gestalt und Gefühl, sichtbare und hörbare Welt in gleicher Weise zu ihrem Rechte kommen, in der während des ganzen Verlaufs der künstlerischen Mitteilung zwei sich genau entsprechende und nur in ihrer gegenseitigen Bezogenheit verständliche Welten parallel nebeneinander herlaufen, wo alle Realität idealisiert und alle Idealität realisiert, alle Innerlichkeit veräußerlicht und alle Äußerlichkeit verinnerlicht erscheint, wo sowohl der Realisierungs- wie der Idealisierungstrieb in gleicher Weise Befriedigung finden: ein solcher Künstler war Richard Wagner, und die Kunstform, in welcher er allein, als seiner Natur vollkommen gemäß und ganz entsprechend, schaffen konnte, war das Worttondrama, in welchem scenische Kunst (Mimik im weitesten Sinne des Wortes) und Musik als Repräsentanten der sichtbaren realen und der unsichtbaren idealen Welt, zusammengehalten durch die vermittelnde und beide als Ausdrucksmittel einer künstlerischen Absicht mit Bewußtsein verwendende Kunst des Dichters, sich zu gemeinsamer, gegenseitig einander ergänzender Wirkung verbinden.

Und wie dieser Gedanke eines Antagonismus zweier gleich mächtig und stark entwickelten, nach entgegengesetzten Seiten gerichteten Triebe uns das Geheimnis der künstlerischen Persönlichkeit Richard Wagners enthüllt, so giebt er uns auch einen Schlüssel in die Hand, den, absichtlich und unabsichtlich, so vielfach verkannten menschlichen Charakter des Meisters uns zu deuten, wenn wir nur erst einmal erkannt haben, daß die beliebte und trotzdem so unsäglich oberflächliche, ja direkt falsche Trennung von »Künstler« und »Mensch« nirgend so wenig angebracht ist als bei dem Manne, der selbst einmal vom Künstler gesagt hat, daß man ihn erst dann als solchen verstehe, wenn man ihn auch als Menschen lieben gelernt habe (IV, 231).

Friedrich Nietzsche, der schon darum immer in erster Linie gehört zu werden verdient, wenn wir den Charakter unseres

Meisters wahrhaft ergründen wollen, weil er die »geheimnisvolle Gegnerschaft«, von der er selbst einmal sagt, daß sie zum Betrachten, als welches ein »Entgegenschauen« verlange, nötig sei (Richard Wagner in Bayreuth S. 46), Wagnern gegenüber auch in der Periode seiner enthusiastischesten Verehrung des Bayreuther Meisters nie ganz verleugnen konnte, — Friedrich Nietzsche war es, der zuerst auf jene elementare psychische Doppelströmung als das eigentliche Geheimnis der Persönlichkeit Richard Wagners hinwies. »Seine Natur,« heißt es a. a. O. S. 10f., »erscheint .... in zwei Triebe oder Sphären auseinandergerissen. Zu unterst wühlt ein heftiger Wille in jäher Strömung, der gleichsam auf allen Wegen, Höhlen und Schluchten ans Licht will und nach Macht verlangt. Nur eine ganz reine und freie Kraft konnte diesem Willen einen Weg ins Gute und Hilfreiche weisen; mit einem engen Geiste verbunden, hätte ein solcher Wille bei seinem schrankenlosen, tyrannischen Begehren zum Verhängnis werden können ..... Es war ein liebevoller, mit Güte und Süßigkeit überschwenglich mild zuredender Geist, dem die Gewaltthat und die Selbstzerstörung verhaßt ist und der Niemanden in Fesseln sehen will: dieser sprach zu Wagner. Er ließ sich auf ihn nieder und umhüllte ihn tröstlich mit seinen Flügeln, er zeigte ihm den Weg. Wir thun einen Blick in die andere Sphäre der Wagnerschen Natur ......« Entkleidet der poetisierenden Sprache, in welcher sich der künftige Dichter des Zarathustra schon damals gefiel, heißt das nichts anderes, als daß den natürlichen Untergrund des Wagnerschen Charakters ein heftig und ungestüm begehrender Wille ausmachte, der, wäre er sich allein überlassen geblieben, den von ihm besessenen Menschen zu einem machtgierigen Tyrannen und Egoisten, als Künstler zu einem nur dem Rufe des Ehrgeizes und der Ruhmsucht folgenden Streber, einem äußerlichen Erfolgen mit eitler Gier nachhaschenden Virtuosen gemacht hätte. Und in der That sind das so ziemlich die Charakterzüge, aus denen sich das Bild Richard Wagners bei denen zusammensetzt, die (*bona* oder *mala fide*) nur diese eine, der realen Außenwelt zugekehrte Seite seines Charakters zu erkennen imstande sind, eine Verkennung seines wahren Wesens, die in solch hohem Maße und in solch weitgehender Verbreitung nicht hätte entstehen können, wenn sie nicht an thatsächlich vorhandenen, wenn auch einseitig entstellten Charaktereigenschaften des Meisters einen Stützpunkt gehabt hätte.

Was ihn nun davor bewahrte, an einem bloß egoistischen Wollen sein Genüge zu finden, dieses sein besseres Selbst, sein guter Geist, ist nicht ebenso leicht wie sein Antagonist mit kurzen Worten deutlich zu bezeichnen und zu charakterisieren: Wagner nennt selbst einmal die Musik als seinen guten Engel (IV, 263), und was er damit meint, erfahren wir aus der wenige Zeilen darauf folgenden Definition: »Ich kann den Geist der Musik nicht anders fassen, als in der Liebe.« (Ebd. 264) Die Musik war es, die ihn als Künstler davor behütete, sich an die Prosa zu verlieren, »kritischer Litterat« zu werden (Ebd.), wie ihm in der Liebe der Erlösung bringende Engel an die Seite trat, der befreiend das Gefühl seiner eigenen und persönlichen Not zum Mitempfinden und Mitleiden der allgemeinen Menschheitsnot erweiterte, sein egoistisch isoliertes Ich, die Schranken des *principii individuationis* durchbrechend, zur sympathisch die ganze Menschheit umfassenden »Weltseele« ausdehnte.

Man kann es auch so ausdrücken: zu dem blinden und heftigen Wollen in Wagner gesellte sich ein tiefer und heller Blick, den kein Wahn und keine Täuschung auf die Dauer zu blenden vermochte; indem der sonnige Strahl dieses Blicks die dunkeln Abgründe seines Wollens erhellte und erleuchtete, gab er diesem, dessen Streben zunächst nur auf Erreichung von Macht, Herrschaft und Genuß *à tout prix* gerichtet war, den idealen Inhalt: nur an solchen Erfolgen, an solcher Macht und Herrschaft sein Genüge zu finden, die auf Wahrheit beruhen, dagegen solche zu verabscheuen, die einem Irrtum, einem Mißverständnis entspringen, nur in dem Glück sich befriedigt zu fühlen, »das ohne Reu'«, nur eine solche Herrschaft über die Menschen zu begehren, welche diese wirklich und wahrhaft unterwirft, eine Herrschaft, wie sie nur die alle Täuschungen und Mißverständnisse ausschließende Macht der sich selbst hingebenden und in dieser Selbstentäußerung erst ihr volles Selbst offenbarenden Liebe zu gewähren vermag.

Darum finden wir als einen hervorstechenden Hauptzug in

Wagners Charakter eine unbedingte Wahrhaftigkeit, die nichts so sehr haßt als Lüge und Heuchelei, und die, oft genug die Gebote auf den eigenen Vorteil bedachter Weltklugheit und sachliche Gegensätze um der Persönlichkeit willen verschweigender Rücksichtnahme bis zur Tollkühnheit außer Acht lassend, nicht nur darauf achtet, daß alles, was sie sagt, wahr sei, sondern auch — entgegen der Maxime Kants — nichts aus irgend welchen Opportunitätsgründen zu verschweigen imstande ist von dem, was sie einmal als wahr erkannt hat, eine unbedingte Aufrichtigkeit und Wahrheitsliebe, die auch das erklärt, was man oft als »Undankbarkeit« Wagners brandmarken zu müssen glaubte: es war ihm eben auch vorgeblichen und faktischen Wohlthätern gegenüber unmöglich, aus seinem Herzen eine Mördergrube zu machen, seine innersten Gefühle zu verbergen.

Jener tiefe Blick, vor dem keine Täuschung noch Illusion Stand hielt, ließ Wagner sein hohes Ideal erschauen und mit einer Klarheit und Deutlichkeit aussprechen, wie dies noch keinem Künstler vor ihm gelungen war, und seine mächtige aktive Willensnatur wiederum ließ ihn nicht bei dieser Erkenntnis des Ideals stehen bleiben, trieb ihn vielmehr zu immer wieder erneuten Versuchen zu dessen Verwirklichung an. Jenes war das Ethos, dieses das Pathos des Wagnerschen Charakters, jenes verwehrte ihm, sich mit irgend welchen halben, auf Täuschung und Mißverständnis beruhenden Erfolgen zu begnügen, wie dieses ihn davor bewahrte, jemals durch noch so bittere Enttäuschungen in eine auf alles fernere Wirken in der realen Welt der Gegenwart verzichtende, rein passive Resignation sich einlullen zu lassen. Jene furchtbar ernste Wahrhaftigkeit seines Wesens belehrte ihn darüber, daß in der Welt, wie sie ist, nur ein würdeloses und unsittliches Glück möglich sei, während seine mit naiver Daseinsfreudigkeit dem Realen zugekehrte Willensnatur ihn niemals die Hoffnung verlieren ließ, den dem Menschen so tief eingeborenen, nur im sinnlichen Diesseits seine volle Befriedigung findenden Glückseligkeitstrieb mit den ethischen Postulaten seiner idealen Natur schließlich doch noch auf irgend eine Weise aussöhnen zu können. So sehr gehörte er gleichzeitig und zu gleichen Theilen jenen beiden Welten, der des alle Widersprüche und Gegensätze in sich versöhnenden idealen

Gedankens, wie der des sinnlich Wirklichen und Gegenwärtigen an, daß es ihm nicht möglich war, weder vollständig aus der Realität ins Ideale zu flüchten, die Brücken des Lebens ganz hinter sich abzubrechen, noch auch die Sehnsucht nach der idealen Heimat in der wogenden Brandung der Wirklichkeit jemals zu vergessen: immer drängte es ihn dazu, eine Versöhnung beider zu versuchen, ja darin seine eigentliche Lebensaufgabe zu erblicken, das Wirkliche zu vergeistigen und zu idealisieren, und das Ideale zu verwirklichen, zu lebendigem sinnlichen Dasein zu erwecken.

Wenn wir nun unser Auge auf die beiden äußersten Enden dieser zwei Seiten der Wagnerschen Natur richten, um hier einen auf die Eroberung der Welt durch seine Kunst ausgehenden, heftigen, egoistischen und tyrannischen Willen, ein mit voller, ungetrübter Freude am gleißenden Glanz der sinnlichen Außenseite der Welt auf individuellen Genuß und Glückseligkeit ausgehendes Streben, dort einen tiefen sittlichen Ernst zu erblicken, der soweit allen Wahn der Welt hinter sich gelassen hat, daß er aus voller Seele mit den asketischen Heiligen der buddhistischen und christlichen Religion zu sympathisieren vermag, so können wir nicht genug das Wunder anstaunen, das es dem Meister ermöglicht hat, diese beiden einander diametral entgegengesetzten und sich kontradiktorisch widersprechenden Seiten seiner Natur zu der Harmonie einer einheitlichen Persönlichkeit zusammenzuschweißen, wie sie uns das Leben dieses Mannes zeigt, dessen Entwickelung sich mit einer geradlinigen Konsequenz von solch logischer Folgerichtigkeit vollzogen hat, wie kaum die eines anderen Menschen vor ihm. Diesem Wunder, in dem wir das eigentliche und tiefste Geheimnis der Persönlichkeit dieses Wunderbaren ahnen, giebt Friedrich Nietzsche einen schönen Namen, indem er es mit jener, von jeher für specifisch deutsch gehaltenen Tugend identifiziert, die Wagner in seinen Kunstwerken in immer neuen Formen und Gestalten zu verherrlichen nicht müde wird. Er nennt es Treue. Die Treue ist es, die den Meister darum zu immer wieder erneuter dichterischer Gestaltung ihres geheimnisvollen Wesens anregt, weil er sie selbst erlebt, weil sie das tiefste Mysterium seines eigenen Wesens ausmacht, — »jene wundervolle Erfahrung und Erkenntnis, daß die eine Sphäre seines Wesens der anderen treu blieb, aus freier selbstlosester Liebe Treue wahrte, die schöpferische schuldlose lichtere Sphäre der dunklen, unbändigen und tyrannischen« (Richard Wagner in Bayreuth, S. 13). —

Diese beiden antagonistischen, jedoch unzerreißbar aneinander geketteten und in der Einheit seiner individuellen Persönlichkeit sich verschmelzenden Triebe der Natur Wagners machen ihn als Künstler zum dramatischen Worttondichter, als Menschen zum praktischen Idealisten, der seine eigentliche Lebensaufgabe darin findet, das, was er als Ideal erkannt, auch zu verwirklichen, nicht bloß im Olymp mit den Göttern himmlische Freuden zu genießen, sondern als Prometheus das Feuer des idealen Gedankens von dort den bedürftigen Menschen herabzuholen, der nimmer rastet noch ruht, und durch keine noch so herbe Erfahrung und Enttäuschung sich Hoffnung und Mut zu immer wieder erneuten Versuchen rauben läßt. In der gegenseitigen Beziehung und Wechselwirkung dieser beiden Triebe, wie sie erst unbewußt nebeneinander hergehen, hierauf der eine hinter dem anderen zurücktritt, um dann ihn wieder von der Oberfläche zu verdrängen, bis sie nach langem Kampfe zu endlichem Gleichgewicht kommen, vollzieht sich die Entwickelung der Weltanschauung Richard Wagners; der ihr zu Grunde liegende Idealbegriff wechselt sein Verhältnis zur Wirklichkeit nach der jeweiligen Stufe der Lebenserfahrung und Welterkenntnis, welche der Meister bei dem Streben nach harmonischer Versöhnung der beiden seine Natur konstituierenden Triebe im Laufe seines geistigen Werdens erklimmt, wobei Kunstideal und Lebensideal im engsten Zusammenhang stehen, und zwar der Art, daß die Verwirklichung des letzteren zuerst als die unumgängliche Vorbedingung zur Realisierung des ersteren erscheint, während später die Arbeit an der Verlebendigung des Kunstideals als eine Vorbereitung und Vorstufe zur Verwirklichung des Lebensideals, gleichsam als seine ideale Anticipation in der Sphäre des ästhetischen Scheins proklamiert wird.

Unsere nächste Aufgabe ist es nun, die geistige Entwickelung Wagners bis zu dem Punkte zu verfolgen, wo er seines Wollens zum erstenmale sich bewußt wird, wo sein Kunst- und Lebensideal in ihrer wechselseitigen Bezogenheit s. z. s. das Licht der

Welt erblicken, wo er anfängt sich Rechenschaft zu geben über sich und sein Verhältnis zur Welt. Dieser Entwickelung entspringt der Gedanke, welchen wir den »obersten Idealbegriff« der Wagnerschen Weltanschauung genannt haben, die Idee des Reinmenschlichen; dieser selbst wie die ganze von ihm getragene Weltanschauung müssen daher unverständlich bleiben, wenn nicht ein wenigstens kurzer und summarischer Überblick über diese Entwickelung, als deren Resultat und Produkt er erscheint, vorangegangen ist.

Wagner war nichts weniger als ein *ingenium praecox*, und am allerwenigsten zeigte seine musikalische Begabung jene stupende Frühreife, wie sie uns bei einem Mozart oder Mendelssohn begegnet. Er treibt als Knabe mancherlei, übersetzt aus dem Griechischen und Englischen, dichtet, malt und komponiert, aber alles zunächst so, daß man mehr auf eine flüchtige dilettantische Neigung als auf eine wirkliche künstlerische Begabung daraus zu schließen sich berechtigt fühlen konnte. Indessen lässt sich von dem, was Wagner dann als Mann wirklich geworden ist, zurückblickend manches Interessante diesen ersten kindlichen Versuchen entnehmen. Nachdem sich bis dahin keine Spur von irgend welchem musikalischen Talent bei dem Knaben gezeigt hatte, beginnt er, durch das Studium Shakespeares zur Nachahmung angeregt, in seinem 14. Lebensjahre eine große Tragödie, wie er selber sagt, »ungefähr aus Hamlet und Lear zusammengesetzt« (I, 5), die ihn zwei Jahre hindurch so intensiv beschäftigt, daß er das bisher mit Eifer und Fleiß betriebene Schulstudium gänzlich vernachlässigt. Während dieser Zeit erhält er zum erstenmale in seinem Leben mächtige und tiefe musikalische Eindrücke, er lernt Beethovens Symphonien, Mozarts Requiem kennen.

»Beethovens Musik zu »Egmont« begeisterte mich so, daß ich um alles in der Welt mein fertig gewordenes Trauerspiel nicht anders vom Stapel laufen lassen wollte, als mit einer ähnlichen Musik versehen: . . . . . . ich beschloß Musiker zu werden« (I, 6). Es war also ein Bedürfnis, das er während der Ausarbeitung einer dramatischen Dichtung empfand, was den jungen Wagner der Musik in die Arme trieb. Das ist charakteristisch, es verrät schon in etwas die Eigenart des späteren Musikdramatikers, dem die Musik nichts ist als ein Ausdrucksmittel zur Verwirklichung einer dramatischen Absicht, der die Oper als Kunstform verwirft, weil in ihr »ein Mittel des Ausdrucks (die Musik) zum Zwecke, der Zweck des Ausdruckes (das Drama) aber zum Mittel gemacht war« (III, 231). —

Die Studien, vermittelst derer er seine Absicht Musiker zu werden, verwirklichen will, sind zunächst weder sehr ernst, noch allzu gründlich. Er tritt in jene Periode des Mysticismus, in der er vornehmlich von Hoffmann (vergl. S. 35 f.) und Beethoven sich anregen läßt, er entwirft phantastische und tolle Kompositionen und lebt so sehr in einer unwirklichen idealen Traumwelt, daß er sich nicht einmal darum bemüht, durch geregelte musikalische Studien die handwerksmäßige Technik zur künstlerischen Gestaltung seiner Phantasieen sich zu verschaffen. Da tritt ein plötzlicher Rückschlag ein; die aufs reale Diesseits und sinnlichen Lebensgenuß gerichtete Seite seiner Natur erwacht und es scheint einen Augenblick, als ob sie ganz die Oberhand gewinnen, der junge Künstler sich im Strudel des Tages verlieren wolle. »Es kam die Julirevolution; — mit einem Schlage wurde ich Revolutionär und gelangte zu der Überzeugung, jeder halbwegs strebsame Mensch dürfte sich ausschließlich nur mit Politik beschäftigen.« Er bezieht die Universität in der Absicht, Philosophie und Ästhetik zu hören, ohne dies jedoch zu thun. »Von dieser Gelegenheit mich zu bilden, profitierte ich so gut als gar nicht; wohl aber überließ ich mich allen Studentenausschweifungen, und zwar mit so großem Leichtsinn und solcher Hingebung, daß sie mich bald anwiderten, ... meine Musik hatte ich fast gänzlich liegen lassen« (I, 7). Tannhäuser war in den Venusberg eingezogen.

Diese Periode des Untergehens in den Wogen des Genußlebens dauerte nur kurze Zeit, sie ist aber wichtig, und Wagner war selbst so sehr dieser Ansicht, daß er sie in der 1842 verfaßten »Autobiographischen Skizze« nicht übergehen zu dürfen glaubte. Bald erwachte der Ernst seiner Natur von neuem, er fand in dem Thomaskantor Theodor Weinlig einen treff-

4*

lichen Lehrer, der ihn gründlich in die Geheimnisse des Kontrapunktes einweihte und zum selbständigen Musiker machte. —

Da wir keine Biographie Richard Wagners zu schreiben haben, so übergehen wir die nächstfolgenden Jahre, wo er zunächst in Nachahmung der klassischen deutschen Meister Ouverturen, Symphonieen und Sonaten schreibt und die praktische Musikerlaufbahn als Theaterkapellmeister betritt, die ihn in kurzer Zeit von Würzburg über Magdeburg nach Königsberg und Riga durch fast ganz Deutschland führt, um erst wieder bei der Betrachtung seiner ersten beiden größeren ausgeführten Kunstwerke Halt zu machen. Es sind dies die Opern: Die Feen und Das Liebesverbot. Beide stehen, sowohl was Inhalt und Geist des Sujets als auch was die Art namentlich der musikalischen Ausführung anbelangt, in einem ausgesprochenen, ja krassen Gegensatze zu einander, sie wiederholen s. z. s. auf künstlerischem Gebiet den Kontrast zwischen dem phantastischmystischen Hoffmann- und Beethovenschwärmer und dem allen Studentenausschweifungen mit Leichtsinn sich hingebenden Nichthörer der Philosophie der Leipziger Zeit.

Zunächst ist ersichtlich, daß der junge Künstler mit diesen Werken nichts weiter angestrebt hat, denn als Opernkomponist seine Schöpferkraft zu bethätigen und — Erfolge zu erringen. Von einer reformatorischen oder gar in Bezug auf die überlieferte Opernform revolutionären Richtung ist noch keine Spur vorhanden. Die Dichtung soll und will nicht mehr sein als der Rahmen, welcher dem Musiker Gelegenheit giebt, seine Kunst zu entfalten. In den »Feen« zeigt sich dieser Musiker als Anhänger der soliden und ernsten Richtung, die eben in Weber sich der alten deutschen Form des Singspiels bemächtigt hatte, um diese zu einer echt deutschen romantischen Volksoper zu erweitern, wie sie uns im »Freischütz«, der unseren Meister schon als Knaben so tief ergriffen hatte, entgegentritt. Weber und Beethoven waren seine musikalischen Vorbilder, der Stoff jener Zauberwelt der Romantik entnommen, die Weber zuerst mit so entschiedenem Glück betreten hatte. Gozzis dramatisches Märchen »Die Frau als Schlange« hatte ihm die poetische Fabel geliefert, ein Werk des phantasievollen Meisters der alten italienischen *Commedia dell' arte*, auf den er, wie schon gesagt (S. 37), wohl zuerst durch Hoffmann aufmerksam geworden war.

Ist somit diese Oper ein durchaus verständliches und folgerichtiges Produkt seiner bisherigen künstlerischen Entwickelung, mit dem er auf dem von den verehrten Meistern seiner Jugendzeit ihm gewiesenen Wege und in ihrem Ideenkreise, zunächst noch unselbständig genug, vorwärts schreitet, so schlägt er dagegen mit dem kaum $^5/_4$ Jahre nach der Vollendung der »Feen« (1. Januar 1834) geschaffenen »Liebesverbot« (nach Shakespeares Komödie »Maß für Maß«, erste und einzige Aufführung in Magdeburg am 29. März 1836) eine so gänzlich andere Richtung ein, daß man dieses letztere Werk nach Geist, Anlage und Ausführung nicht besser charakterisieren kann, als wenn man es das strikte und gerade Gegenteil der »Feen« nennt. Dort phantastische Romantik und eine überirdische Geisterwelt, hier sinnlichster Realismus und ungebundenste Daseinsfreude, dort idealer Ernst und Gewissenhaftigkeit, hier nicht zu leugnende Oberflächlichkeit und Frivolität, dort Nachahmung der deutschen Kunst Webers und Beethovens, hier kecke Imitation der leichtgeschürzten Muse der neufranzösischen und neuitalienischen Opernschule: welch ein Kontrast! — und doch nicht unschwer zu erklären. Es war die andere Seite der Wagnerschen Natur, dieselbe, die ihn in die »Genüsse« des Leipziger Studentenlebens hineingerissen hatte, wieder nach oben gekommen. Wagner konnte seiner ganzen Natur nach, wie wir schon ausgeführt haben, sich nie und nimmermehr mit einem bloß »idealen« und eingebildeten Schaffen begnügen. Unaufgeführte Partituren in seinem Pulte aufzuhäufen und in der Arbeit des Komponierens selbst seine Befriedigung zu finden, wie es wohl dem deutschen Musiker älteren Schlags genügte, war für ihn ein Ding der Unmöglichkeit. Ihn drängte es mit aller Macht, nach außen zu wirken, Erfolge zu erringen, seine künstlerische Persönlichkeit zu offenbaren und mitzuteilen; erst im aufgeführten und vom Publikum aufgenommenen Kunstwerk konnte sein ungestümer Künstlerwille zur Ruhe kommen.

Der gewünschte Erfolg nun war bei den »Feen« ausgeblieben, es war ihm nicht gelungen, dieselben irgendwo zur Aufführung zu bringen. Dagegen sah er das deutsche Publikum den Werken eines Bellini, Auber und Donizetti allerorten begeistert zuzujubeln. Von dieser Lehre wollte er profitieren. »Die schlaffe Charakterlosigkeit unserer heutigen Italiener, sowie der frivole Leichtsinn der neuesten Franzosen schienen mir den ernsten, gewissenhaften Deutschen aufzufordern, sich der glücklicher gewählten und ausgebildeten Mittel seiner Nebenbuhler zu bemächtigen, um es ihnen dann in Hervorbringung wahrer Kunstwerke entschieden zuvor zu thun« — so lauten seine eigenen Worte (I, 9 f.). Zum erstenmale enthüllte sich ihm die Bedeutung jenes Momentes im Kunstwerk, dem er später eine so große Wichtigkeit zuerkannte: der Sinnlichkeit. Das Kunstwerk wendet sich zunächst an die Sinnlichkeit des Menschen, durch das offene Thor der Sinne soll der künstlerische Inhalt in die Seele eindringen. Daher müssen die künstlerischen Mittel sinnlich wirksam, d. h. so beschaffen sein, daß sie sich der Sinne bemächtigen, diese zwingen, sich dem künstlerischen Eindruck gefangen zu geben. Diese Wahrheit ging Wagnern zuerst in jener Zeit auf. Die große Schröder-Devrient, die selbst in einem musikalisch so unbedeutenden Werke wie Bellinis »Romeo und Julia« die großartigsten Wirkungen zu erzielen wußte, öffnete ihm hierfür die Augen (I, 9. IV, 254), er erkannte, daß die sinnliche Natur des menschlichen Stimmorgans mehr in seiner Eigenart zu berücksichtigen sei, als dies von den in der reinen Instrumentalmusik künstlerisch groß gewordenen Deutschen bisher geschehen war, er entdeckte jenen Mangel der im Anschluß an Beethoven und Weber komponierenden Deutschen, den er in »Oper und Drama« so glücklich bezeichnet, wenn er die deutsche Oper im Gegensatz zur französischen, der »Koketten«, und der italienischen, der »Buhlerin«, eine »Prüde« nennt (III, 317 ff.).

Wenn wir nun aber sehen, wie Wagner im »Liebesverbot« die Figur des heuchlerischen und pietistisch-lüsternen deutschen Statthalters zu einer unverkennbaren, in anti-nationalem Sinne tendenziösen Spitze benutzt, so erhellt daraus, daß die Reaktion gegen die ernste und solide Lebensauffassung, wie sie aus den Bestrebungen des Komponisten der »Feen« spricht, keineswegs eine bloß künstlerische war, sich vielmehr auf den ganzen Menschen erstreckte. Hören wir seine eigenen Bekenntnisse: »Die phantastische Liederlichkeit des deutschen Studentenlebens war mir nach heftiger Ausschweifung bald zuwider geworden: für mich hatte das Weib begonnen vorhanden zu sein« (IV, 253). »Damals war ich einundzwanzig Jahre alt, zu Lebensgenuß und freudiger Weltanschauung aufgelegt; »Ardinghello« und »das junge Europa« spukten mir durch alle Glieder: Deutschland schien mir nur ein sehr kleiner Teil der Welt. Aus dem abstrakten Mysticismus war ich herausgekommen, und ich lernte die Materie lieben« (I, 10). Diese allgemeine Stimmung begegnete sich nun mit dem durch das »Liebesverbot« bezeichneten künstlerischen Rückschlag. Auch in der moralischen Wohlanständigkeit der deutschen Gesellschaft erkannte er wie in ihrer Kunst die sittlich bigotte Prüderie als eigentliches Grundelement, gegen die sich nun sein Wahrhaftigkeitsgefühl und seine Lebenslust gleichermaßen empörten, und der französisch-italienischen Opernmusik warf er sich vor allem auch darum so rückhaltlos in die Arme, weil er in ihr den Ausdruck dessen auf künstlerischem Gebiet wieder erkannte, was er damals als ganzer Mensch empfand: »freudige Lebenslust in der notgedrungenen Äußerung als Frivolität« (IV, 254).

Das Resumé seiner Entwickelung bis zu diesem Punkt giebt Wagner selbst in folgenden Worten: »Vergleicht man dieses Sujet (des Liebesverbotes) mit den Feen, so sieht man, daß die Möglichkeit, nach zwei grundverschiedenen Richtungen hin mich zu entwickeln, vorhanden war . . . . . . Die Ausgleichung beider sollte das Werk meines weiteren künstlerischen Entwickelungsganges sein« (IV, 255).

Unterdessen hatte Wagner, unbedachtsam genug, ohne die nötigen Subsistenzmittel eine Ehe geschlossen (mit der Schauspielerin Wilhelmine Planer, 24. November 1836), welche ihn naturgemäß im Ausleben seiner Individualität nach jeder Richtung hin noch mehr beschränken mußte, als dies schon die eingeengten künstlerischen und gesellschaftlichen Verhältnisse seines Wirkungskreises an einem kleinen deutschen Provinzialtheater thaten. Er lenkte seine Blicke auf Paris. Dort hoffte er beides finden zu können: freudigen Lebensgenuß in freier, ungehinderter Bethätigung aller seiner sinnlichen und geistigen Kräfte, wie Anerkennung und Erfolge als ernsten und hohen Zielen zustrebender Künstler, der zu sein er in seinem tiefsten

Innern trotz der Verirrung des »Liebesverbotes« niemals ganz aufgehört hatte. Ruhm und Geld durch Aufführung ideal concipierter und großartig angelegter dramatischer Werke, Erlösung aus all der Misère, die sich für den deutschen Künstler in dem schrecklichen Worte »Provinz« zusammenfaßt, das suchte er in Paris. Aus Bulwers historischem Roman »Rienzi« hatte er sich den Stoff zu einer fünfaktigen großen Oper geholt, mit der er zum erstenmale ein trotz aller unschwer erkennbaren Vorbilder originales und eigenartiges Werk schuf. War zwar seine nächste Absicht bei der Abfassung auch dieses Textbuches nur darauf gerichtet, sich einen glanz- und wirkungsvollen Rahmen für die darauf zu komponierende Musik zu verschaffen, so war doch die Gestalt des großmütigen Tribunen und Volksbeglückers, der an der Kleinheit und Erbärmlichkeit seiner Umgebung zu Grunde geht, derart, daß sie den jungen Meister aufs tiefste ergreifen und wirklich begeistern konnte. Er hatte, wie wir gesehen haben, trotz seiner Jugend schon eine an scharfen Kontrasten reiche Entwickelung hinter sich: diese Gegensätze auszugleichen ist bei der Ausarbeitung des »Rienzi« sein offenersichtliches Bemühen.

Er will den ernsthaften deutschen Künstler zeigen, der aber trotz seiner Gediegenheit und Gewissenhaftigkeit es nicht verschmäht, alle die sinnlichen und äußerlich wirksamen Ausdrucksmittel zur sichtbaren und hörbaren Gestaltung seiner Idee anzuwenden, die er in den Modewerken der französisch-italienischen Opernschule als effektvoll und Erfolg versprechend kennen gelernt hatte. Als Muster mochte ihm Meyerbeer vorschweben, dem ebenfalls eine eklektische Verbindung welschen und deutschen Opernstils gerade damals Ruhm und Ehren in Hülle und Fülle gebracht hatte, wie denn nicht zu verkennen ist, daß die nach künstlerischer Gestaltung um ihrer selbst willen ringende dramatische Idee auch im »Rienzi« noch durchaus zurücktritt hinter dem Schwelgen im sinnlich-äußerlichen Apparat der »großen Oper« mit all ihren groben Effekten. Das Drama ist auch hier mehr noch bloß angedeutet als schon wahrhaft gestaltet und verwirklicht; auch in diesem Werke ist der Meister, wie er selbst vom »Liebesverbot« sagt, keineswegs immer skrupulös in der Wahl der Mittel.

Aber es kann nicht geleugnet werden, daß im Rienzi der Musikdramatiker erwacht ist, der sich bestrebt zeigt, alles, auch das geringste Detail, auf die dramatische Idee zu beziehen, wenn er auch noch nicht alles aus ihr allein ohne Nebenabsichten herleitet. Die Schranken der konventionellen Opernform halten ihn noch gefangen, er hat noch nicht eingesehen, daß wahrhaftes Drama (als Ausdruck einer dichterischen Idee) und Oper einander ausschließen, daß die restlose Verwirklichung einer dramatischen Absicht innerhalb des traditionellen Opernschemas unmöglich ist.

Ohne jegliche pekuniäre Mittel, alle seine Hoffnungen auf dieses Werk setzend, schiffte er sich mit Frau und Hund Ende Juni 1839 in Riga ein, um über London am 18. September desselben Jahres in Paris anzukommen. Dort bleibt er bis zum Frühjahr 1842. Was er in der Seinemetropole erlebte, ist aus den Biographieen hinlänglich bekannt. Deshalb braucht uns hier nicht das Thatsächliche, sondern nur die Wirkung der Pariser Erlebnisse auf Wagners geistige Entwickelung zu beschäftigen. Es waren Enttäuschungen herbster Art, die ihm dieser Aufenthalt in fremdem Lande brachte, die bitterste Lebensnot und die beschämendste, entwürdigendste künstlerische Lohnarbeit, um sein Dasein notdürftig zu fristen, blieben ihm nicht erspart. Und doch waren es nicht diese persönlichen Leiden und Bitternisse, welche den eigentlichen Anstoß zu der großen Umwälzung im ganzen Denken und Fühlen des Meisters gaben, durch die jene beiden Pariser Jahre epochemachend in seinem Leben wurden. Vielmehr bewirkte diese Revolution eine allgemeine Einsicht, ein Blick hinter die Coulissen, welcher ihm das Geheimnis unseres ganzen modernen öffentlichen Kunstbetriebes an seinem äußerlich glänzendsten Mittelpunkte, der Paris ohne Zweifel damals war, enthüllte. Bisher hatte er als Kapellmeister an deutschen Provinzbühnen nur kleinliche, in den Mitteln beschränkte und ungenügende Kunstverhältnisse kennen gelernt, und er war mit der ausgesprochenen Hoffnung nach Paris gekommen, daß hier, wo alle diese Erbärmlichkeiten und Misèren eines Wollens, dem die Mittel zum Vollbringen fehlen, nicht in Frage kamen, ein begabter Künstler nur etwas Energie zu entwickeln brauche, nur einmal zu zeigen habe, was er zu leisten im stande sei, um damit sofort auch zu einer freiesten Entfaltung aller seiner Kräfte zu gelangen, zu jener Harmonie zwischen innerem und äußerem Sein, zwischen künstlerischem Streben und thatsächlichem, von Erfolg gekröntem und mit der Ermöglichung behaglichen Lebensgenusses belohntem Wirken, welches ihm als Ideal vorschwebte. Darin sah er sich bitter getäuscht. Nicht energisches Wollen und künstlerischer Ehrgeiz verbürgen den großen Erfolg, nicht auf Talent und Können kommt es an, sondern es bedarf dazu der Intriguen, der Hintertreppen, der Schmeichelei und Bestechung, man braucht, um es in Paris zu etwas zu bringen, Protektion und vor allem das, woran es ihm gänzlich mangelte: Geld. Der gerade und ehrliche, stolze und selbstbewußte Charakter ist verloren, es wird ihm von dem rückgratlosen Streber, der keine auch noch so anrüchigen Mittel zur Erreichung seiner Zwecke verschmäht, immer und überall der Rang abgelaufen. Er durchschaute den täuschenden Firnis des äußerlichen Glanzes und Flitters der künstlerischen Öffentlichkeit, er sah ein, daß die idealen Tendenzen dem modernen Künstler fast ausnahmslos nichts sind als ein Vorwand, ein Deckmantel, hinter dem sich der schlaue, mit merkantiler Klugheit die Chancen des Modegeschmacks berechnende Geschäftsmann verbirgt, er erkannte als den innersten Kern, als das »Ansich« unserer gesamten heutigen Kunst die Industrie, innerhalb deren der echte Künstler, der nicht das Seine sucht oder die Sache der wahren und reinen Kunst, die keine Rücksicht nimmt auf Zeitgeschmack und Modekurs, ganz zu der seinen gemacht hat, geradeso verraten und verkauft ist, wie überhaupt im modernen Leben ein jeder Mensch, der sich zum bloßen *money-maker* für zu gut hält.

Zum erstenmale offenbarte sich hier unserem Meister mit furchtbarer Deutlichkeit, was es mit der Herrschaft des Kapitalismus, mit der tyrannischen Macht des »bleichen Metalls« für eine schreckliche Bewandtnis habe. Seine persönliche und künstlerische Lebensnot enthüllte sich ihm als eine Folge der Krankheit, an der unsere ganze moderne Gesellschaft leidet, er empfand und erkannte seine Not als eine allgemeine Menschheitsnot.

Das war der Inhalt der wichtigen Pariser Epoche im Lebensgange des Meisters, von der er selbst sagt: »Ich betrat nun eine neue Bahn, die der Revolution gegen die künstlerische Öffentlichkeit der Gegenwart, mit deren Zuständen ich mich bisher zu befreunden gesucht hatte, als ich in Paris deren glänzendste Spitze aufsuchte« (IV, 262) — wobei wir allerdings unter »Revolution«, zunächst wenigstens, nicht etwas irgendwie mit politischen und umstürzlerischen Bestrebungen Verwandtes zu verstehen haben, sondern den Ausdruck tiefster sittlicher Empörung gegen ein als unwürdig, erbärmlich und gerade in seinen glänzendsten Äußerungen doppelt schmachvoll erkanntes Dasein.

Noch aber war dieses Gefühl der Empörung gegen die künstlerische Gegenwart mehr ein unbewußt geahntes als klar und deutlich erkanntes, mehr der Keim und Ansatz zu einer aller künstlerischen Öffentlichkeit, wie sie unter den modernen Verhältnissen allein möglich ist, gegenüber gänzlich ablehenden und resignierenden Haltung als diese schon selbst, was Wagner sich in Paris eroberte. Vor allem waren diese enttäuschenden und erbitternden Eindrücke zunächst nur an den Lokalbegriff Paris geknüpft; von da sehnte er sich weg nach einer idealen Heimat, und diese Sehnsucht mußte sich bei der elastischen, lebensfreudigen Willenskraft dieses mit einer geradezu wunderbaren Energie ausgestatteten Mannes notwendigerweise auf seine thatsächliche nationale Heimat richten, als die unvermutete Nachricht von der Annahme seines »Rienzi« am Dresdener Hoftheater ihm gleichsam einen mit allen überstandenen Bitternissen aussöhnenden Liebesgruß aus Deutschland brachte. An die Heimat knüpften sich nun all seine Hoffnungen, in dem Namen »Deutsch« faßt er jetzt den Gegensatz alles dessen zusammen, was ihn an Paris und den französischen Kunstverhältnissen abgestoßen hatte. Es erwachte in ihm zum erstenmale jenes unbegrenzte Vertrauen auf den deutschen Geist, das ihn trotz der Fruchtlosigkeit aller seiner zahlreichen Appelle an den von ihm vorausgesetzten hohen Sinn seiner Nation auch während seines späteren Lebens niemals wieder verließ, die Überzeugung, daß die dem Deutschen ursprünglich eigene Natur ihn recht eigentlich dazu bestimme, der geborene Hüter und Wahrer alles idealen Besitztums der Menschheit zu sein. »Deutsch« und »Echt« wurden ihm in der Folge Wechselbegriffe (vergl. Sachsens Apostrophe am Schluß der »Meistersinger« und die Abhandlung: »Was ist deutsch?«), fern von jeder engeren staatlichen und politischen Beziehung ward ihm die Idee des »Deutschen« s. z. s. die Gewähr für die Möglichkeit der Realisierung seines höchsten Ideals, wie er sie der Geschichte des deutschen Volkes und seiner großen Männer entnehmen zu können glaubte.

Wie sein »Fliegender Holländer« nach den Irrsalen und Leiden seiner fluchbeladenen Meerfahrten nach Erlösung durch die sühnende That des liebenden Weibes sich sehnt, so richtete Wagner seinen Blick nun nach der deutschen Heimat, nachdem alle seine auf Paris gesetzten Hoffnungen vernichtet waren. Deutschland erschien ihm als das ideale Weib, das ihm, wie Senta dem Holländer, Erlösung vom Fluch verhieß, — ihm warf er sich vertrauensvoll in die Arme. Damit soll nun nicht gesagt sein, daß er in Deutschland das, was er suchte, schon fertig vorhanden finden zu können glaubte: es war nur die Hoffnung auf eine Möglichkeit, die ihm aus seinem Vaterlande grüßend entgegenzuwinken schien, auf die Möglichkeit eines reformatorischen Wirkens im Sinne seiner hohen künstlerischen Bestrebungen innerhalb seiner Heimat. Und diese Erkenntnis, daß, wenn das von ihm Angestrebte überhaupt erreichbar sei, dies nur auf deutschem Boden und mit Hilfe der im Schoße der deutschen Nation schlummernden edlen und unverdorbenen Kräfte möglich sein könne, sie entschwand ihm nun nicht mehr. Alle späteren Bemühungen, mit Paris wieder anzuknüpfen, sind nur Versuche, auf indirektem Wege sein Ziel zu erreichen, d. h. durch dort errungene äußere Erfolge die Aufmerksamkeit seiner Heimat auf sich zu lenken.

Daß die damals in Deutschland auch auf künstlerischem Gebiet thatsächlich herrschenden Zustände — um vom Politischen gar nicht erst zu reden — keineswegs dem entsprachen, was er als seine »ideale Heimat« suchte, darüber war er sich so wenig unklar, daß er, als nach der ungemein erfolgreichen Erstaufführung seines »Rienzi« (20. Oktober 1842) ihm die Stellung eines kgl. Kapellmeisters am Dresdener Hoftheater, in der ein deutscher Musiker gewöhnlichen Schlages die krönende Erfüllung seiner ausschweifendsten Träume erblickt haben würde, angeboten wurde, erst eine »innerliche Abneigung« zu überwinden hatte, ehe er sich zur Annahme bewegen ließ (IV, 274). Was ihn schließlich neben der glänzenden Aussicht auf ein ehrenvolles und auskömmliches Amt dazu brachte anzunehmen, war eben die Hoffnung, von einer Stelle, die ihm alle Mittel zu einer fruchtbringenden künstlerischen Thätigkeit in denkbarster Vollkommenheit gewährte, auf die Gesundung und Veredelung der deutschen Kunstverhältnisse im Sinne des ihm vorschwebenden Ideals reformatorisch einwirken zu können.

Es würde uns zu weit führen, wenn wir des Näheren verfolgen wollten, welche Erfahrungen Wagner während seiner sechsjährigen Thätigkeit als kgl. sächsischer Kapellmeister zu machen hatte, wie seine reformatorischen Tendenzen weder oben noch unten, weder beim Hof noch beim Publikum, am allerwenigsten bei der Kritik, Würdigung und Verständnis fanden, wie der Enthusiasmus, den der Rienzi erregt hatte, nur zu bald verrauchte, die neuen Werke aber, mit welchen der Meister immer klarer eine neue und eigentümliche Richtung einschlug, bei ihren Erstaufführungen (»Fliegender Holländer« 2. Januar 1843, »Tannhäuser« 19. Oktober 1845) kaum eine gewisse staunende Verwunderung, aber nicht jenes das Wesen der Sache erfassende Verständnis fanden, das einen Wagner allein befriedigen konnte. Wir begnügen uns damit, das Resultat dieser Erlebnisse mitzuteilen: es war die Einsicht, daß unter den Verhältnissen der Gegenwart eine Gesundung der öffentlichen Kunstzustände, ein erfolgreiches reformatorisches Wirken auf dem Gebiete der Kunst überhaupt unmöglich sei, und zwar deshalb unmöglich, weil die Stellung, welche die Kunst innerhalb des öffentlichen Lebens der Gegenwart einnimmt, eine ihrer hohen und idealen Mission durchaus unwürdige, weil lügnerische und heuchlerische ist. Eine echte Kunst ist unter den modernen socialen Verhältnissen undenkbar, sie lebt nur in der Sehnsucht des einsamen genialen Künstlers, ohne die Möglichkeit, jemals zu lebendiger »Wirklichkeit« erwachen, eine reale Macht im Dasein der Menschheit werden zu können, bevor nicht in diesen allgemeinen socialen Verhältnissen selbst eine gänzliche Veränderung, eine radikale Umgestaltung von Grund aus eingetreten ist.

Nach den Anzeichen einer solchen totalen Umwälzung spähte nun der Künstler mit banger Sorge; aus ihnen glaubte er allein noch eine Hoffnung schöpfen zu können. Was ihm in Paris erst noch als mehr geahntes denn deutlich und mit Bewußtsein motiviertes Gefühl aufgegangen war, die Überzeugung, daß der ideale, die Kunst um ihrer selbst und ihres hohen kulturellen Wertes willen betreibende Künstler in unserer Welt des Kapitalismus, die auch in der Kunst im Grunde nichts zu erblicken vermag als eine Luxusindustrie, notwendigerweise ein Fremdling sein müsse, daß die von ihm gesuchte und ersehnte Heimat weder in Frankreich noch in Deutschland, überhaupt nicht in der Gegenwart zu suchen sei, das wurde ihm nun vollkommen klar. Er fühlte sich in dem Ausleben seiner künstlerischen wie menschlichen Persönlichkeit von allen Seiten gehemmt und gedrückt, er erkannte die bestehenden socialen Verhältnisse als die letzte Ursache dieser Hemmung, welche ihm jeden Lebensgenuß verkümmerte, er empfand seine persönliche Not als eine allgemeine, als die Not aller Elenden und Bedrückten, aller an der historisch gewordenen Form unseres socialen Lebens Leidenden, als die Not des Volkes, worunter er nicht die Masse der Besitzlosen verstand, sondern, wie er es später ausdrückte, den »Inbegriff aller derjenigen, welche eine gemeinschaftliche Not empfinden« (III, 48).

Um sich blickend gewahrte er in Deutschland eine allgemeine Gärung auf geistigem wie politischem Gebiete, alles schien gleich ihm von dem leidenschaftlich-instinktiven Gefühle ergriffen, daß nur eine große Umwälzung, eine Revolution Rettung und Hilfe aus einer als unerträglich empfundenen Not bringen könne; was diese Umwälzung Neues an die Stelle des zerstörten Alten setzen solle, darüber stritt man sich mit echt deutscher doktrinärer Gründlichkeit; aber darin schienen alle übereinzustimmen: es muß anders werden, wenn es besser werden soll. Dieser Bewegung warf sich Wagner in die Arme. Nicht als ob die politischen Ideale der damaligen deutschen Revolutionäre, demokratische Republik, einiges Vaterland, Konstitutionalismus und parlamentarische Volksvertretung für ihn irgendeine Bedeutung gehabt hätten. Das war ihm alles herzlich gleichgültig. Was ihn sympathisch an der politischen Bewegung der 40er Jahre berührte, war namentlich und in erster Linie der in ihr sich geltend machende sociale, nicht sowohl auf eine bloße Umänderung der politischen Staatsformen, als auf eine totale Umwälzung unserer gesamten Gesellschaftsordnung gerichtete Grundzug, wie ihn der radikale linke Flügel der damaligen Demokraten repräsentierte (Bakunin!), war vor allem der Glaube, daß in ihr der Anfang vom Ende der »großen Menschheitsrevolution, deren Beginn die griechische Tragödie einst zertrümmerte« (III, 29), der Abschluß des tausendjährigen Reiches der staatlich legalisierten Anarchie (Carlyle) sich ankündige, daß nun endlich vollständige *tabula rasa* gemacht werden solle mit den unmenschlichen Institutionen einer vernunftwidrigen, ihre Berechtigung allein aus der brutalen Thatsache des historischen Gewordenseins ableitenden Weltordnung, daß die Zeit gekommen sei für die Vertauschung des Staates der Not mit dem Staate der Freiheit (Schiller).

Am 5. Mai 1849 brach in Dresden eine Revolte aus, an der sich auch Wagner, allerdings mehr als die Ereignisse mit sympathischer Theilnahme verfolgender Zuschauer, denn als aktiv Mitwirkender beteiligte. Indessen war er durch seinen vertrauten Umgang mit Hauptträdelsführern der Bewegung, einem Bakunin und August Röckel, vielleicht auch durch die Namensverwechselung mit einem Konditorgehilfen Heinrich Woldemar Wagner, kompromittiert genug, um, nachdem der Aufstand mit Hilfe preußischer Truppen rasch niedergeworfen war, steckbrieflich verfolgt, ins Ausland flüchten zu müssen.* Er wandte sich über Paris nach Zürich, wo er bis zum August des Jahres 1858 verblieb. — Nun war mit einem Schlage eine solch totale Veränderung in seiner äußeren Existenz, in allen seinen Beziehungen zur Außenwelt eingetreten, daß dieser Umstand allein es schon begreiflich machen würde, wie er sich nun geradezu gezwungen fühlte, sich selbst Rechenschaft zu geben über sein Wollen und dessen Verhältnis zu seiner Umgebung, sich seiner selbst bewußt zu werden, das in die Sphäre des klar Erkannten zu erheben,

---

* Über die Beteiligung Wagners an der Dresdener Revolution siehe namentlich: Hugo Dinger, Richard Wagners geistige Entwickelung. I. S. 152. ff., und William Ashton Ellis, »1849. Der Aufstand in Dresden«.

was er bisher instinktiv und mehr oder minder unbewußt, von seinem Daimonion getrieben, angestrebt hatte, — selbst wenn nicht noch das Andere dazu gekommen wäre, daß er auch in seiner Entwickelung als schaffender Künstler gerade zu jener Zeit an einen Punkt gelangt war, wo es für das Weiterschreiten auf dem von ihm eingeschlagenen Wege unumgänglich nötig wurde, aus der Periode des unbewußten in die des vollbewußten Produzierens überzugehen, wo er die Reflexion zu Hilfe nehmen mußte, nicht zur Conception und Ausführung von Kunstwerken — dabei verfuhr Wagner gerade so naiv und instinktmäßig, wie jedes echte Genie —, sondern zur Erhellung des Pfades, den zu verfolgen ihn sein Genius zwang. Nun erblickte er zum erstenmale in lichtvoller Klarheit sein Ideal, er wußte von nun ab, was er wollte.

Der Betrachtung dieses Ideals, das Wagner in den Kunstwerken vom »Holländer« bis zum »Lohengrin« gesucht, in den epochemachenden Kunstschriften der Jahre 1849—1851 dargelegt hat, um es dann in der großartigen poetischen Conception des »Ring des Nibelungen« zur Grundlage eines Weltgedichtes zu machen, das künstlerisch die Weltanschauung allumfassend zum Ausdruck bringen sollte, die er in den vorangegangenen theoretischen Schriften sich als Philosoph spekulativ zu entwickeln versucht hatte, haben wir uns nun zuzuwenden. —

IV.

Das Reinmenschliche als oberster Idealbegriff.
Richard Wagner und Ludwig Feuerbach.

Überblicken wir die Reihe der Wagnerschen Werke vom »Rienzi« bis zum »Lohengrin«, so bemerken wir an ihnen rein äußerlich und formell eine mit jedem neuen Werke deutlicher sich zeigende schrittweise Entfernung von dem traditionellen Opernschema. Ist »Rienzi« der Form nach noch ganz die alte historische große Oper, wie sie Spontini geschaffen, hatte sich der Dichterkomponist des »Fliegenden Holländers« verleiten lassen, den knappen und präcisen Inhalt dieser dramatischen Ballade der »Oper« zu Liebe und sehr zum Schaden des »Dramas« über Gebühr auszudehnen und mit überflüssigem Beiwerk auszustatten (— ursprünglich hatte Wagner die Absicht, dieses Werk in einen einzigen Akt zusammenzufassen —), so bezeichnen »Tannhäuser« und noch mehr »Lohengrin« die vollendete Emanzipation von der Form der Oper, mit der diese Werke fast nur noch durch ihre Titelbezeichnung als »Romantische Opern« zusammenhängen.

Wären uns nur diese ausgeführten Werke bekannt, so läge die Annahme nahe, Wagner sei mit genauer Kenntnis aller der Opernform notwendigerweise anhaftenden Mängel und der vorgefaßten Absicht einer Vermeidung derselben von vornherein darauf ausgegangen, die Oper in ihrer bisherigen Gestalt zu vernichten, um ein Besseres und Edleres an ihre Stelle zu setzen; denn die Reihe dieser vollendeten Dramen zeigt eine stetige und ununterbrochene Vervollkommnung; mit keinem folgenden Werke fällt er auf den Standpunkt eines vorhergegangenen zurück, er schreitet ohne Aufenthalt vorwärts und aufwärts, der Realisierung seines Ideals entgegen. Vergleichen wir aber mit den ausgeführten Werken die unvollendet gebliebenen Entwürfe aus jenen Jahren, so sehen wir, daß er vollkommen instinktiv und reflexionslos zu Werke ging. Nach dem »Fliegenden Holländer« plant er eine Oper »Die Sarazenin«, in deren Mittelpunkt Manfred, der Sohn des Hohenstaufen-Kaisers Friedrich II., steht,* ein Werk, mit welchem er, wie er selbst später bekennt, im Begriffe war, mehr oder weniger in die Richtung seines »Rienzi« sich zurückzuwerfen (IV, 272), und zwischen dem vollendeten »Lohengrin« und der Dichtung der Nibelungendramen in ihrer definitiven Gestalt finden wir gar vier Fragment gebliebene Entwürfe: »Friedrich Barbarossa«, »Jesus von Nazareth«, »Siegfrieds Tod« und »Wieland der Schmied«. Warum hat der Meister diese Pläne nicht ausgeführt, warum konnte er sie nicht ausführen?

Wir erinnern uns an das früher über die eigentümliche

---

* Der Entwurf der Dichtung findet sich abgedruckt in den »Bayreuther Blättern« 1889, I.

Natur der künstlerischen Begabung Richard Wagners Gesagte. Schon die Erfahrung, welche er bei dem Tragödienplan seiner Gymnasiastenjahre gemacht, hatte ihn darüber belehrt, daß er zwar von Haus aus Dichter sei, aber ein solcher Dichter, der zur vollständigen Verwirklichung seiner dichterischen Absicht das Ausdrucksmittel der Musik unbedingt nötig hat. Diese Erfahrung bestimmte ihn zu dem Entschlusse Musiker zu werden. Ein dramatischer Dichter, dessen Werk der Musik bedarf, musste notwendigerweise seinen Blick zuerst und zunächst auf die Oper werfen als diejenige vorhandene dramatische Kunstform, in welcher allein Poesie und Tonkunst zu gemeinsamer Wirkung sich verbinden.

Daß das von ihm unbewußt angestrebte ideale Kunstwerk innerhalb des Rahmens der Oper auch thatsächlich möglich sei, daran konnte er von vornherein um so weniger zweifeln, als er sah, wie sich dieses Ideal unter besonders günstigen Umständen, so namentlich in den besten Werken des von ihm enthusiastisch verehrten Mozart, thatsächlich schon verwirklicht hatte. Daß man, wollte man innerhalb der Oper ein wahrhaftes und nicht bloß vorgebliches Drama schaffen, anders verfahren müsse, als alle seine auch Opern komponierenden Zeitgenossen, das war ihm allerdings schon zur Zeit der Abfassung des »Holländer« vollkommen klar. Es ist seine eigene Überzeugung, die er in der 1840 verfaßten Novelle »Eine Pilgerfahrt zu Beethoven« dem großen Meister der Symphonie in den Mund legt: »Wenn ich eine Oper machen wollte, die nach meinem Sinne wäre, würden die Leute davonlaufen; denn da würde nichts von Arien, Duetten, Terzetten und all dem Zeuge zu finden sein, womit sie heutzutage die Opern zusammenflicken, und was ich dafür machte, würde kein Sänger singen und kein Publikum hören wollen« (I, 109). Aber er suchte das Ideal immer noch auf dem Boden der Oper selbst. Die Frage, welche er sich mit jedem seiner Werke von neuem stellte, lautete: Wie muß der dramatische Stoff gestaltet werden, damit ein einheitliches musikdramatisches Kunstwerk entstehe? Der Grundirrtum, an dem die Oper krankt, war ihm noch nicht aufgegangen.

Für die schließliche Erkenntnis dessen, worauf es beim musikalischen Drama eigentlich ankommt, war nun die Erfahrung, welche er mit seinen nicht ausgeführten Entwürfen machte, von ausschlaggebender Bedeutung. Hatte er sich mit einem jeden seiner ausgeführten Werke immer mehr dem angenähert, was ihm instinktiv als Ideal vorschwebte, so brauchte er nur die liegen gebliebenen Entwürfe mit jenen zu vergleichen, um mit einem Male die Lösung des Problems in Händen zu haben. Er mußte finden, daß schon der Stoff jener Fragment gebliebenen Dramen derart war, daß er für den Musikdramatiker gar nicht in Frage kommen konnte, daß er, innerlich und ohne es zu wissen, über jene Stoffe jeweils schon hinaus gewachsen war, als sie in ihm auftauchten. Deshalb mußten Friedrich Barbarossa, das historische Schauspiel, Jesus von Nazareth, das philosophische Drama, und Siegfrieds Tod, die Oper, liegen bleiben, weil er sich auf der von ihm nunmehr erreichten künstlerischen Entwickelungsstufe außer stande fühlte, sie in der Form, welche ihn allein befriedigen konnte, nämlich als Worttondrama, auszuführen.* Überblickte er seine ausgeführten dramatischen Werke, so mußte er finden, daß sie der Reihe nach in immer höherem Maße die Eigentümlichkeit aufwiesen, mit dem Kern ihrer Handlung sich direkt an das menschliche Gefühl zu wenden und diesem allein sich vollkommen verständlich mitzuteilen. Wandte er aber seinen Blick auf die liegen gebliebenen Entwürfe, so sah er, daß er sie gerade deshalb nicht hatte ausführen können, weil es ihm unmöglich dünken mußte, den betreffenden Stoff so zu gestalten, daß die Handlung, ohne einer Vermittelung durch den Verstand zu bedürfen, sich von selbst als einen für das Gefühl vollkommen begreiflichen und aus ihm allein zu rechtfertigenden Vorgang kundgebe.

Er merkte, daß das Problem weiter zurücklag, daß es mithin in erster Linie auf die Wahl des Stoffes ankomme, der schon ein Schiller so große Wichtigkeit zuerkannt hatte. (Brief an Goethe 4/4. 1797.) Nicht um ein: Wie? sondern um ein: Was? handelte es sich zunächst. Die Frage hatte zu lauten:

---

* Über die Bedeutung dieser Entwürfe für das Durchdringen Wagners aus der Periode des unbewußten in die des bewußten Produzierens vergleiche die lichtvollen Ausführungen bei Chamberlain, Richard Wagner. S. 247 ff.

Welches sind die Stoffe, welche bei ihrer dramatischen Gestaltung eine Mitwirkung der Musik gestatten, weil sie zu derselben einer solchen Mitwirkung bedürfen, weil sie ohne Musik dramatisch gar nicht möglich sind? Die Antwort lautete: Solche Stoffe sind allein für das Worttondrama zu gebrauchen, deren Handlung durchaus und allein auf rein-menschlichen Motiven beruht, d. h. auf solchen, welche, aus dem natürlichen Wesen des Menschen hergeleitet, allgemeine Gültigkeit und Bedeutung für das menschliche Gefühl haben, wie es aller Orten und zu allen Zeiten empfunden hat. Das ist z. B. nicht der Fall bei den historischen Stoffen; denn hier sind es die dem Gefühl als solchem unverständlichen politischen Vorgänge und Zustände, die zu rein äußerlichen, konventionellen Gebilden erstarrten socialen Verhältnisse und Rangordnungen, welche das dramatische Agens der Handlung bilden. Dieser Wust des Thatsächlichen legt sich wie eine dicke undurchdringliche Nebelschicht vor unser Auge, so daß wir das hinter ihm verborgene Rein-Menschliche nicht zu erkennen vermögen, und aus demselben Grunde ist das Leben der Gegenwart unfähig, den Stoff zu einem musikalischen Drama zu liefern. Unser ganzes Thun und Treiben ist viel zu sehr von der tyrannischen Macht der Sitte und Konvention bestimmt, viel zu unnatürlich und civilisiert, d. h. unwahr geworden, als daß ihm mit der Musik, dieser reinen Gefühlskunst, irgendwie beizukommen wäre. Nun war aber Wagners ganze künstlerische Natur, wie wir gesehen haben, derart, daß er nur in einem Poesie und Musik zu einer einheitlichen Wirkung verbindenden Worttondrama Befriedigung finden konnte. Deshalb war von der Stunde dieser Erkenntnis an sein künstlerisches Ideal das »von aller Konvention« — allem »Historisch-Formellen«, wie er an einer anderen Stelle sagt — »losgelöste Rein-Menschliche«.

Sein ursprünglicher und eigentümlicher Instinkt trieb Wagnern zu künstlerischer Mitteilung vermittelst der zu gemeinsamer Wirkung verbundenen Ausdrucksmittel der Poesie und Musik. Daß der Inhalt einer solchen Mitteilung nur das Reinmenschliche sein könne, erkannte er zwar erst später. Aber aus dieser Erkenntnis können wir den Rückschluß ziehen, daß von Anfang an, wenn auch unbewußt, das Reinmenschliche der eigentliche

Inhalt seines ganzen Schaffens gewesen, daß dieses das war, was ihn, im Grunde genommen, eigentlich nur dazu antrieb, sich überhaupt künstlerisch mitzuteilen. Deshalb erkennen wir im »Reinmenschlichen« das eigentliche Fundament der Wagnerschen Weltanschauung, das was er hinter allen den mannigfaltigen Gestalten und Vorgängen des äußeren Lebens suchte, um es künstlerisch mitzuteilen, und es kann uns bei der untrennbaren Einheit von Künstler und Mensch in Richard Wagner nicht verwundern, daß dieser Begriff des Reinmenschlichen eine weit über das Gebiet der Kunst hinausgehende Bedeutung bei ihm erlangt, daß er nicht nur Inhalt seines künstlerischen Schaffens, sondern das oberste Ideal seiner gesamten Lebens- und Weltauffassung wird. —

Die nähere Begriffsbestimmung dessen, was wir unter dem Reinmenschlichen bei Wagner zu verstehen haben, wird sich aus der späteren Darstellung ergeben. Vorderhand können wir uns mit der formalen Definition begnügen: das Reinmenschliche ist »das, was das Wesen der menschlichen Gattung als solcher ausmacht« (IV, 102), um aus ihr schon ersehen zu können, einen wie großen Eindruck auf Wagner das philosophische System eines Denkers machen mußte, der ebendenselben Begriff der Menschheit als solcher in den Mittelpunkt seiner Spekulation gestellt hatte. Dieser Philosoph war Ludwig Feuerbach. Er hat Richard Wagner allererst zum philosophischen Denker gemacht, soweit er als Künstler dies überhaupt werden konnte. Er lieferte zu jener Zeit, als es den Meister unwiderstehlich dazu trieb, mit Hilfe der Reflexion sich über sich selbst klar zu werden, seinem Denken die abstrakten Begriffe und philosophischen Terminologieen. Denn nicht so haben wir uns den Einfluß Feuerbachs — geradeso wie den späteren Schopenhauers — auf Wagner zu denken, als habe der Philosoph dem Künstler irgendwie den Inhalt seiner Weltanschauung übermittelt, oder dieselbe auch nur irgendwie in höherem Maße materiell beeinflußt. Wäre das der Fall gewesen, so hätten wir überhaupt kein Recht, von einer Weltanschauung Wagners als einer ihm eigentümlichen Auffassung des Wesens der Welt zu reden. Ja, genau betrachtet, ist diese Ansicht in sich widersinnig. Denn »Lösungen des Welträtsels werden nicht gelehrt, sondern erlebt«, sagt einmal Heinrich von Stein, und ein fremdes Denken kann unser eigenes nur insofern befruchten, als es das zum bewußten Wissen und deutlichen Erkennen erhebt, was zuvor schon, mehr oder minder unbewußt, in ihm enthalten war, indem es uns das Begriffsschema leiht für das, was uns das Leben zuvor schon selbst gelehrt.

Tritt also der Künstler zur Philosophie in ein näheres Verhältnis, so ist von vornherein selbstverständlich, daß er den eigentlichen Inhalt seiner Weltanschauung als eigensten Ertrag seines Schauens und Erlebens bereits besitzt, lange bevor er auch nur eine Seite in irgend einem philosophischen Werke gelesen hat. Was er bei dem Philosophen sucht, ist nicht materiale Bereicherung seiner Weltanschauung, sondern lediglich die technische Handhabe, die es ihm ermöglicht, dessen, was er schon längst sein Eigen nennt und in künstlerischen Gestalten in seiner Sprache ausgedrückt hat, sich nun auch bewußt zu werden. Aus diesem Grunde bedurfte Wagner, da er nicht selbst Philosoph von Fach war, in jener Epoche, wo er aus der Periode des unbewußten Schaffens in die des bewußten Produzierens überzutreten hatte, eines Denkers, der ihm das fachmännische Rüstzeug, die Begriffe, Schemata und Terminologieen für sein Philosophieren liefern konnte. Dieser Philosoph wurde ihm Ludwig Feuerbach.

Daß Feuerbach diesen s. z. s. maeeutischen Dienst dem Wagnerschen Denken nicht hätte leisten können, wenn nicht auch im Materialen eine große Übereinstimmung zwischen seiner und des Künstlers Weltanschauung, wenn in der Feuerbachschen Philosophie nicht Begriffe vorhanden gewesen wären, die des Künstlers eigenen Anschauungen bis zu einem gewissen Grade entsprachen und adäquate Repräsentanten derselben in der Sphäre des Abstrakten wenigstens damals ihm zu sein schienen, ist ohne weiteres klar. Später glaubte Wagner einzusehen, daß diese Übereinstimmung doch keine so vollständige war, als er zu jener Zeit vermeint hatte, daß er der Lektüre Feuerbachs »verschiedene Bezeichnungen für Begriffe entnommen«, welche er »auf künstlerische Vorstellungen anwendete, denen sie nicht immer deutlich entsprechen konnten«. Hieraus sei dann »eine gewisse leidenschaftliche Verwirrung«

entsprungen, »welche sich als Voreiligkeit und Undeutlichkeit im Gebrauche philosophischer Schemata kundgab« (III, 3).

Inwiefern diese spätere Korrektur Wagners nur eine Folge des veränderten Lichtes war, in welchem ihm, nachdem er Schopenhauer kennen gelernt hatte, seine damaligen Schriften erschienen, und inwiefern eine solche Inkongruenz zwischen dem eigentlichen Kern der Wagnerschen Weltanschauung und der begrifflichen Form, welche sie unter dem Einflusse der Philosophie Feuerbachs annahm, schon von Anfang an thatsächlich vorhanden war, die Entscheidung dieser Frage können wir nur aus einer Quelle schöpfen, die außerhalb des Gebietes der philosophischen Spekulation fließt, — und eine solche Quelle haben wir in den Wagnerschen Kunstwerken, denen wir schon in der Einleitung (S. 6) eine den theoretischen Äußerungen des Meisters gegenüber superiore Stellung angewiesen haben, wenn es sich um die Erkenntnis des eigentlichen Wesenskernes seiner Weltanschauung handelt. Es wird in der Folge, wenn wir den Übergang Wagners von Feuerbach zu Schopenhauer betrachten, um das Beharrende in diesem, äußerlich betrachtet, so schroffen Umschwung, das Continuum bei diesem Sprunge aufzufinden, unsere Aufgabe sein, die Bedeutung der Wagnerschen Dramen vom »Holländer« bis zum »Ring« für die Erkenntnis der Weltanschauung des Meisters in dieser Beziehung eingehend zu würdigen.

Auf keinen Fall geht es aber an, auch wenn keine andere Tendenz diesem Bestreben zu Grunde läge, als die an und für sich durchaus löbliche Absicht, die Weltanschauung Wagners als möglichst geschlossene und trotz des Wechsels ihrer äußeren Gestalt im Grunde stets unveränderte und sich gleich bleibende Einheit darzustellen, den Einfluß Feuerbachs auf die Entwickelung Wagners in einer der historischen Wahrheit durchaus widersprechenden Weise als möglichst unbedeutend und oberflächlich hinzustellen, wie dies Chamberlain versucht hat, der darin so weit geht, daß er schon rein formal-logisch dem: *Qui nimium probat nihil probat* verfällt.

So will er aus einer Briefstelle Wagners an den Verleger Wigand vom 4. August 1849, worin der Meister schreibt: »Leider ist es mir hier noch nicht möglich geworden, von

Feuerbachs Werken« (es sind natürlich die *Opera omnia*, welche im Jahre 1845 zu erscheinen begonnen hatten, gemeint) »mehr als den dritten Band mit den Gedanken über Tod und Unsterblichkeit zur Kenntnis zu erhalten,« — schließen, daß Wagner überhaupt zu jener Zeit, als »Das Kunstwerk der Zukunft« bereits geschrieben und Feuerbach gewidmet war, von diesem noch nichts gekannt habe als eben jene Gedanken über Tod und Unsterblichkeit. So sehr ist das von Chamberlain selbst citierte Wort des Duns Scotus: *Voluntas superior intellectu* wahr, daß ein so scharfsinniger und feiner Kopf wie dieser Wagnerkenner mit den elementarsten Regeln der Logik in Konflikt kommt, sobald eine vorgefaßte Meinung und Tendenz ihm den Blick trübt. Daß das, was Chamberlain aus der angeführten Briefstelle folgert, durchaus nicht aus ihr folgt, ist ohne weiteres klar. Auch wenn Wagner keinen einzigen Band der »Werke« Feuerbachs in Zürich hätte bekommen können, so könnte man daraus nicht schließen, daß er die vorher einzeln erschienenen Schriften des Philosophen (»Das Wesen des Christentums« 1841, »Grundsätze der Philosophie der Zukunft« 1843 u. s. w.) nicht längst gekannt hätte. Allein es giebt auch direkte Instanzen gegen die Chamberlainsche Annahme: 1) Wagner spricht selbst von der damals ihn lebhaft anregenden Lektüre mehrerer Schriften »Ludwig Feuerbachs« (III, 3); 2) in der Widmung* des »Kunstwerkes der Zukunft« an Feuerbach (in die gesammelten Schriften nicht mit aufgenommen) bezeugt er ausdrücklich, daß diese Arbeit dem Eindrucke der »Schriften« des Philosophen auf ihn »namentlich mit ihr Dasein verdanke«, was, abgesehen von dem Pluralis »Schriften«, doch unmöglich auf die »Gedanken über Tod und Unsterblichkeit« sich beziehen kann; 3) der Titel »Kunstwerk der Zukunft« weist so direkt auf Feuerbachs »Grundsätze der Philosophie der Zukunft« hin, daß man nicht gut annehmen kann, Wagner sei ohne Einfluß dieses Feuerbachschen Werkes, ja ohne es zu kennen, auf diesen gewiß nicht gerade sehr naheliegenden Titel verfallen; und 4) selbst wenn er bis zum

---

* Richard Wagner, Das Kunstwerk der Zukunft. Leipzig, Otto Wigand, 1850, S. V—VIII.

Moment der Abfassung seines »Kunstwerkes der Zukunft« die Feuerbachsche »Philosophie der Zukunft« etwa nur dem Titel nach und vom Hörensagen oder aus Recensionen gekannt hätte, so würde es ihn doch sicher gedrängt haben, nun, da er für die Kunst ein analoges Zukunftsideal zu konstruieren im Begriffe war, die Arbeit des ihm damals, was auch Chamberlain nicht leugnen kann, ungemein sympathischen und, wie er wenigstens glaubte, geistesverwandten Philosophen kennen zu lernen. Daß er aber diese, die im Jahre 1843 in Zürich selbst erschienen war, am Verlagsorte nicht hätte auftreiben können, ist undenkbar. 5) Alle jene Begriffsbezeichnungen, welche Wagner späterhin selbst als der Philosophie Feuerbachs entnommen angiebt (III, 3), wie Willkür und Unwillkür, Sinnlichkeit, Kommunismus, kommen in jener früheren Schrift des Philosophen über Tod und Unsterblichkeit noch gar nicht oder kaum, jedenfalls nicht in der scharf ausgeprägten, specifisch terminologischen Bedeutung vor, mit der er sie späterhin gebraucht.

Es ist daher gar nicht zu leugnen, daß Wagner zum mindesten die »Grundsätze der Philosophie der Zukunft« und »Das Wesen des Christentums« von Feuerbach genau gekannt hat, als er seine ersten großen Schriften verfaßte, und auch die allgemeine Behauptung Chamberlains (S. 136), daß die etwa von Feuerbach dem Meister überkommenen Gedanken »bei Wagner in so gänzlich anderer Beleuchtung« erschienen, bei ihm »Bestandteile einer so wesentlich unterschiedenen Weltanschauung seien«, »daß einzig Wortklauberei eine Abhängigkeit Wagners von Feuerbach folgern kann«, läßt sich kaum ernsthaft durchführen. Sehen wir uns also einmal näher danach um, was die Philosophie des Einsiedlers von Bruckberg dem Wagnerschen Denken und Fühlen Verwandtes entgegenbrachte.*

Es ist in erster Linie der Begriff des »Reinmenschlichen«, der Wagner zu dem Denker hinzog, der von sich selbst sagte: »Gott war mein erster Gedanke, die Vernunft mein zweiter, der

---

* Die hauptsächlichsten Schriften, welche Wagner unter dem Einflusse Feuerbachs verfaßte, sind: »Die Kunst und die Revolution« 1849, »Das Kunstwerk der Zukunft«, »Kunst und Klima« 1850, »Oper und Drama« und »Eine Mitteilung an meine Freunde« 1851.

Mensch mein dritter und letzter Gedanke«, mit diesen Worten seinen Entwickelungsgang von der Theologie über die Hegelsche Metaphysik zum Anthropologismus charakterisierend. Es war das anthropologische Grundelement, demzufolge bei Feuerbach der Mensch im Mittelpunkt des ganzen Systems steht, die ganze Weltanschauung s. z. s. anthropocentrisch wird, was Wagnern zunächst sympathisch berührte.

Diese »subjektivistische« Anschauungsweise ist für den Künstler ohne Zweifel die natürliche, ja in gewissem Sinne einzig mögliche, nicht aber ebenso auch für den Mann der Wissenschaft, den Philosophen. Sie war es, die der Philosophie Feuerbachs jenen künstlerischen, poetisch-mystischen Grundzug verlieh, den sie auch in ihrer äußeren Form (Vorliebe für den Aphorismus, gehobene, ja bisweilen enthusiastisch überschäumende Diktion, Vernachlässigung der logischen Geschlossenheit — Lange [Geschichte des Materialismus S. 247] meint geradezu: »Ein ‚folglich' hat bei Feuerbach nicht den Sinn eines wirklichen oder doch beabsichtigten Verstandesschlusses, sondern es bedeutet . . . . . . einen in Gedanken vorzunehmenden Sprung«) nicht verleugnen kann. Also schon rein äußerlich etwas, was den Künstler anziehen mußte.

Der Übergang von der Anschauung, daß die Vernunft (der »subjektive Geist«) das eigentliche Grundwesen des Menschen sei, zu der Überzeugung, daß nur im wirklichen lebendigen Körper und Seele gleicherweise umfassenden Sinnenmenschen das wahre Wesen des Menschen sich offenbare, bezeichnet den Abfall Feuerbachs von Hegel und die Begründung seines eigenen sensualistischen Systems. Von nun ab räumt er der Sinnlichkeit eine besondere Bedeutung ein: wieder ein Punkt, von dem sich der Künstler sympathisch berührt fühlen mußte, und zumal ein Künstler, den die, wie wir gesehen haben (S. 43 f.), so ungemein kräftig entwickelte, aufs Diesseits gerichtete Seite seiner Natur dazu zwang, einzig im sinnlich-realen Leben und Wirken des Kunstwerkes sein künstlerisches Wollen befriedigt und erlöst zu fühlen, dem nichts so verhaßt war als eine bloß gedachte und vorgestellte papierene Litteraturkunst.

Trotz dieser Betonung der konkreten Sinnlichkeit war nun dieser Feuerbachsche Mensch aber nicht etwa das Individuum, der »Einzige« Stirners, sondern, genau genommen, immer wieder nur ein Abstraktum, die »Menschheit«, das »Wesen des Menschen«, eine idealistische Anschauung, gegen die der »Einzige« (von seinem Standpunkt aus) recht behält, wenn er meint (Der Einzige und sein Eigentum, Reclam S. 43), daß damit Gott nicht aufgehoben, sondern lediglich aus dem Jenseits in unser Inneres herabgezogen sei, indem »unser Wesen« zu uns in einen Gegensatz gebracht, wir selbst in ein wesentliches und unwesentliches Ich zerspalten würden. Das »Wesen des Menschen« ist bei Feuerbach nicht nur die Idee des Menschen im eigentlichen Sinn des Wortes, sondern auch sein Ideal, d. h. das, was der Mensch ursprünglich und von Natur aus ist, ist identisch mit dem, was er sein soll und sein wird, wenn er sein Ziel, seine Bestimmung erreicht hat.

Daß in dieser Weise Idee und Ideal im Grunde zusammenfallen, ist nur möglich innerhalb eines philosophischen Systems, das auf dem entwickelungsgeschichtlichen Gedanken basiert. Denn wenn die Bedeutung des ewigen Wandels und Wechsels, dessen ständiger Schauplatz unsere Erde ist, darin liegt, daß der Mensch das, was er an sich, aber ursprünglich bloß potentiell, keimhaft und der Anlage nach, ist, im Laufe der Geschichte in einer streng notwendigen und mit logischer Konsequenz aus seinem Wesen hervorgehenden Entwickelung aus sich heraus- und in aktuelle Wirklichkeit umzusetzen hat, dann können wir in der That sagen, daß die Idee und das Ideal der Menschheit, ihr natürliches Wesen und das ihr gesteckte Ziel, ihr Müssen und ihr Sollen im Grunde und essentiell identisch sind. Diesen Entwickelungsgedanken hatte Feuerbach aus seiner Hegelianischen Periode beibehalten, und Wagner hat ihn von ihm übernommen. Nicht nur daß der Meister zu dieser Zeit fest und unbeirrt an die »Zukunft« glaubt — dieser Glaube hat ihn eigentlich zu keiner Zeit, wenigstens nicht auf die Dauer, verlassen —, sondern er vertraut auch durchaus auf die mit Notwendigkeit aus dem Wesen des Seienden von selbst erfolgende Entwickelung, auf den Lauf der Welt, der, ob mit unserer Hilfe oder gegen uns, die Verwirklichung des Ideals ganz allein herbeiführen müsse. So heißt es z. B. III, 32 f: »Nichts wird gemacht in der Geschichte, sondern alles macht sich selbst, nach seiner inneren Notwendigkeit —,« und Entwürfe S. 64: »Wenn mir die Erde übergeben würde, um auf ihr die menschliche Gesellschaft zu ihrem Glücke zu organisieren, so könnte ich nichts anderes thun, als ihr vollste Freiheit geben, sich selbst zu organisieren.«

Wie aber der Zwiespalt in dieses von Haus aus schlechthin einfache menschliche Wesen kommt, der Konflikt, der als treibendes Agens die ganze Entwickelung allererst möglich macht, der Widerspruch zwischen dem »Wesentlichen« und »Unwesentlichen« im realen Menschen, das hatte Feuerbach so wenig erklären können, als sein Meister Hegel trotz der logischen Jongleurkunststücke seiner »dialektischen Methode« es irgendwie wirklich begreiflich zu machen wußte, warum und wie so das »Unvernünftige« als ein »Moment« der Vernunft in diese selbst hineingeraten sei, — und auch dem Denker Wagner machte dieser Skrupel keine weiteren Sorgen. Wir werden aber später sehen, wie gerade in diesem Punkte der Dichter Wagner mit dem »Ring des Nibelungen« über seine eigene damalige philosophische Weltanschauung, deren künstlerische Gestaltung und Verherrlichung er mit jenem Dramencyklus ursprünglich beabsichtigt hatte, hinauswuchs, sich das, wenn auch zunächst nur erst als Künstler, d. h. mehr oder minder unbewußt, eingestand, was ihn befähigte, die Philosophie Schopenhauers, sobald er sie kennen gelernt hatte, als willkommene Bestätigung seiner eigenen innersten, kaum noch ausgesprochenen Überzeugung vom Wesen der Welt freudig zu begrüßen.

Endlich war es noch ein drittes Element der Feuerbachschen Geistespersönlichkeit, worin Wagner sich ihm verwandt fühlte: nennen wir es kurz das religiöse. Daß Wagner eine im Grund seiner Seele tief religiöse Natur war, kann nicht bestritten werden: in vielen seiner Werke spielt das religiöse Gefühl eine hervorragende Rolle, und gerade zu jener Zeit, wo er sich in polemischen Angriffen gegen das historische und dogmatische Christentum nicht genug thun konnte, beschäftigte er sich mit dem dramatischen Plane eines »Jesus von Nazareth«, und während der Ausarbeitung des »Tristan«, als ihn die Schopenhauersche Philosophie am festesten in ihrem Banne hielt, tauchte zum erstenmale das Bild des reinen Thoren »Parsifal«, diese specifisch christliche Heldengestalt, in greifbaren Zügen vor seinem künstlerischen Auge auf. Weniger einleuchtend dürfte es dagegen sein, wenn ich dem großen Atheisten und Religionszertrümmerer Feuerbach ein tief religiöses Gefühl zusprechen, ja das Religiöse geradezu als den Grundzug seines geistigen Charakters ansehen zu müssen glaube. Indessen wird dem aufmerksameren Blick die Richtigkeit dieser Beurteilung nicht entgehen. Gerade darum wird Feuerbach nicht müde, seinen Gedanken von der Entstehung aller Religion, daß sie nämlich nichts anderes sei als das nach außen bezw. ins Jenseits projizierte Bild des eigenen Wesens des Menschen, in immer neuen Variationen zu wiederholen, weil er tief überzeugt ist von der Wahrheit und Bedeutung dieses Sehnsuchtsgefühls, das den Menschen zwingt, immer wieder den Inhalt seines idealen Wünschens zu personifizieren, und darum nur zertrümmert er die überlieferten Götterreligionen, um an ihre Stelle seine Menschheitsreligion zu setzen. (Sein Bruder Friedrich Feuerbach, der von sich sagte: »Ich predige, was Ludwig lehrt«, schrieb über »die Religion der Zukunft«.)

Ein anderes, minder religiös angelegtes Gemüt hätte sich wohl begnügt mit der Erkenntnis, daß das Geheimnis der Religionen ja schon seit den Tagen des Lucrez offenkundig sei für alle die, welche Augen haben zu sehen, verbunden mit der resignierten Anerkennung der Thatsache, daß die Dummen eben zu keiner Zeit alle werden. Anders Feuerbach. Er fühlt sich geradezu als Apostel einer neuen, reinen, mit der Vernunft in Übereinstimmung befindlichen Religion; nicht, wie etwa der nur gelehrte Kritiker D. F. Strauß, bloß zur Befriedigung eines rein intellektualen, wissenschaftlichen Bedürfnisses, erhebt er seine Stimme; nein, er will Hilfe und Rettung bringen aus einer allgemeinen menschlichen Not, er will die Menschheit erlösen von dem Fluch der transcendenten Religion, von der Knechtschaft des überirdischen Gottes, aus »Kandidaten des Himmels« will er die Menschen zu Herrschern der Erde, aus Sklaven Jehovahs zu Arbeitern am Wohle der Menschheit machen; er verkündigt ein neues Evangelium, eine frohe Botschaft, von der er ebenso überzeugt ist, daß sie dem sündigen Menschen Erlösung bringe, wie der Zimmermannssohn von Galiläa dies von der seinigen geglaubt hatte. Er predigt eine Religion, die zwar nicht bloß un- und antikirchlich, sondern direkt atheistisch ist, aber daß Religion und Atheismus keine sich absolut ausschließenden Begriffe sind, dürfte heutzutage selbst im Occident kein Paradoxon mehr sein.

Dieses stark ausgeprägte religiöse Pathos hat den Dichter des Tannhäuser und Lohengrin vielleicht stärker zu Feuerbach hingezogen, als irgend einer der anderen oben auseinandergesetzten Berührungspunkte. —

Zu seinem Ideale des Reinmenschlichen gelangte Wagner, wie wir gesehen haben, zunächst in Verfolgung seines Weges als schaffender Künstler. Er sah, daß nur solche Stoffe für die Kunstart, in welcher er allein seine Künstlerpersönlichkeit voll und ganz ausleben konnte und die ihm daher für die höchste galt, nämlich das Worttondrama, geeignet seien, deren Inhalt ein »reinmenschlicher« ist. Das Reinmenschliche ist aber das von allem Historisch-Formellen, von aller Konvention losgelöste und befreite Wesen des Menschen (IV, 318). Es tritt also hiermit der historische Mensch, dem nur mit dem Verstande, also künstlerisch überhaupt nicht, beizukommen ist, dem natürlichen Menschen gegenüber, dessen Handeln ganz unmittelbar dem Gefühle selbst verständlich sich kundgiebt. Er allein ist der echte und wahre, der freie Mensch, der Mensch als Schöpfer, nicht als Geschöpf und Sklave, der Verhältnisse. Dieser ideale Mensch ist zunächst nur ein Phantasiebild, ein Wunsch. Wo finden wir die Gewähr seiner Wirklichkeit? Nicht in der Gegenwart, auch nicht in der geschichtlichen Vergangenheit, sondern einzig in der gewissermaßen »prähistorischen« Welt des Mythos. Wagner beschreibt selbst diese Auffindung des wahren Menschen (IV, 311 f.): »In dem Streben, den Wünschen meines Herzens künstlerische Gestalt zu geben, und im Eifer, zu erforschen, was mich denn so unwiderstehlich zu dem urheimatlichen Sagenquelle hinzog, gelangte ich Schritt für Schritt in das tiefere Altertum hinein, wo ich dann endlich zu meinem Entzücken, und zwar ebendort im höchsten Altertum, den jugendlich schönen Menschen in der üppigsten Frische seiner Kraft antreffen sollte . . . . . . Was ich hier ersah, war nicht mehr die historisch-konventionelle Figur, an der uns das Gewand mehr als die wirkliche Gestalt interessieren muß; sondern der wirkliche, nackte Mensch, an dem ich jede Wallung des Blutes, jedes Zucken der kräftigen Muskeln, in uneingeengter freiester Bewegung erkennen durfte; der wahre Mensch überhaupt,« — während sich ihm in der Geschichte »nichts als Verhältnisse« boten, hinter denen er die Menschen nur insoweit gewahrte, »als ihn die Verhältnisse bestimmten, nicht aber, wie er sie zu bestimmen vermocht hatte«. — Und weiter: »Um auf den Grund dieser Verhältnisse zu kommen, die in ihrer zwingenden Kraft den stärksten Menschen zum Vergeuden seiner Kraft an ziellose und nie erreichte Zwecke nötigten, betrat ich von neuem den Boden des hellenischen Altertums; und auch von dieser Seite her leitete mich der Mythos gerade wieder einzig auf den Menschen als den unwillkürlichen Schöpfer der Verhältnisse hin, die in ihrer dokumental-monumentalen Entstellung als Geschichtsmomente, als überlieferte irrtümliche Vorstellungen und Rechtsverhältnisse, endlich den Menschen zwangvoll beherrschten und seine Freiheit vernichteten« (a. a. O. S. 312).

Es stellt sich also die Genesis des rein-menschlichen Ideals bei Wagner folgendermaßen dar: Von Anfang an trug er dieses Ideal unbewußt in sich als die höchste Sehnsucht seiner eigenen Persönlichkeit, und diese Sehnsucht drängte ihn als Künstler, sie zu gestalten und nach außen zu setzen; denn: »die Kunst ist ihrer Bedeutung nach nichts anderes, als die Erfüllung des Verlangens, in einem dargestellten bewunderten oder geliebten Gegenstande sich selbst zu erkennen, sich in den, durch ihre künstlerische Darstellung bewältigten, Erscheinungen der Außenwelt wieder zu finden« (IV, 32 f.). Diese Sehnsucht trieb ihn dazu an, nach dem Gegenbilde seines idealen Wollens in der realen Wirklichkeit zu suchen, und zwar, da das Leben der Gegenwart seinem Inhalte offenbar strikte entgegengesetzt war, in der Vergangenheit. Denn: »Alle unsere Wünsche und heißen Triebe, die in Wahrheit uns in die Zukunft hinübertragen, suchen wir aus den Bildern der Vergangenheit zu sinnlicher Erkennbarkeit zu gestalten, um so für sie die Form zu gewinnen, die ihnen die moderne Gegenwart nicht verschaffen kann« (IV, 311). In diesem Ideale lag also schon von Anfang an die Empörung gegen das gesamte Leben der Gegenwart impliziert. Die

Gegenwart war unfähig, das wahre und ideale Kunstwerk hervorzubringen aus demselben Grunde, weshalb kein Stoff für eine wahrhaft künstlerische Offenbarung ihr zu entnehmen war: der natürliche Mensch ist in ihr unter dem Schutte vernunftwidriger, ihre einzige Berechtigung aus dem historischen Gewordensein ziehender Verhältnisse bis zur Unerkennbarkeit begraben; nur in dem frühesten Altertum, in den Gestalten des Mythos ist er zu finden, nur in der Zukunft kann er wieder zu lebendigem Dasein erwachen.

Wenden wir uns zu einer näheren Charakterisierung des Reinmenschlichen: In ihm spricht sich das Wesen des Menschen aus, das Gattungsgemäße, das Typische, Bleibende und Ewige an ihm, die Idee des Menschen. Was ist nun das, was den Menschen allererst zum Menschen macht, das specifisch Menschliche in ihm? Darauf giebt Wagner dieselbe Antwort wie Feuerbach, wenn dieser (Philosophie der Zukunft) sagt: »Der einzelne Mensch für sich hat das Wesen des Menschen nicht in sich, weder in sich als moralischem, noch in sich als denkendem Wesen. Das Wesen des Menschen ist nur in der Gemeinschaft, in der Einheit des Menschen mit dem Menschen enthalten« — ein Gedanke, der bei Wagner so ausgedrückt wird: »In Allem, was da ist, ist das Mächtigste der Lebenstrieb. Das Lebensbedürfnis des Lebensbedürfnisses des Menschen ist aber das Liebesbedürfnis...... Nichts Lebendiges kann aus der wahren unentstellten Natur des Menschen hervorgehen oder von ihr sich ableiten, was nicht auch der charakteristischen Wesenheit dieser Natur vollkommen entspräche: das charakteristischeste Merkmal dieser Wesenheit ist aber das Liebesbedürfnis« (III, 68, 69). Die »gemeinsame menschliche Natur wird am stärksten von dem Individuum als seine eigene und individuelle Natur empfunden, wie sie sich in ihm als Lebens- und Liebestrieb kundgiebt: die Befriedigung dieses Triebes ist es, was den einzelnen zur Gesellschaft drängt, in welcher er eben dadurch, daß er ihn nur in der Gesellschaft befriedigen kann, ganz von selbst zu dem Bewußtsein gelangt, das als ein religiöses, d. h. gemeinsames seine Natur rechtfertigt« (IV, 73).

Also erst in der Gemeinschaft erwacht der Mensch als solcher, erst im liebenden Menschen offenbart sich das Wesen der Menschheit, das Reinmenschliche. Der wahre, natürliche und unentstellte Mensch als der ideale Repräsentant seiner Gattung ist nicht der Egoist, sondern, wie Wagner im Anschluß an Feuerbach sagt, der Kommunist, d. h. der liebende und aus Liebe sich selbst an die Allgemeinheit hingebende Mensch.

Eine infolge der Seichtigkeit und Oberflächlichkeit ihrer Gedanken zu einiger Berühmtheit gelangte moderne nationalökonomisch-utilitaristische ethische Schule nennt den Gegensatz zum Egoismus Altruismus, eine Bezeichnung, die schon deshalb schief und verkehrt ist, weil sie dem ganz bestimmten und individuell lebendigen *Ego* die indefinite, leere und inhaltslose *quidditas* des *alter* entgegensetzt. Den Egoismus hält sie für den dem Menschen natürlichen und angeborenen Lebenstrieb, den Altruismus glaubt sie ihm als sociale Pflicht auferlegen zu müssen, damit die Welt nicht aus dem Leim gehe. Mit dieser waschlappigen Utilitätsmoral hat der Feuerbach-Wagnersche Kommunismus — »Tuismus« wäre ein zwar auch nicht gerade schöner, aber bezeichnenderer Ausdruck — gar nichts gemein. Was bei Wagner dem Ich gegenüber steht, ist nicht der abstrakte *alter quidam*, der x-beliebige »Mitmensch«, sondern das konkrete Du, d. h. der geliebte Gegenstand, das als notwendige Ergänzung der eigenen Individualität mit Inbrunst umschlungene *alter ego*, worin das vereinsamte Ich aufzugehen sich sehnt, um in ihm erst zum vollen Leben zu erwachen. Hier ist von keiner socialen Pflicht die Rede, hier wird überhaupt nichts vorgeschrieben, sondern einfach ein Gefühl konstatiert, dessen Existenz noch niemand zu leugnen vermocht hat, das menschliche Liebesbedürfnis als die höchste Blüte des dem Menschen angeborenen natürlichen Lebenstriebes proklamiert.

Viel mehr Verwandtschaft hat die Wagnersche »Liebe« auch schon zu jener Zeit mit dem, was Schopenhauer als »Mitleid« zum Fundament seiner Ethik gemacht hat, insofern sie, wie dieses, durchaus auf ein unmittelbares, konkretes Gefühl gegründet ist. Nur hat das Wagnersche Moralprincip im Gegensatz zu dem Schopenhauers einen durchaus diesseitigen und in Bezug auf das natürliche Wesen des Menschen immanenten Charakter. Während bei Schopenhauer das Mitleiden zwar auch mit der Unmittelbarkeit und zwingenden Gewalt einer Naturkraft beim Anblick fremden Wehs unserem Herzen entspringt, aber gleichsam als Offenbarung einer anderen, von der vor unserem Auge in Raum und Zeit sich bewegenden gänzlich verschiedenen Welt, die wir mit unserer Vernunft nur negativ erfassen können, indem wir sie »Verneinung« dieser realen Welt und ihres metaphysischen Trägers, des Willens zum Leben, nennen, soll Wagners Liebestrieb als individuelles **Liebesbedürfnis** gleichsam die noch undifferenzierte Einheit von (natürlichem) Egoismus und Kommunismus darstellen und damit einerseits die Möglichkeit einer ungebrochenen Harmonie im Innern des natürlichen Menschen gewährleisten, andererseits aber auch die selbstlose Handlung als eine ganz natürliche Bethätigung des individuellen Lebenstriebes erscheinen lassen. Die tugendhafte Handlung ist bei Schopenhauer als Resultat des Mitleidens negativ in Bezug auf das reale Wesen der Welt, seine Ethik ist »akosmistisch«; wogegen die Liebe bei Wagner eine durchaus positive, natürliche Äußerung des ungebrochenen Willens zum Leben ist. Von irgend einer Selbstbeschränkung zu Gunsten der Allgemeinheit will er daher nichts wissen; die Forderung dieser »unmöglichen Tugend« hat gerade die »jeden wahrhaften Menschen empörende, furchtbare Entsittlichung unserer socialen Zustände« zur notwendigen Folge gehabt: Die ermöglichende Kraft der wirklichen Tugend ist nicht der selbstbeschränkende Wille, sondern — die Liebe. Den gedachten Erfolg der Anforderung der Selbstbeschränkung führt die Liebe in unermeßlich erhöhtem Maße herbei, »denn sie ist eben nicht **Selbstbeschränkung, sondern unendlich mehr, nämlich — höchste Kraftentwickelung unseres individuellen Vermögens, zugleich mit dem notwendigsten Drange der Selbstaufopferung zu Gunsten eines geliebten Gegenstandes«** (IV, 250 f.).

Dem entspricht, daß, entgegen der scharfen Scheidung zwischen Amor und Caritas, wie wir sie bei Schopenhauer finden, Wagner nicht nur keine Trennung beider Gefühle kennt, sondern geradezu eine Vorliebe zeigt, alle Verhältnisse und Beziehungen zwischen zwei Individuen nach Analogie der sexuellen Liebe zu betrachten; ohne Zweifel nicht sowohl deshalb, weil das Verhältnis zwischen zwei Angehörigen verschiedenen Geschlechts den intensivsten Gefühlsgrad aufzuweisen pflegt, woran man zunächst denken könnte, als vielmehr, weil das derartige Verhältnis in seiner Reinheit dem Wagnerschen Begriff der Liebe: »höchste Kraftentwickelung des individuellen Vermögens, zugleich mit dem notwendigsten Drange der Selbstaufopferung« — am besten entspricht.

Ist somit das Liebesbedürfnis in der ursprünglichen Natur des Menschen nicht nur enthalten, sondern geradezu die höchste Entfaltung und Blüte seines natürlichen Lebenstriebes, so bedarf es, um zu einer vollkommenen Gestaltung der menschlichen Gesellschaft zu gelangen, gar nichts anderen, als daß es diesem Triebe ermöglicht sei, sich frei und ungehindert auszuleben.

Die höchste dem Menschen erreichbare Sittlichkeit wird verwirklicht, wenn er einfach dem unwillkürlichen **Glückseligkeitstriebe** nachgeht, den die Natur in seine Seele gelegt hat. »Die geschichtlichen Erscheinungen sind die Äußerungen der inneren Bewegung, deren Kern die sociale Natur des Menschen ist. Die nährende Kraft dieser Natur ist aber das Individuum, das nur in der Befriedigung seines unwillkürlichen Liebesverlangens seinen **Glückseligkeitstrieb** stillen kann: aus dem Bedürfnisse des Individuums, sich mit den Wesen seiner Gattung zu vereinigen, um in der Gesellschaft seine Fähigkeiten zur höchsten Geltung zu bringen, erwächst die ganze Bewegung der Geschichte« (IV, 50). Wäre sich der Mensch von Anfang an hierüber klar gewesen, so hätte es einen Konflikt zwischen den Bedürfnissen der Allgemeinheit und dem Freiheitstriebe des Individuums gar niemals geben können.

Der Irrtum über das natürliche Verhältnis des Individuums zur Allgemeinheit ist die Quelle all der unseligen Mißverständnisse, als deren Produkt das Leben der Gegenwart erscheint. Aber dieser Irrtum selbst war ein notwendiger, seine Auflösung ist der Zweck der ganzen Menschheitsgeschichte, mit dem sie den Kreislauf ihrer natürlichen Entwickelung vollendet, das ihr gesteckte Ziel erreicht haben wird.

Ein Konflikt zwischen Individuum und Allgemeinheit war undenkbar, solange der Mensch noch in vollkommenem Einklang mit der Natur sich befand, sich noch nicht von ihr unterschieden hatte, d. h. solange er noch bloßes Naturprodukt, noch

6*

nicht »Mensch« im eigentlichen Sinne des Wortes war. Denn erst »von dem Augenblick an, wo der Mensch seinen Unterschied von der Natur empfand«, begann er seine Entwickelung als Mensch, »indem er sich von dem Unbewußtsein tierischen Naturlebens losriß, um zu bewußtem Leben überzugehen« (III, 43). Diesen Zwiespalt zwischen Natur und Mensch, mit dem der Mensch seine Entwickelung anhebt, auszugleichen, den Menschen mit Bewußtsein zu der Einheit mit der Natur zurückzuführen, in welcher er als uncivilisiertes reines »Naturprodukt« bereits gelebt hatte, ist Zweck und Ziel dieser Entwickelung selbst. Der Unterschied des Menschen von der Natur hört also »da wieder auf, wo der Mensch das Wesen der Natur ebenfalls als sein eigenes, für alles wirklich Vorhandene und Lebende dieselbe Notwendigkeit, daher nicht allein den Zusammenhang der natürlichen Erscheinungen unter sich, sondern auch seinen eigenen Zusammenhang mit der Natur erkennt« (Ebenda).

Hugo Dinger hat Recht, wenn er (S. 272) in dieser Beziehung eine gewisse Verwandtschaft des Wagnerschen Ideals mit Rousseaus Aufforderung: »*Rétournons à la nature!*« behauptet. Nur darf der eine große Unterschied nicht vergessen werden: nach Rousseau hat die Civilisation dem Menschen nur Schaden und Nachteil gebracht, während bei Wagner unsere schlechte, heuchlerische und unsittliche Civilisation eine Entwickelungsstufe ist, ein notwendiges Durchgangsstadium zu dem schließlichen Endziele einer bewußten Übereinstimmung mit der Natur, welche durchaus nicht ein kulturloser Naturzustand sein wird. Durch Irrtum hindurch, und nur durch ihn führt die Straße zur Wahrheit. Rousseau war extremer Reaktionär und verhielt sich zur Civilisation bloß ablehnend, so etwa wie in unseren Tagen Graf Leo Tolstoi. Wagner war in jener Periode seines Geisteslebens durch und durch Evolutionist, und zwar ganz im Sinne der Hegelschen Philosophie. Urvergangenheit, Gegenwart und Zukunft des Menschengeschlechtes verhalten sich zu einander wie Thesis, Antithesis und Synthesis im dialektischen Schema jenes Philosophen, und gerade wie bei ihm, ist auch bei Wagner der Inhalt der Menschheitsentwickelung der Übergang vom Unbewußtsein zum Bewußtsein.

Anfangs in unbewußter Einheit und Übereinstimmung mit der
Natur »setzt« der Mensch, sobald er sich seines Unterschiedes
von der Natur bewußt geworden ist, sich ihr gegenüber und
schafft damit den Zwiespalt zwischen Natur und Mensch. Dieser
Zwiespalt begreift alles das in sich, was wir heute »Civilisation«
nennen. Die Auflösung desselben in einer höheren, bewußten
Einheit mit der Natur, die den Menschen, bereichert um alle
die geistigen Errungenschaften, welche er sich im Kampfe mit
der Natur erstritten hat, wieder in die Arme der All-Mutter
zurückführt, hat die Kultur der Zukunft zu bringen, in welcher
der Konflikt zwischen Natur und Civilisation aufgehoben, d. h.
die letztere von alledem gereinigt und befreit sein wird, was mit
der reinmenschlichen Natur im Widerspruch sich befindet.

In »Die Kunst und die Revolution« giebt Wagner
eine großartige geschichtsphilosophische Konstruktion dieses
Entwickelungsprozesses der Menschheit, eine »Geschichtsdichtung« von packender Lebendigkeit und genialster Anschaulichkeit, die noch heute, wo wir doch ziemlich skeptisch —
vielleicht ein wenig zu skeptisch — geworden sind gegen diese
Art ideologischer Geschichtsbetrachtung, gegen dieses kühne
Zusammenfassen der Mannigfaltigkeit der historischen Erscheinungen unter eine Idee, dieses Deuten der Thatsachen aus
dem Inhalt einer rein individuellen Anschauung und Auffassung
heraus, ihre tiefe Wirkung auf empfängliche Geister nicht verfehlen kann.

Es ist eben bei Wagner nicht ein abstrakter, trockener
und dürrer Begriff, in dessen Rahmen er die Geschichte spannt,
sondern seine lebendige, warme Künstlersehnsucht, sein blühender,
glühender Menschheits- und Zukunftsglaube sind es, in deren
Lichte er die Vergangenheit erblickt; die werden ihm zu einem
magischen Brennspiegel, der die zerstreuten Strahlen der historischen Thatsachen in seinem Focus zu einem gedrängten Bilde
der Wirklichkeit zusammenfaßt und vereinigt.

Der Kopf des kritischen Geschichtsforschers kann ohne
Zweifel nur lächeln über diese historische Phantasie, aber das
Herz des gemütswarmen Menschen, dem es zuhöchst darauf
ankommt zu erkennen, was die Dinge für uns sind und zu
bedeuten haben, nicht aber auf die doch ewig unentscheidbare

Frage, was sie an sich gewesen sein mögen, wird sich der Macht dieses die Fülle der Erscheinungen zur Einheit einer individuellen Ansicht zusammenschauenden Geistes immer wieder gerne gefangen geben.*

Es kann hier nicht unsere Aufgabe sein, die Wagnersche Geschichtsphilosophie im Einzelnen zu verfolgen. Es mag eine flüchtige Skizzierung des Grundgedankens genügen, um das Interesse, die ganze Schrift kennen zu lernen, beim Leser zu erwecken.

Eine annähernde Verwirklichung seines socialen Ideals, d. h. eine den natürlichen Geboten des Reinmenschlichen entsprechende Gemeinschaftsform des öffentlichen Lebens glaubte Wagner im klassischen Staatswesen des hellenischen Altertums in der Vergangenheit gefunden zu haben. Hier waren Individuum und Staat nicht als zwei feindliche Mächte einander gegenübergestellt, sondern in harmonischer Übereinstimmung wies eines in gegenseitiger Ergänzung auf das andere hin; der griechische Staat war das natürliche Produkt des individuellen geselligen Lebenstriebes der einzelnen Hellenen; deshalb fühlte sich auch das Individuum in ihm vollständig unbehindert und frei; deshalb entblühte dieser Gemeinschaft das idealste Kunstwerk, die attische Tragödie.

Allein diese ideale Form des socialen Lebens krankte an einem Fehler, der sie früher oder später vernichten mußte. Dieser Fehler war ihre nationale Beschränktheit: sie erstreckte sich einzig auf die Stammesgemeinschaft des hellenischen Volkes. »Dem Griechen galt nur der starke und schöne Mensch frei, und dieser Mensch war eben nur er: was außerhalb dieses griechischen Menschen lag, war ihm Barbar, und wenn er sich seiner bediente — Sklave. Sehr richtig war auch der Nicht-Grieche in Wirklichkeit Barbar und Sklave; aber er war Mensch, und sein Barbarentum, sein Sklaventum war nicht seine Natur, sondern sein Schicksal, die Sünde der Geschichte an seiner Natur . . . . .

---

* Noch kühner hat Wagner in »Die Wibelungen. Weltgeschichte aus der Sage« die Geschichte des deutschen Volkes aus der Sage vom Nibelungenhort gedeutet, worauf ich in diesem Zusammenhang (Wagner als Geschichtsphilosoph) hinzuweisen nicht unterlassen will.

— Diese Sünde der Geschichte sollte sich aber an dem freien Griechen selbst gar bald ebenfalls ausüben: wo das Gewissen der absoluten Menschenliebe in den Nationen nicht lebte, brauchte der Barbar den Griechen nur zu unterjochen, so war es mit seiner Freiheit auch um seine Stärke, seine Schönheit gethan; und in tiefster Zerknirschung sollten zweihundert Millionen im römischen Reich wüst durcheinander geworfener Menschen gar bald empfinden, daß — sobald alle Menschen nicht gleich frei und glücklich sein können — alle Menschen gleich Sklaven und elend sein müßten« (III, 27).

Diese allgemeine Sklaverei blieb nun die Signatur des öffentlichen Lebens bis auf unsere Tage. Zwar hatte das Christentum das theoretische Princip der allgemeinen Menschenliebe aufgestellt, aber zur Verwirklichung und praktischen Realisierung dieses Princips war es seiner Natur nach außer stande. Allerdings wollte das Christentum alle Menschen ohne Unterschied gleich frei und glücklich machen, aber nicht hier auf Erden, sondern im Himmel. Es ging nicht darauf aus, die Verhältnisse des Diesseits so zu gestalten, daß der Mensch durch freies Ausleben seiner natürlichen Individualität in der Gemeinschaft seiner Mitmenschen hienieden beglückt und befriedigt werde, sondern es beschränkte sich darauf, seinen Anhängern paradiesische Wonnen im Jenseits in Aussicht zu stellen, wenn sie ihre reinmenschliche Natur verleugneten und mit freudiger Resignation die Jammerexistenz eines elenden Erdendaseins acceptierten. Diese seine Transcendentalität und unsinnliche, daher auch unsinnige,* Naturwidrigkeit machten es dem Christentum unmöglich, aus sich heraus eine vernünftige Organisation der menschlichen Gesellschaft hervorzubringen. Trotzdem bezeichnet es einen Fortschritt über das auf die enge Gemeinschaft einer einzigen Nation beschränkte Kulturprincip des Hellenismus, insofern es nämlich den Satz aufstellt: alle Menschen sind als solche gleich und haben ein natürliches Anrecht auf den ihnen zukommenden Anteil an Menschenglück und Menschenwürde. Aber insofern als das Christentum Glück

---

* »Nur das Sinnliche ist auch sinnig: das Unsinnliche ist auch unsinnig« — heißt es einmal in den »Entwürfen«.

und Würde des Menschen in eine eingebildete jenseitige, rein geistige und himmlische Welt verlegte, bedeutet es auch andererseits einen Rückschritt gegenüber der starken und schönen, Geist und Sinnlichkeit harmonisch umfassenden und gleichmäßig ausbildenden Menschlichkeit der griechischen Kultur. Man könnte sagen: das Griechentum hat in seiner Beschränkung auf eine einzige Nation mehr geleistet, aber weniger gewollt als das Christentum mit seiner Forderung einer principiellen Gleichberechtigung aller Glieder des Menschengeschlechts; und umgekehrt: das Christentum hat eben mit seiner Universalität Höheres und Größeres angestrebt als das rein partikularistische Griechentum, dafür aber thatsächlich weniger als dieses erreicht. Eine Synthese zwischen diesen beiden einander diametral entgegengesetzten Principien, eine Versöhnung des auf Verwirklichung des menschlichen Ideals im Diesseits ausgehenden und der Sinnlichkeit ihr Recht lassenden, aber national beschränkten Griechentums mit dem universalen, aber transcendenten, naturwidrigen, die menschliche Sinnlichkeit in Acht erklärenden Geiste des Christentums herbeizuführen, ist die Aufgabe der Zukunft, deren allgemeine Menschheitsreligion die Gegensätze zwischen Hellenentum und Christentum in der höheren Einheit des Reinmenschlichen aufheben wird. »So würde uns denn,« heißt es am Schlusse von »Die Kunst und die Revolution«, »Jesus gezeigt haben, daß wir Menschen alle gleich und Brüder sind; Apollon aber würde diesem großen Bruderbunde das Siegel der Stärke und Schönheit aufgedrückt, er würde den Menschen vom Zweifel an seinem Werte zum Bewußtsein seiner höchsten göttlichen Macht geführt haben. So laßt uns den Altar der Zukunft, im Leben wie in der lebendigen Kunst, den zwei erhabensten Lehrern der Menschheit errichten: — Jesus, der für die Menschheit litt, und Apollon, der sie zu ihrer freudevollen Würde erhob!« (III, 41).

Die Bewegung nun, in der und durch die dieser Übergang von der national beschränkten altgriechischen Kultur durch die civilisierte Barbarei der christlichen Zeiten zu der Kultur der Zukunft, welche den Geist der freien Menschheit über alle Schranken der Nationalitäten hinaus umfassen soll, sich vollzieht, ist die Revolution, welchen Ausdruck Wagner also in einem viel umfassenderen Sinne anwendet, als dies sonst üblich ist. Seit dem Untergang der griechischen Kultur, d. h. seit der Zertrümmerung der griechischen Tragödie, datiert »die große Menschheitsrevolution«, in der wir noch befangen sind; seitdem herrscht in allen öffentlichen Dingen Anarchie, d. h. willkürlich legalisierte Unordnung, gegen die sich der wahrhaftige Mensch, also auch der echte Künstler, einzig revolutionär verhalten kann: »Bei den Griechen war die Kunst im öffentlichen Bewußtsein vorhanden, wogegen sie heute nur im Bewußtsein des Einzelnen, im Gegensatz zu dem öffentlichen Unbewußtsein davon, da ist. Zur Zeit ihrer Blüte war die Kunst bei den Griechen daher konservativ, weil sie dem öffentlichen Bewußtsein als ein gültiger und entsprechender Ausdruck vorhanden war: bei uns ist die echte Kunst revolutionär, weil sie nur im Gegensatze zur gültigen Allgemeinheit existiert« (III, 28). Deshalb leidet auch gerade der Künstler am meisten unter dem Elend unserer modernen natur- und vernunftwidrigen Civilisation, deren unbestreitbarstes Kennzeichen ihre Unfähigkeit zur Hervorbringung einer Kunst ist, welche sich zu ihr verhielte wie die griechische Kunst zur hellenischen Kultur, d. h. wie die Blüte zu dem sie tragenden und nährenden Stamme.

Was versteht Wagner überhaupt unter Kunst? Jedenfalls etwas ganz anderes, als man gewöhnlich darunter versteht. Im »Kunstwerk der Zukunft« definiert er folgendermaßen: »Wie der Mensch sich zur Natur verhält, so verhält die Kunst sich zum Menschen. Gelangt die Natur, durch ihren Zusammenhang mit dem Menschen, im Menschen zu ihrem Bewußtsein, und soll die Bethätigung dieses Bewußtseins das menschliche Leben selbst sein, — gleichsam als die Darstellung, das Bild der Natur, — so ist die Darstellung des Lebens, das Abbild seiner Notwendigkeit und Wahrheit: die Kunst« (III, 42). Die Kunst ist also s. z. s. der Akt, in dem das menschliche Leben sich seines Zusammenhanges mit der Natur, seiner Naturnotwendigkeit und Naturwahrheit bewußt wird. Der Künstler sucht im menschlichen Leben die Natur (das Reinmenschliche). Hat sich nun eine Form des menschlichen Lebens ausgebildet, welche gar keinen Zusammenhang mehr mit der Natur hat, wird dieses selbst, statt von der unwillkürlichen Notwendigkeit des menschlichen

Lebensbedürfnisses, von Mode und Willkür gestaltet, so ist einleuchtend, daß die Kunst einem solchen Leben, wie es z. B. das der Gegenwart ist, nicht nur keinen Stoff abgewinnen kann, sondern daß sie in ihm überhaupt keinen Platz hat. Was sich in unserer Zeit Kunst nennt, ist in Wahrheit gar keine; denn die echte Kunst ist Befriedigung eines wahren und tiefen menschlichen Bedürfnisses, während dagegen, was sich heute unter uns für Kunst ausgiebt, überflüssiger Luxus, heuchlerische Befriedigung eines unwahren, eingebildeten Bedürfnisses ist. Kann somit die Kunst im Leben der Gegenwart nicht als Wirklichkeit existieren, so hat sie ihre einzige Daseinsform in der Sehnsucht des echten Künstlers, des Genies, in dem das natürliche menschliche Bedürfnis nach künstlerischer Gestaltung des Lebens bis zur schrecklichen Not, zum intensivsten Leiden, verursacht durch die kunst- weil naturwidrige Form des modernen Lebens, anwächst.

Es ist also in der Kunst, gerade so wie in den socialen Verhältnissen überhaupt, der Konflikt zwischen dem Einzelnen und der Allgemeinheit, zwischen Individuum und Gesellschaft das, worin Wagner den eigentlichen Grund alles modernen Elends erblickt. Wie jeder wahrhaftige Mensch, d. h. jeder, den es drängt, sein Leben frei nach den Bedürfnissen und naturnotwendigen Gesetzen, die ihm seine Individualität vorschreibt, zu gestalten, zu der modernen Gesellschaft in einen unversöhnlichen Gegensatz treten muß, gerade so klafft heutzutage ein unüberbrückter Abgrund zwischen Künstler und Öffentlichkeit, ein Zwiespalt, der die Verwirklichung der Kunst, d. h. ein wirkliches Kunstleben, in der Gegenwart unmöglich macht.

Dieser Konflikt ist nach Wagners Anschauung weder natürlich noch absolut notwendig; er ist einfach eine Folge der Abkehr von der Natur, welche unsere moderne Civilisation charakterisiert. Von Haus besteht, wie wir gesehen haben (S. 83), gar kein Konflikt zwischen Individuum und Allgemeinheit, im Gegenteil: die Befriedigung der reifsten Blüte seines eigenen Lebenstriebes, des Liebesbedürfnisses, drängt das Individuum von selbst zur Gesellschaft; nur in der Einheit und Harmonie mit ihr kann er sich überhaupt als Individuum voll und ganz ausleben. Wie sich nun das Individuum als solches zur Gesellschaft verhält, so verhält sich der Künstler zur Öffentlichkeit. Auch ihn treibt seine innerste Künstlernatur an, seine Persönlichkeit an die Öffentlichkeit hinzugeben und erst im vollen Aufgehen in dieser sein Streben befriedigt und erlöst zu fühlen. Die Kunst wird nur dann Wirklichkeit, wenn der Künstler faktisch seinen Zweck erreicht hat, d. h. von denen, an die er sich wendet, in seinem Wollen verstanden und begriffen worden ist. In der Gegenwart ist ein solches Aufgehen des Künstlers und seines Wollens in der Öffentlichkeit im weitesten Sinne des Wortes unmöglich: darunter hatte noch jeder moderne Künstler zu leiden, und vielleicht keiner so intensiv und furchtbar, wie die in so hohem Grade leidensfähige Natur Richard Wagners. Aber was ihn vor allen seinen Leidensgenossen auszeichnet, das ist die feste und unerschütterliche Überzeugung, daß dieses unselige Verhältnis, demzufolge heute der Künstler ein Einsamer und Vereinsamter, die Kunst selbst das ausschließliche Eigentum einer eximierten Klasse von Künstlern und ästhetisch gebildeten Kunstverständigen ist, kein notwendiges und in der Natur der Sache selbst begründetes sein könne. Das Bedürfnis, dessen Befriedigung die Kunst bezweckt, ist, wie Wagner mit unerschütterlicher Festigkeit glaubt, kein auf wenige ausgewählte Individuen beschränktes, sondern ein allgemein-menschliches. Daß dieses Bedürfnis in der Gegenwart für die Allgemeinheit nicht befriedigt werden kann, ja nicht einmal mehr von ihr empfunden wird, ist nichts als eine Folge der Naturwidrigkeit unserer Civilisation, welche den natürlichen und wahren Menschen mit seinen reinen, ungekünstelten Bedürfnissen unter dem Schutte einer willkürlichen, heuchlerischen und lügenhaften Konvention und Sitte begraben hat. Es braucht nur dieser Schutt hinweggeräumt zu werden, um das Reinmenschliche in ungetrübter Klarheit und Schönheit vor unseren Augen neu erstehen zu lassen.

In engem Zusammenhange mit diesem Verdammungsurteil unserer egoistischen und naturwidrigen Civilisation, welche ein harmonisches Sich-Ausleben des Individuums innerhalb der Gemeinschaft und damit eine lebendige Kunst, als welche nichts Anderes ist, als das Abbild dieser natürlichen Gemeinschaftlichkeit des menschlichen Lebens, und daher nicht von einem einzelnen Individuum, dem vereinsamten Künstler, sondern nur von der Gemeinschaft verwirklicht werden kann, — unmöglich macht, steht nun jene Wagnersche Theorie, welche von allen seinen Lehren am bekanntesten geworden ist, nämlich die vom sogen. »Gesamtkunstwerke«. Wie nämlich der Untergang der reinmenschlichen Kultur, die einst die alten Griechen faktisch besessen hatten, das Individuum aus der natürlichen Gemeinschaft der menschlichen Gesellschaft herausriß und isolierte, so, meint Wagner, hat dieselbe Entwickelung den Verband der musischen Künste, in welchem dieselben ursprünglich nur eine ungeteilte Kunst bildeten, aufgelöst und die Einzelkünste, wie wir sie heute kennen, geschaffen. Und gerade so, wie die Kultur der Zukunft das Individuum aus seiner Vereinsamung erlösen und befreien soll, so wird das dieser idealen reinmenschlichen Kultur entsprießende »Kunstwerk der Zukunft« die getrennten Einzelkünste wieder zu einer einigen und einzigen Kunst vereinigen. Tanzkunst, Musik und Dichtkunst werden im reinmenschlichen Drama der Zukunft gerade wieder so eng verbunden sein, wie sie dies schon in der griechischen Tragödie gewesen waren, jenem Kunstwerk, welches für Wagner die idealste aller aus der Vergangenheit uns überlieferten Offenbarungen des künstlerischen Geistes der Menschheit ist.

Daß die »Künste der Zeit«, die Künste des »Ausdrucks« oder, wie Wagner sagt, die Künste, in welchen der Mensch als sein eigener künstlerischer Gegenstand und Stoff erscheint (im Gegensatz zu denen, in welchen er sich als künstlerischer »Bildner« aus natürlichen Stoffen zeigt, den »bildenden Künsten«), einen gemeinschaftlichen Ursprung gehabt und sich erst durch einen fortgesetzten Differenzierungsprozeß in die Einzelkünste gespalten haben, leuchtet aus der Natur der Sache ein, wie es sich auch aus der Geschichte der griechischen Kunst historisch beweisen läßt, — ist überdies auch niemals mit ernsthaften Gründen bestritten worden. Anders die Überzeugung Wagners, daß, wie das musische Gesamtkunstwerk der gemeinschaftliche Ausgangspunkt für die Einzelentwickelung der Tanz-, Ton- und Dichtkunst gewesen, so auch ihre Wiedervereinigung als das Zukunftsideal, die krönende Vollendung des ganzen Prozesses anzusehen sei. Diese Ansicht ist ebenso oft zu widerlegen versucht worden, als sie mißverstanden worden ist. So meint z. B. Wilhelm Wundt, um einen streng wissenschaftlichen und gewissenhaften Gelehrten herauszugreifen (Grundzüge der physiologischen Psychologie II, 624), gegen Wagners Zukunftstheorie anführen zu müssen: es widerspräche allen Entwickelungsgesetzen, »daß, wo einmal eine Differenzierung verschiedener Formen eingetreten ist, diese wieder zur ursprünglichen Einheit zurückkehren«. Hätte Wundt die Wagnersche Kunstlehre nicht nur vom bloßen Hörensagen gekannt, so würde ihm kaum entgangen sein, daß der Meister von nichts weiter entfernt ist, als eine Rückkehr der Künste zur undifferenzierten Einheit zu postulieren. Diese Instanz kann wohl gegen den absoluten Reaktionär Rousseau geltend gemacht werden, der auch in diesem Punkte seinem »kategorischen Imperativ«: »*Rétournons à la nature!*« treu bleibt, nicht aber gegen den mit den natürlichen Entwickelungsgesetzen durchaus in Übereinstimmung befindlichen Evolutionismus Wagners. Die unveränderte Rückkehr zu einem primitiven Naturzustande liegt ihm bei seiner Kunstlehre ebenso fern, als bei seinem allgemeinen Kulturideale. Die Differenzierung des Gesamtkunstwerkes, wie es die alten Griechen besessen hatten, in die Einzelkünste war für diese selbst *conditio sine qua non* der reichen und mannigfaltigen Ausbildung ihrer Ausdrucksmittel, die sie erst zu dem gemacht hat, was sie heute sind. Keine dieser Errungenschaften soll verloren gehen oder rückgängig gemacht werden. Alles, was sie an lebensfähigem Ausdrucksstoff und Ausdrucksformen während ihrer Einzelentwickelung gewonnen haben, sollen die Künste zum Gesamtkunstwerke der Zukunft mitbringen, um erst in ihm das wirklich erreichen und restlos verwirklichen zu können, was sie in ihrer Vereinzelung umsonst erstreben, nämlich künstlerische Darstellung des menschlichen Lebens in seiner allumfassenden Totalität.

Um ein Gleichnis zu gebrauchen: es verhält sich damit gerade so wie mit der Differenzierung des Menschen in die beiden Geschlechter. Kein Vernünftiger wird verlangen, daß diese Differenzierung jemals in der Art wieder rückgängig gemacht werde, daß die psychischen Geschlechtsunterschiede — um von den physischen, bei denen dies ohnehin unmöglich ist, ganz zu schweigen — sich verwischten und zu einem geschlechtslosen, abstrakten und eingebildeten, »absoluten« Menschen sich nivellierten, — ohne daß man sich deshalb der Einsicht zu verschließen brauchte, daß durch diese Arbeitsteilung es dem einzelnen Menschen, Mann oder Weib, unmöglich geworden ist, für sich allein das Menschheitsideal zu verwirklichen, daß es vielmehr dazu der Vereinigung von Mann und Weib, ihrer durch die Bande der Liebe geknüpften Verschmelzung bedarf. Genau so verhält es sich mit den Einzelkünsten und ihren gegenseitigen Beziehungen innerhalb des Gesamtkunstwerkes der Zukunft, wie denn ja Wagner selbst das Gleichnis von Mann und Weib zur Versinnbildlichung des Verhältnisses zwischen Dichtkunst und Musik mit Vorliebe angewendet und bis ins Einzelne ausgemalt hat (vergl. z. B. III, 316 ff.). Gerade weil Wagner, wie keiner vor ihm, die Grenzen und naturnotwendigen Schranken des Ausdrucksbereiches und der Ausdrucksmöglichkeit in den einzelnen Künsten genau beachtet und respektiert wissen wollte und es als durchaus naturwidrig empfand, daß mit den Mitteln der Musik z. B. Wirkungen erstrebt würden, wie sie nur die Dichtkunst auszuüben vermag, verlangte er, daß zur Verwirklichung desjenigen Kunstwerkes, welches die Darstellung des ganzen menschlichen Lebens nach allen seinen Seiten hin bezweckt, und das ihm eben deshalb als das höchste galt, die einzelnen Künste sich verbänden, um durch diese ihre Verbindung sich in ihren Einzelwirkungen zu einem universalen Totaleindrucke zu ergänzen.

Es kann hier nicht unsere Aufgabe sein, die Kunstlehre Wagners in ihre Einzelheiten weiter zu verfolgen; auch ist ja dieser Punkt der Wagnerschen Weltanschauung seit jeher am eingehendsten und häufigsten — allerdings nicht immer mit allzuviel Verständnis für Wagners wahre Meinung — diskutiert und erörtert worden. Nur ganz kurz möchte ich noch auf den weitverbreiteten Irrtum hinweisen, als habe der Meister ein Aufhören der Sonderexistenz der einzelnen Künste verlangt, oder auch gemeint, der bildende Künstler dürfe in Zukunft etwa nur noch Festspielhäuser bauen und Theaterdekorationen malen. Es ist ein trauriges *testimonium paupertatis ingenii*, welches sich die »Kritiker« Wagners damit selbst ausstellten, daß sie einem Manne, der doch sattsam bewiesen hatte, daß er nicht gerade auf den Kopf gefallen war, allen Ernstes derartige tollhäuslerische Absurdidäten zutrauten. (Denn nicht immer handelte es sich dabei um rein böswillige Verleumdung.)

Wagners Ansicht war ganz einfach die, daß »wo es den unmittelbarsten und doch sichersten Ausdruck des Höchsten, Wahrsten, dem Menschen überhaupt Ausdrückbaren gilt, — auch der ganze, vollkommene Mensch beisammen sein« müsse (III, 66), d. h. daß das höchste und idealste Kunstwerk, welches all das umfassen und erschöpfen soll, was überhaupt künstlerisch mitteilbar ist, sich an den ganzen, ungeteilten Menschen zu wenden habe, an den Menschen, der Auge und Ohr, Verstand und Gefühl, Vernunft und Phantasie gleichzeitig und in einem ist. Dies kann aber nur dadurch erreicht werden, daß die einzelnen Künste, welche sich getrennt allein oder doch vorzugsweise und zunächst immer nur an einen der menschlichen Sinne, an eine einzelne seiner Geisteskräfte wenden, an das Auge oder das Ohr, den Verstand oder das Gefühl u. s. w. sich zu gemeinsamer Wirkung, zu gegenseitiger Ergänzung miteinander verbinden, zu einer künstlerischen Einheit, wie sie nur das von Wagner erstrebte ideale Worttondrama ermöglichen kann. In dieser Verbindung sollen die einzelnen Künste nicht verschwinden und untergehen, sondern gerade von seinem »Kunstwerk der Zukunft« hofft Wagner, daß in ihm einst »das Volk sich und jede Kunst veredelt und verschönert wiederfinden« werde (I, VII), und sein Exeget H. St Chamberlain paraphrasiert dies richtig mit den Worten, daß »an dieser Quelle aller wahren Inspiration auch jede einzelne Kunst für sich unversiegbares Leben und frische Kraft schöpfen« werde (Richard Wagner S. 184).

Was Wagner will, ist nichts weiter, als die Hindernisse hinwegräumen, welche der naturgemäßen Verbindung der Einzelkünste zu einer gemeinsamen künstlerischen Wirkung (nicht etwa ihrer Verschmelzung zu einer Kunst) im Wege stehen. Das hauptsächlichste dieser Hindernisse ist die faktisch schon bestehende, aber falsche, naturwidrige und unkünstlerische Form einer solchen Verbindung — die Oper. Man kann also sagen: die Oper verhält sich zum Kunstwerk der Zukunft gerade so, wie sich unser moderner politischer Staat zur Gesellschaft der Zukunft verhält; auch hier ist es das falsche, künstliche und unnatürliche Gebilde, welches erst vernichtet und hinweggeschafft werden muß, um Platz zu machen für die Verwirklichung des Idealen. Gegen beide, Staat wie Oper, verhält sich Wagner radikal revolutionär. Gegen jenen empört sich der Mensch, gegen diese der Künstler. Beider Schicksal ist eng miteinander verknüpft; denn sie sind analoge Äußerungen des Geistes derselben lügenhaften und barbarischen Civilisation, die unser ganzes modernes Leben beherrscht, Ausfluß derselben falschen Stellung des Individuums zur Allgemeinheit, bezw. der einzelnen Kunst innerhalb des Kunstverbandes. Die Kunst ist notwendiges Produkt des menschlichen Lebens. Unser modernes Leben kann daher gar keine andere Kunst hervorbringen, als die heuchlerische Pseudo-Kunst, wie sie in der Oper, diesem Gipfelpunkt ästhetischer Unsinnigkeit, kulminiert; und eben darum kann auch das von Wagner ersehnte ideale Kunstwerk erst zu Leben und Wirklichkeit erwachen, wenn unsere ganze heutige Gesellschaftsordnung vom Erdboden weggefegt ist.

Kein Einzelner kann das Kunstwerk der Zukunft schaffen, und wäre es der genialste Künstler, es kann nur vorbereitet werden durch die ausgesprochenste Negation des Lebens und der Kunst der Gegenwart. In diesem Sinne faßt Wagner auch seine eigene damalige künstlerische Produktion auf. In einem Briefe an seinen Freund Theodor Uhlig in Dresden schreibt er (Briefwechsel S. 20 f.): »Das Kunstwerk kann jetzt nicht geschaffen, sondern nur vorbereitet werden, und zwar durch Revolutionieren, durch Zerstören und Zerschlagen alles dessen, was zerstörens- und zerschlagenswert ist. Das ist unser Werk, und ganz andere Leute als wir werden erst die wahren schaffenden Künstler sein. Nur in dem Sinne fasse ich auch meine bevorstehende Thätigkeit in Paris auf: selbst ein Werk, das ich für dort schreibe und aufführe, wird nur ein Moment der Revolution, ein Affirmationszeichen der Zerstörung sein können. Nur Zerstörung ist jetzt notwendig, — aufbauen kann gegenwärtig nur willkürlich sein.« Der »Erzeuger« des Kunstwerkes der Zukunft ist zwar »niemand anderes als der Künstler der Gegenwart, der das Leben der Zukunft ahnt und in ihm enthalten zu sein sich sehnt«. Aber empfangen und geboren werden kann dieses Kunstwerk nur von dem Leben der Zukunft, das den befruchtenden Samen der Sehnsucht des Künstlers der Gegenwart in seinem Mutterschoße aufnimmt (vergl. IV, 228 f.).

Deshalb setzt Wagner seine ganze Hoffnung auf die revolutionäre Bewegung des Jahres 1848/49, von der er glaubte, daß sich in ihr der Anfang vom Ende unserer modernen socialen Ordnung ankündige. Die rein politischen Bestrebungen der damaligen deutschen Revolutionäre waren ihm, wie gesagt, herzlich gleichgültig, zum Teil direkt unsympathisch: den durch und durch undeutschen Konstitutionalismus und Parlamentarismus haßte er im Grund seiner Seele und erkannte mit klarem Blicke seine unhaltbaren Schwächen und Mängel; sein eigenes politisches Ideal, das er in der (bei Dinger S. 107 ff. abgedruckten) »Vaterlandsvereinsrede« vom 14. Juni 1848 in kurzen Strichen zeichnete, kann man charakterisieren als sociales Königtum auf der Grundlage der urdeutschen Stammesgenossenschaft, ein Ideal, dessen Realisierung nur dann denkbar ist, wenn in der Person des Königs selbst der Wille der Volksgemeinschaft und nur dieser, rein und ungetrübt zum Ausdruck kommt, so daß die Möglichkeit eines Konfliktes zwischen König und Volk durchaus ausgeschlossen erscheint. Wie dieses Sideroxylon einer »monarchischen Republik« zu verwirklichen sei, hat Wagner sich selbst wohl kaum genau überlegt, wie denn überhaupt jene ganze Rede den Eindruck einer Transaktion, eines Kompromisses macht, diktiert nicht von politischen Opportunitätsrücksichten, sondern von der Stimme seines Herzens, die den Forderungen seines politischen Denkens zum Trotze, das nur den Willen des Volkes als oberste staatliche Instanz anerkennen konnte, die Person des geliebten Monarchen erhalten und aus den Stürmen der Revolution gerettet wissen wollte.

Überhaupt, das eigentlich und im engeren Sinne Politische lag Wagnern auch damals ziemlich ferne. Was ihn an der Umsturzbewegung jener Tage anzog, war, wie schon bemerkt (S. 62 f.), ihr socialer Grundzug, der sich in ihr aussprechende radikale Charakter. Es schien, als ob endlich einmal *tabula rasa* gemacht werden solle mit all dem Natur- und Vernunftwidrigen in unserem modernen Leben, das auch die Verwirklichung des von Wagner ersehnten idealen Kunstwerkes unmöglich machte. Dieser radikale Charakter jener Bewegung kam sowohl dem praktischen Idealismus als dem Optimismus seiner damaligen Gesinnung entgegen. Was Wagner von der Revolution erwartete, können wir ganz kurz und präcise so ausdrücken: er erhoffte von einem allgemeinen socialen Umsturze radikale Beseitigung alles dessen, was willkürlich in unseren staatlichen und gesellschaftlichen Zuständen ist, freie Bahn für ungehinderte Entfaltung der Unwillkür, d. h. des notwendigen, wahllosen, mit der Sicherheit des ungetrübten Instinktes das Richtige treffenden Waltens der reinmenschlichen Natur. Die beiden Begriffe: Willkür und Unwillkür hatte der Meister gleich einigen anderen, wie Sinnlichkeit, Egoismus und Kommunismus, der philosophischen Sprache Feuerbachs entlehnt. Als Wagner später die Abhandlungen aus jener Zeit in seine »Gesammelten Schriften« aufnahm, erläuterte er in der Einleitung zum 3. und 4. Bande derselben diese beiden Begriffe vom Standpunkte der Schopenhauerschen Philosophie dahin, daß unter »Unwillkür« nichts anderes zu verstehen sei als der reine Wille, »wie er als Ding an sich im Menschen sich bewußt wird«, wogegen »Willkür« »den durch die Reflexion beeinflußten und geleiteten, den sogenannten Verstandes-Willen bezeichnet« (III, 4). Es verhält sich also die »Unwillkür« zur »Willkür« beziehungsweise wie das Unbewußte zum Bewußten, wie das Unmittelbare zum Vermittelten, wie der Instinkt zum Intellekt, wie die Naivetät zur Reflexion, wie die Natur zur Civilisation, wie das Volk zum »Gebildeten«, wie das Genie zum Nichtgenie. Das Bezeichnende an der Unwillkür ist, daß sie wahllos die richtige Entscheidung trifft, indem bei ihr ein Irrtum deshalb absolut ausgeschlossen ist, weil in ihr die ungetrübte reinmenschliche Natur frei sich ausspricht. In der Urzeit handelte Alles unwillkürlich, deshalb auch untrüglich und instinktiv richtig. Die reinmenschliche Natur des Individuums war in vollkommener Übereinstimmung mit der Allgemeinheit. Dieses natürliche Verhältnis wurde gestört, sobald der reflektierende Verstand anfing, das menschliche Leben absichtsvoll und die Zukunft vorausbestimmend zu gestalten, von oben herab statuieren und dekretieren wollte, statt den Dingen ihren naturgemäßen Lauf zu lassen. Nun herrschte die Willkür, die Unwillkür lebte nur noch in der Sehnsucht des einsamen Individuums, das sich den Zusammenhang mit der reinmenschlichen Natur bewahrt hatte, des Künstlers, des Genies, sie lebte noch als dumpf empfundenes Gefühl einer allgemeinen Not im Volke, von dem auch die Revolution ausging. In ihr glaubte Wagner den Kampf der Unwillkür gegen die Willkür, der Natur gegen Unnatur, der Sehnsucht nach freier und würdiger Gestaltung des menschlichen Lebens gegen eine von beschränkter und kurzsichtiger staatsmännischer Weisheit eingegebene willkürliche und naturwidrige Gesellschaftsordnung zu erkennen, und deshalb warf er sich ihr in die Arme.

Das Ideal ist kein eingebildetes Gedankending, sondern realste Wirklichkeit,* der Konflikt zwischen Individuum und Allgemeinheit, ernst strebendem Künstler und Publikum, Genie und Volk ist kein notwendiger, in der Natur selbst begründeter. Ihr glaubt es nicht, ihr verweist auf die widersprechenden

---

* So sehr war Wagner in jener Zeit davon überzeugt, ein ideales Streben im eigentlichen Sinne des Wortes, d. h. eine mit Notwendigkeit aus dem menschlichen Inneren sich emporringende Sehnsucht nach einem seiner Natur nach Unrealisierbaren, sei ein bares Unding, wogegen das natürliche, nicht eingebildete, im Wesen des Menschen selbst begründete Ideal im tiefsten Grunde mit der Realität der menschlichen Natur in Übereinstimmung sich befinde, ja eigentlich mit ihr identisch, also auch gar nicht »Ideal« *proprio sensu verbi* zu nennen sei, — daß er an einer Stelle des »Kunstwerk der Zukunft« (S. 52 f.) energisch gegen den Gebrauch dieser mißverständlichen Bezeichnung protestiert: »Das oft gepriesene oder verworfene Ideal ist in Wahrheit eigentlich gar nichts. Ist in dem, was wir uns mit dem Wunsche des Erreichens vorstellen, die menschliche Natur mit ihren wirklichen Trieben, Fähigkeiten und Neigungen als bewegende und sich selbst wollende Kraft vorhanden, so ist das Ideal eben nichts anderes, als der wirkliche Zweck, der unfühlbare Gegenstand unseres Willens; begreift das sogenannte Ideal eine Absicht, die zu erfüllen außerhalb der Kräfte und Neigungen der menschlichen Natur liegt, so ist dieses Ideal eben die Äußerung des Wahnsinnes eines kranken Gemütes, nicht aber des gesunden Menschenverstandes.« Schon die alleinige Thatsache, daß Wagner, als er »Das Kunstwerk der Zukunft« in seine gesammelten Schriften aufnahm, diese Stelle strich, würde hinreichen zu beweisen, daß in der Wagnerschen Weltanschauung, was die Stellung und das Verhältnis des Ideals zur Realität anbelangt, eine totale Umwälzung im Laufe seiner geistigen Entwickelung eingetreten ist, wovon später zu reden sein wird.

Thatsachen der Gegenwart? So blickt rückwärts in die Vergangenheit, schaut die alten Hellenen an, seht, wie das Volk im Mythos selbst zum genialen Dichter ward, wie es sich in der Urzeit die tiefsten Rätsel des menschlichen Daseins zu plastischen Bildern von so sinnenfälliger Deutlichkeit und entzückender Schönheit, von so erhabener Würde und Bedeutsamkeit verdichtete, wie sie kein einzelner Künstler, auch nicht das größte Genie, nachher je wieder zu schaffen vermochte! Ihr meint, das sei unwiederbringlich verloren und dahin? Ich sage euch: nein und abermals nein! Befreit nur die reinmenschliche Natur von dem sie bedrückenden Alp, räumt den Schutt hinweg, den eine vernunftwidrige Civilisation aufgehäuft hat, streift die verhüllenden Gewänder und Mummereien ab, die euch zu häßlichen, abgeschmackten Ungetümen gemacht haben, und ihr werdet den starken, schönen und freien, den wahren, den menschlichen Menschen in seiner göttlichen Nacktheit erblicken! So lautete Wagners Glaubensbekenntnis während der revolutionären Periode seiner Geistesentwickelung.

Unsere nächste Aufgabe wird nun sein zu untersuchen, was in diesen Anschauungen, wie sie Wagner in der während der Jahre 1849—51 verfaßten Reihe von kunsttheoretischen Schriften, man könnte fast sagen, als geschlossenes »System« niederlegte, als reiner Ausfluß seiner geistigen Persönlichkeit, und somit als konstanter Faktor seiner Weltanschauung anzusehen ist, und was als Produkt vorübergehender Stimmung, als beeinflußt von falsch gedeuteten äußeren Ereignissen und kritiklos aufgenommenen fremden Meinungen und Lehren betrachtet werden muß. Diese Untersuchung ist notwendig, wenn wir nicht die Schale für den Kern nehmen, dem Vorübergehenden und bloß Temporären eine ihm nicht gebührende Bedeutung und Wichtigkeit gegenüber dem Wesentlichen und Bleibenden beimessen, den eigentlichen Gehalt über der mehr oder minder zufälligen äußeren Form vernachlässigen wollen. Zu dem Behufe dieser Untersuchung dienen uns als Quelle die Kunstwerke, welche Wagner schuf, noch ehe er sich mit der Philosophie Feuerbachs beschäftigt, und bevor die revolutionäre Bewegung ihn in ihre Strudel hineingerissen hatte. Ihrer Betrachtung in Beziehung auf die Frage, ob sich in ihnen eine eigentümliche individuelle Weltanschauung überhaupt schon deutlich zu erkennen gebe, und, wenn ja, wie diese sich zu den in der Reihe der theoretischen Schriften von 1849—1851 ausgesprochenen und systematisch entwickelten Anschauungen verhalte, wollen wir uns nun zuwenden.

V.

Die Kunstwerke vom »Fliegenden Holländer« bis zum »Lohengrin«. »Der Ring des Nibelungen«. Richard Wagner und Schopenhauer. »Tristan und Isolde«.

Daß der »Fliegende Holländer« das erste der Wagnerschen Dramen ist, welches für die Darstellung seiner Weltanschauung in Betracht kommen kann, ist ohne weiteres einleuchtend. Hat der Meister doch selbst gesagt (IV, 266), daß mit diesem Werke seine Laufbahn als Dichter begonnen, das bloße Verfertigen von Operntexten aufgehört habe, — und wenn auch zugegeben werden kann, daß schon im »Rienzi« eine persönliche Stimmung mit leidenschaftlich-kräftigem Enthusiasmus sich ausspricht, so ist das Buch doch allzusehr noch bloße Dramatisierung eines von Wagner bereits fertig und künstlerisch gestaltet vorgefundenen Stoffes, als daß man es als Quelle für die Darstellung der Weltanschauung des Künstlers ansehen könnte. Ja selbst die folgenden Werke: Holländer, Tannhäuser und Lohengrin sind im Gegensatz zu den späteren: Ring, Tristan, Meistersinger und Parsifal in dieser Beziehung nur mit Vorsicht zu benutzen. Man stelle sich vor, es sei von Wagner Alles verloren gegangen mit Ausnahme der Partituren seiner dramatischen Meisterwerke, wir besäßen keine einzige seiner theoretischen Auslassungen und vor allem nicht die Erläuterungen, die er selbst zu seinen Kunstwerken, namentlich in der »Mitteilung an meine Freunde« (1851), gegeben hat: die Weltanschauung, die in den vier letzten Dramen zu künstlerischem Ausdruck gelangt, wäre auch ohne jeglichen Kommentar aus den betreffenden Werken allein klar zu erkennen und zu deuten, nicht aber ebenso auch die, welche in jenen drei früheren Kunstwerken sich ausspricht. Damit soll bei Leibe nicht gesagt sein, daß jene Schöpfungen als Kunstwerke nicht ebenso unmittelbar und allein durch sich selbst verständlich wären als die späteren, und am allerwenigsten soll ein ästhetisches Werturteil mit der obigen Behauptung gefällt werden. Ich meine nur, und es läßt sich dies wohl nicht gut abstreiten: die Gesichtszüge der geistigen Persönlichkeit, welche uns aus den letzten und reifsten Kunstschöpfungen Wagners entgegenblicken, sind markanter, schärfer ausgeprägt und profiliert, individualisierter, als die Physiognomie jener früheren Werke. Hier ist Alles noch s. z. s. genereller, allgemeiner und typischer, das Originale und Individuelle mehr noch bloß angedeutet als ausgeführt und zu restlosem Ausdruck gebracht.

Dies hängt mit zwei Dingen zusammen, in welchen sich diese Werke von den späteren wesentlich unterscheiden. Erstlich war der Meister zur Zeit der Conception und Ausführung von Holländer, Tannhäuser und Lohengrin noch nicht zum vollen Bewußtsein über das naturnotwendige gegenseitige Verhältnis der das Worttondrama konstituierenden künstlerischen Ausdrucksfaktoren, insonderheit von Dichtung und Musik, durchgedrungen, und dies mußte ihn als Dichter notwendigerweise insofern beschränken und beengen, als es ihm noch nicht möglich war, ohne Rücksicht auf hergebrachte, traditionelle Kunstformen, einen im Geist der Musik empfangenen Stoff rein aus sich selbst und seinen individuellen Bedingungen heraus zu gestalten. Deshalb finden wir auch in diesen früheren Werken durchgängig eine viel größere Abhängigkeit des Dichters von dem Stoffe, wie er ihn in seinen Quellen vorfand, als dies bei den späteren der Fall ist. Holländer, Tannhäuser und Lohengrin sind Umdichtungen, teilweise sehr freie und für die geistige Persönlichkeit ihres Urhebers ungemein charakteristische, aber immerhin bloß Umdichtungen eines mehr oder minder fertig, wenn auch noch nicht künstlerisch, im höheren Sinne des Wortes, gestaltet vorgefundenen Stoffes, wogegen Ring, Tristan, Meistersinger und Parsifal durchaus und in jeder Beziehung Neudichtungen sind, zu denen die sogenannten »Quellen« Wagners nicht viel mehr als die Namen, einzelne Details und höchstens etwa, wie beim Tristan, den äußeren Rahmen der Handlung beigesteuert haben. Nehmen wir die Meistersinger aus, deren Fabel gänzlich frei erfunden ist — und zwar ist das Hans Sachs-Drama das einzige Werk Wagners, bei dem dies der Fall ist —, so hat zwar der Meister bei allen diesen seinen späteren Kunstschöpfungen leicht nachweisbare Quellen benutzt, beim Ring die altnordischen Sagen, beim Tristan das Epos des Gottfried von Straßburg und beim Parsifal das des Wolfram von Eschenbach. Aber das Verhältnis der Wagnerschen Dichtungen zu ihren Quellen ist bei diesen späteren Werken ein so loses und oberflächliches, daß man ihnen kein größeres Unrecht anthun kann, als sie als »Dramatisierungen« jener Quellen zu betrachten. Bei allen dreien ist der eigentliche poetische Gehalt, die Idee, durchaus alleiniges geistiges Eigentum Wagners; nach ihr in den alten von dem Meister benutzten Sagen und Dichtungen zu suchen, wäre ein vergebliches und nutzloses Bemühen, und umgekehrt würde man sich jeder Möglichkeit eines Verständnisses der Wagnerschen Dichtungen berauben, wenn man Geist und »Idee« ihrer sogenannten »Quellen« in ihnen wieder auffinden wollte.*

Anders verhält es sich mit Holländer, Tannhäuser und Lohengrin. Hier kann nicht geleugnet werden, daß vieles, was man auf den ersten Blick für einen wesentlichen und integrierenden Bestandteil der in diesen Werken zum Ausdruck gelangenden dichterischen Idee zu halten geneigt sein könnte, seinen Grund einzig in der Form und Gestaltung hat, in welcher Wagner den von ihm behandelten Stoff in seinen Quellen bereits vorfand, und daher für die individuelle Weltanschauung des Dichters selbst von nur sekundärer und untergeordneter Bedeutung, ja zuweilen direkt unwesentlich und zufällig ist. So wäre es z. B. durchaus verkehrt, aus dem Umstande, daß Tann-

---

* Diesem Irrtum sind thatsächlich manche Beurteiler des Dichters Wagner verfallen. Ich nenne aus ihrer Zahl nur J. Stammhammer (Die Nibelungen-Dramen seit 1850, Leipzig 1878), der es Wagnern allen Ernstes zum Vorwurf macht, daß er »die Sage nicht in ihrer Echtheit dargestellt« habe (S. 127) und sich mit diesem unangebrachten Vergleichen von vornherein der Wagnerschen Nibelungendichtung gegenüber auf einen falschen Standpunkt stellt.

häuser durchaus auf dem Boden der christlichen Weltanschauung sich abspielt, schließen zu wollen, daß zur Zeit der Conception und Ausführung dieses Werkes sein Autor selbst auch für sich auf dem Boden dieser Weltanschauung gestanden hätte. Vielmehr ist das »Christliche« in diesem Werke durchaus nichts weiter als die von dem Stoffe, wie ihn der Dichter in seiner Quelle vorfand, ihm nahe gelegte und auf seinem damaligen künstlerischen Standpunkte zur verständlichen Mitteilung seiner dichterischen Absicht ihm unerläßlich dünkende Einkleidung eines allgemein und rein menschlichen Gedankens in eine dem gemeinen Bewußtsein geläufige und gewohnte äußere Form. Und das hat Wagner selbst empfunden, wenn ihm späterhin »die klugen Albernen« nur lächerlich erschienen, welche im Tannhäuser ein Moment »christlicher Überspanntheit« finden zu müssen glaubten, oder wenn er meint: »Wem am Lohengrin nichts weiter begreiflich erscheint, als die Kategorie: Christlich-romantisch, der begreift eben nur eine zufällige Äußerlichkeit, nicht aber das Wesen seiner Erscheinung.« (IV, 304 und 298.)

Und damit komme ich zu dem zweiten Punkte, in welchem sich jene früheren Werke von den späteren wesentlich unterscheiden. Während nämlich seine späteren Dramen concipiert und ausgeführt sind von einem Geist, der sich im bewußten Besitze einer klar erkannten individuellen Weltanschauung befindet, wird diese Weltanschauung in den früheren Werken allererst gesucht. Holländer, Tannhäuser und Lohengrin zeigen uns Wagnern auf dem Wege, sich eine Weltanschauung zu erobern —, in Tristan, den Meistersingern und Parsifal wird eine ausgereifte und fertige Weltanschauung aus dem Bewußtsein des deutlich erkannten und erfaßten Ideals heraus künstlerisch gestaltet und mitgeteilt: darin besteht der große Unterschied.

Sind demzufolge Holländer, Tannhäuser und Lohengrin Werke eines dichterischen Genies, das sich noch mitten in der Entwickelung befindet, das sich s. z. s. noch nicht selbst gefunden hat, das den Inhalt seiner Weltanschauung erst sucht, sein Ziel noch nicht erreicht hat, so erklärt sich, warum in diesen früheren Schöpfungen Wagners seine Weltanschauung mehr noch als unbewußtes Gefühl, denn als mit Bewußtsein erfaßte

Erkenntnis uns entgegentritt, weshalb wir aus ihnen den Inhalt seiner Weltanschauung nicht sowohl positiv, als vielmehr nur erst negativ kennen lernen können. Was in ihnen sich ausdrückt und zu künstlerischer Offenbarung gelangt, nimmt eben deshalb die Gestalt der als solche bis zum Wollen der Selbstvernichtung gesteigerten, aber ohne Bewußtsein eines klar erkannten Zieles sich quälenden, unbefriedigten Sehnsucht an. Die Sehnsucht nach einem unerkannten und unbestimmten idealen Etwas ist das gemeinsame dramatische Grundthema, welches den Holländer, Tannhäuser und Lohengrin in gleicher Weise beherrscht. In keinem der drei Werke wird das Ziel dieser Sehnsucht im Leben selbst erreicht; beim Holländer und Tannhäuser fällt die Erlösung des Helden mit seinem individuellen Tode zusammen, und im Lohengrin, der dadurch die herbste Tragik von allen Wagnerschen Werken ohne Ausnahme erhält, erleben wir überhaupt keine Lösung des Konfliktes, der Gegensatz zwischen dem göttlichen Manne und dem menschlich liebenden Weibe klafft gerade am Schlusse in unverhüllter schneidender Schärfe auf.

Wagner hat selbst (in »Eine Mitteilung an meine Freunde«) den Versuch gemacht, die fortschreitende Entwickelung seiner Weltanschauung an der auf einander folgenden Reihe jener drei Werke zu demonstrieren, und wir können uns darin um so vertrauensvoller seiner Führung anvertrauen, als der Zeitpunkt der Abfassung dieser kommentierenden Erläuterungen (1851) dem der Entstehung jener Werke (bezw. 1841, 1845, 1847) zu nahe liegt, als daß man mit einigem Grunde annehmen könnte, der Künstler habe sich dem Geiste dieser Schöpfungen 10 Jahre nach der Vollendung des ersten, 4 Jahre nach der des letzten von ihnen schon so weit entfremdet gehabt, um nachträglich ihnen selbst Fremdes in sie hineinzutragen, nicht sowohl aus-, als unterzulegen.

Von vornherein liegt es schon nahe, in den Kunstschöpfungen eines Dramatikers, der selbst gesagt hat, daß der Künstler in dem dargestellten Gegenstande sich selbst wiedererkenne, daß in der instinktiven Gefühlserkenntnis des *»De te fabula narratur«* der eigentliche Moment der künstlerischen Conception sich vollziehe, — Selbstbekenntnisse als das Wesentliche ihres Inhaltes, als das, was uns der Künstler eigentlich und als Eigenes mitteilen will, anzunehmen. Und als eine fortlaufende Reihe von Selbstbekenntnissen hat in der That auch Wagner selbst seine Werke in der oben angeführten Mitteilung interpretiert. Es ist die tief empfundene und darum mit solch eindringlicher Kraft und Macht dargestellte Sehnsucht des Künstlers und Menschen Wagner selbst, welche aus seinen Werken zu uns spricht, es sind seine eigenen Leiden und Schmerzen, in deren Geheimnis das Schicksal seiner Helden uns einweiht.

Im Holländer ist diese Sehnsucht ganz unbestimmt allgemeiner, s. z. s. abstrakter Natur. Das dumpfe und unbestimmte Gefühl zweckloser Mühen und ruheloser Unbefriedigung, wie es der Künstler nach seinen erfolglosen Versuchen, den Gott, der ihm im Busen wohnte, nach außen wirken zu lassen, empfinden mußte, wird hier symbolisiert in der Gestalt des bleichen Seemannes, den ein schrecklicher Fluch ohne Zweck und Ziel, ohne Rast und Ruhe auf den Meeren umherirren läßt. Sein einziger Wunsch, seine einzige Sehnsucht ist: Ruhe, Erlösung von dem Fluche, — die »Heimat«, d. h. ein Dasein, in welchem er sich daheim und heimisch, seine Sehnsucht sich befriedigt fühlen könnte, — Erlöschen des ihn unerbittlich von Ort zu Ort, von Meer zu Meer hetzenden, unseligen Wandertriebes, Aufgehen seiner fluchbeladenen Ahasverusnatur in einem höheren, edleren und reineren Elemente. Erst im Tode kann er diese Erlösung finden.

Ist so im Grunde der Fluch, der auf dem Holländer lastet, nichts anderes als das unselige, ruhelose Wollen seines eigenen Wesens, der Dämon, der in seiner eigenen Seele haust, so erscheint doch in der dramatischen Gestaltung dieser Idee das Schicksal der Helden als eine von außen, von der Gottheit, oder wie man es sonst nennen will, über ihn verhängte Strafe für eine als Frevel erachtete Selbstüberhebung. Die Folge davon ist, daß im Holländer der Charakter des Helden und sein Geschick noch nicht ganz organisch verbunden sind, das Erleben und Leiden des unglücklichen Seefahrers als notwendige Folge seiner Natur noch nicht deutlich und klar erkennbar zum Ausdrucke gelangen. In dieser Beziehung bezeichnet der Tannhäuser einen großen Fortschritt über das vorangegangene Werk, der, ganz abgesehen von allen rein formalen und technischen Fragen des Kunstwerkes als solchen, schon allein begreiflich macht, mit wie großem Rechte Wagner (am 22. Mai 1851) an Liszt schreiben konnte, daß erst an der »vollendeten Dichtung des Tannhäuser« er sich vollkommen klar geworden sei über eine Richtung, in die ihn »unbewußter Instinkt trieb«.

Das Schicksal des Tannhäuser ist nicht von außen über ihn verhängt, es resultiert mit unerbittlicher strikter Notwendigkeit aus der besonderen Artung seiner individuellen Natur. Zwei Triebe wohnen gleichmäßig in seiner Brust, von denen der eine ihn in die Arme der Venus treibt, der andere ihn von dort sich wieder hinwegsehnen läßt nach der heimatlichen Erde. Es ist ein unversöhnlicher Konflikt in seiner Seele, der ihn weder im Venusberg, noch auf der Wartburg, — um die beiden in ihm sich bekämpfenden Mächte in zwei Lokalbegriffen kurz zusammenzufassen — Ruhe und Befriedigung finden läßt, der ihn rastlos aus einem Extrem seiner Natur ins andere treibt ohne die Möglichkeit, beide miteinander auszusöhnen, ihren Gegensatz in einer harmonischen höheren Einheit »aufzuheben«. Tannhäuser will mit gleicher Stärke und Energie zwei Dinge, von denen er in der Welt, in der er lebt, immer nur eines allein und mit Ausschluß des anderen haben kann: die sinnliche und geistige Seite seiner Natur, das Streben nach Lebensgenuß und Lebenswürde, nach Befriedigung des der realen Sinnenwelt zugekehrten, wie des einzig in einer idealen Gedankenwelt sein Genüge findenden, von aller befleckenden Berührung mit der unvollkommenen Wirklichkeit verletzt sich abwendenden rein geistigen Seelentriebes sind in ihm gleichmäßig ausgebildet. Venusberg und Wartburg stehen sich als zwei gleichberechtigte Mächte gegenüber, von denen keine in ihrer Einseitigkeit der nach Einheit des sinnlichen und geistigen Menschen strebenden Sehnsucht des Tannhäusers allein genügen kann, und nichts wäre verkehrter, als wenn man die Venus etwa schlechthin als Vertreterin des sündigen, höllischen, an und für sich verdammenswerten Elementes ansehen wollte. Das ist sie wohl für die frommen landgräflich thüringischen Hofsänger, nicht aber für den Helden des Dramas und auch nicht für den

Dichter. Ja, Wagner selbst hat solchen Wert darauf gelegt, dieses Verhältnis in richtigem, die Möglichkeit eines Mißverständnisses ausschließenden Lichte erscheinen zu lassen, daß er späterhin die erste Scene zwischen Tannhäuser und Venus einer eingehenden Umarbeitung im Sinne einer Erweiterung unterzog und die sogenannte »neue Venusbergmusik« hinzukomponierte. Denn die Bedeutung dieser »Pariser Bearbeitung« des Werkes liegt eben darin, daß die Venus und ihr Hof, d. h. das Prinzip der Sinnlichkeit und des Lebensgenusses, in ihr jene innere Gleichberechtigung mit der würdigen, aber kalten, farblosen und unsinnlichen Sittlichkeit des Wartburglebens auch äußerlich angewiesen erhalten, wie sie aus der ersten Fassung nicht mit voller Klarheit und Deutlichkeit zu ersehen war, womit indessen nicht geleugnet werden soll, daß, auch wie das Werk jetzt ist und — nicht aufgeführt wird, Einzelheiten in der Dichtung vorhanden sind, welche die Möglichkeit eines Mißverständnisses begreiflich machen. Daß es aber ein Mißverständnis ist, wenn man den Aufenthalt des Tannhäuser im Venusberg s. z. s. nur als eine »liederliche Verirrung«, als einen Abfall von seiner wahren und reinen Natur ansieht, aus der er sich mit seiner Rückkehr auf die Oberwelt dann wieder zurückfände, erhellt nicht nur aus dem Werke selbst, sondern vor allem auch aus den Erläuterungen, die der Meister selbst dazu gegeben hat. Sinnlicher und geistiger Trieb sind im Grunde ihres Wesens vielmehr dem Charakter Tannhäusers gleich natürlich und eigentümlich; er fühlt sich gleichermaßen angewidert von einem Dasein, in dem er nur einem dieser beiden Seelentriebe auf Kosten des anderen Genüge thun kann, die Wartburg ekelt ihn auf die Dauer gerade so an wie der Venusberg, und aus demselben Grunde, — weil nämlich keine dieser beiden entgegengesetzten Welten in ihrer Einseitigkeit dem auf Einheit und harmonische Versöhnung des körperlichen und geistigen, des sinnlichen und idealen Menschen gerichteten Streben seiner Seele Befriedigung zu gewähren vermag. Dieses höhere und edlere, über den Gegensatz von Sinnlichkeit und Geistigkeit erhabene — weil diesen Gegensatz in noch undifferenzierter Einheit absoluter »Naivetät« in sich aufgehoben enthaltende — Wesen ist Elisabeth, die »keusche Jungfrau«, die einzig befähigt ist, den Zwiespalt im Innern des Helden aufzulösen, ihn selbst durch ihre treue Liebe zu erlösen. Wäre sie nur »reine«, nicht zugleich auch »liebende« Jungfrau, so wäre sie eben auch nichts weiter als eine, nur etwas idealere, Vertreterin der »Wartburg-Moralität« und nimmermehr imstande, den unseligen Tannhäuser zu erlösen. Einzig deshalb weil sie ihn liebt, liebt mit aller Inbrunst einer natürlichen, nicht bloß geistigen Liebe (vergl. ihr Gebet im III. Akt), und weil sie den Stachel sinnlichen Verlangens selbst in sich empfunden hat, versteht sie die Natur des unglücklichen Sängers mit dem unmittelbaren Instinkte des naiven Gefühlswissens, stößt ihn nicht in sittlicher Entrüstung zurück, sondern hält ihm Treue und weist ihm voranschreitend den einzigen Weg, auf dem er restlose Befriedigung seines zwiespältig zerrisssenen Sehnens finden kann, — den Weg zum Tode.

Erinnern wir uns nun an unsere Darstellung des menschlichen und künstlerischen Charakters Richard Wagners, wie nämlich in ihm selbst die sinnliche und die geistige Seite seiner Natur, der auf das Reale und der auf das Ideale gerichtete Willenstrieb gleich stark und mächtig entwickelt gewesen sind, wie seine ganze Lebensarbeit als Mensch wie als Künstler darauf gerichtet war, beiden Seiten seiner Natur und Begabung gleichmäßig gerecht zu werden, einen allgemeinen Gesellschaftszustand als Menschheits-Ideal zu ersehnen, in welchem es dem Individuum vergönnt wäre, alle seine natürlichen Kräfte und Triebe, sinnliche und geistige, zu harmonischer Entwickelung zu bringen und in Übereinstimmung mit der Gesellschaft allseitig frei und ungehemmt auszuleben, wie als künstlerisches Ideal jenes allumfassende Worttondrama, in welchem das Auge als Organ der sichtbaren realen Außenwelt und das Ohr als Organ der hörbaren idealen Innenwelt gleichermaßen zu Vermittlern der dichterischen Absicht erhoben sind, — so sehen wir, in wie hohem Maße der Tannhäuser in der besonderen Auffassung, die er durch Wagner erhielt, als ein Selbstbekenntnis des Meisters angesehen werden kann. Den Konflikt zwischen sinnlicher und geistiger Natur, zwischen heidnischem und christlichem Prinzip, dem wir den edlen Sänger zum Opfer fallen sehen, hat Wagner selbst in seinem eigenen Innern erlebt. Ihn selbst drängte es danach, mit allen Sinnen das Leben freudig zu genießen. Diejenigen Formen und Arten des Lebensgenusses aber, welche unter der Herrschaft unserer modernen Civilisation allein möglich sind, ekelten ihn ebenso an, wie er es nicht über sich gewinnen konnte, künstlerische Erfolge und Anerkennung um den Preis zu erkaufen, um den sie von dem Publikum der Gegenwart allein zu erlangen sind, nämlich mit dem Aufgeben seiner Künstlerwürde, mit dem Verrat seiner idealen Künstlermission. Wie sein Tannhäuser fühlte er sich vor ein im modernen Leben unlösbares Dilemma gestellt. Seine in sich einige, aber in Beziehung auf die Außenwelt nach zwei entgegengesetzten Richtungen auseinandergehende Natur verlangte, um es ganz kurz zu sagen, für den Menschen würdigen, edlen Lebensgenuß, für den Künstler würdige, edle Erfolge. Was ihm aber die Welt, wie er sie kennen gelernt hatte, bieten konnte, war immer nur eines von beiden auf Kosten des andern: hier würdeloser, unedler Lebensgenuß, dort freude- und genußlose Würde und willensschwache, prüde, natur- und sinnenwidrige Moralität, hier triviale Modeerfolge als dem kapriciösen Augenblicksgeschmacke der urteilslosen Menge huldigender virtuoser Scheinkünstler, dort Wahrung der höheren künstlerischen Würde und Reinheit um den Preis der Vereinsamung, des Unbeachtet- und Unverstandenbleibens. Dieses Dilemma ließ seinem Herzen jene Sehnsucht entkeimen, die sich im Holländer und Tannhäuser so ergreifend ausspricht, die Sehnsucht nach der wahren und echten Heimat, nach Erlösung, nach einer Form des Daseins, von der der Dichter selbst noch nicht mehr weiß, als daß sie das Gegenteil aller derjenigen Daseinsformen sein müsse, die das Leben der Gegenwart allein ermöglicht.

Diese selbe Sehnsucht beherrscht auch den Lohengrin als dichterisches Grundmotiv, als das eigentliche dramatische Agens, nur in anderer, s. z. s. umgekehrter Fassung. War der Inhalt der Sehnsucht, welche den Holländer ruhelos von Meer zu Meer, von Land zu Land treibt, ohne daß er sein Ziel anders als im Tode erreichen kann, noch ganz in der unbestimmten Sphäre eines dunkel und unbewußt empfundenen Gefühls verblieben, und waren es beim Tannhäuser die beiden antagonistischen Triebe, der Zwiespalt in seiner eigenen Brust, dessen Versöhnung und Ausgleichung unter den Verhältnissen der realen Welt unmöglich ist, was den Kern der inneren (seelischen) Handlung des Dramas ausmachte, so können wir als das Gemeinsame in beiden Werken ansehen, daß die Sehnsucht ihrer Helden gewissermaßen von unten nach oben führt, den Holländer von seinen fluchbeladenen Meeresfahrten zum erlösenden Tode in den Armen Sentas, den Tannhäuser aus dem Venusberg über die Wartburg und Rom zur Bahre der aus treuer Liebe zu ihm gestorbenen Heiligen. Umgekehrt ist es beim Lohengrin. Die Sehnsucht, welche dieser empfindet, führt ihn von oben nach unten, aus der Göttlichkeit zur Menschlichkeit, von der Gralsburg zu den Ufern der Schelde in die Arme Elsas. Ein rein göttlicher Held, der in fernen Landen innerhalb einer edlen Werken und Kämpfen für die Menschheit ihr ganzes Dasein weihenden Genossenschaft lebt, sehnt sich aus seiner idealen Höhe herab nach dem in warmer Liebe ihn umfangenden menschlichen Weibe. Nur als Mensch will er geliebt, nicht als Gott bewundert und angestaunt sein. Darum verbietet er jede Frage nach »Nam' und Art«, nach seiner Natur und Herkunft. Nur um seiner selbst willen begehrt er Liebe, einzig dem liebenden und vermöge der Liebe sein Geheimnis instinktiv erfassenden Gefühle des geliebten Weibes will er sich direkt und unvermittelt hingeben, nicht aber kann er mit erklärenden, vermittelnden und deutenden Worten auch dem Verstande sein geheimnisvolles Wesen offenbaren: wollte er dies wagen, so würde sofort der Zauber, der ihn umgiebt, unwiederbringlich verschwunden sein.

Es ist die Tragödie des modernen Künstlers, des Genies, die wir im Schicksale des Lohengrin dramatisch gestaltet sehen, — wie Wagner selbst sagt, »eine durchaus neue Erscheinung für das moderne Bewußtsein; denn sie konnte nur aus der Stimmung und Lebensanschauung eines künstlerischen Menschen hervorgehen, der zu keiner anderen Zeit als der jetzigen, und unter keinen anderen Beziehungen zur Kunst und zum Leben, als wie sie aus meinen individuellen, eigentümlichen Verhältnissen entstanden, sich gerade bis auf den Punkt entwickelte, wo mir dieser Stoff als nötigende Aufgabe für meine Gestalten erschien« (IV, 298).

Gerade so wie wir uns hüten müssen, den Aufenthalt des Tannhäuser im Venusberg als eine »Verirrung«, die gut bürgerlich moralische Welt der Wartburg aber als seine eigentliche »Heimat« zu betrachten, so benimmt man sich alle Möglichkeit eines Verständnisses des dem Lohengrin zu Grunde liegenden tragischen Problems, wenn man die Frage der Elsa, mit der sie das Verbot ihres Helden verletzt, als eine »tragische Verschuldung« im Sinne der landläufigen Dramaturgie auffaßt. Wenn wir den Charakter der Elsa richtig und tief erkannt haben, werden wir uns vielmehr überzeugen, daß sie die Frage thun muß, daß sie kraft ihrer Natur als liebendes Weib gar nicht anders handeln kann, daß es ihre wahre und innige Liebe zu Lohengrin selbst ist, die sie zwingt, nachdem ihr einmal die Ahnung eines Geheimnisses, das ihr Geliebter vor ihr verbirgt, aufgegangen, nicht eher zu ruhen, als bis sie dieses durchschaut, sein Wesen restlos erkannt, zur Mitwisserin seines Geheimnisses geworden ist: denn früher darf sie sich nicht im ungeschmälerten Besitze dessen wissen, den sie liebt und nach dessen absolutem Besitze ihre Liebe verlangt, als bis er sich in seinem wahren göttlichen Wesen ihr enthüllt hat. Aber auch Lohengrin kann sich dem Menschenweibe nur in einer Weise mitteilen, die den ihn umgebenden Zauber, sein göttliches Wesen selbst sofort zerstört und vernichtet. Wir haben also im Lohengrin eine »Schicksalstragödie« im höchsten und edelsten Sinne des Wortes zu erblicken, d. h. eine Tragödie, in welcher der tragische Konflikt zwar nicht — wie in der gewöhnlichen Schicksalstragödie — aus einem rein äußerlichen Zusammentreffen widriger Fügungen des Schicksals, ebensowenig aber auch aus einer mehr oder minder willkürlichen und zufälligen »tragischen Schuld« der handelnden Personen resultiert, sondern wo das Geschick, das Erleben und Leiden der Handelnden mit strengster, unabwendbarster Notwendigkeit hervorgeht aus ihrem unabänderlichen Charakter, ihrem ein für allemal feststehenden natürlichen Wesen. Der tragische Konflikt ist notwendig im allerstrengsten Wortsinne. Das tragische Leiden der Personen folgt mit logischer Konsequenz aus ihrem Handeln, und ihr Handeln folgt ebenso notwendig aus ihrem Sein, nach dem Satze: *Operari sequitur esse.* Sie leiden, weil sie so handeln, wie sie handeln, und sie müssen so handeln, weil sie so sind, wie sie sind. Eine solche »Charakterschicksalstragödie« ist Lohengrin, und man versteht nunmehr, warum Wagner selbst so großen Wert darauf legte, daß gerade das Tief-Tragische in Charakter und Situation der Figuren des Lohengrin verstanden und gewürdigt werde (vergl. IV, 299 ff.).

Wir haben oben (S. 111) den Lohengrin die Tragödie des Genies genannt. Wagner hat sein Werk selbst so gedeutet. Wie es den Lohengrin aus seiner einsamen Göttlichkeit herabverlangt, um in den Armen des geliebten Weibes zu sinnlich gefühlter Menschlichkeit zu erwarmen, so sehnt sich der künstlerische Genius hernieder aus seiner »*solitude of kings*«, um im beseligenden Gefühle des restlosen Verstandenwerdens in die Allgemeinheit aufzugehen, den bloß bewunderten Künstler in den geliebten Menschen zu erlösen. Aber wie Lohengrin diese Sehnsucht nicht zu befriedigen vermag, ohne seiner Göttlichkeit verlustig zu gehen, so kann auch der Künstler sich der modernen Öffentlichkeit nur dann verständlich mitteilen, wenn er aufhört, Künstler zu sein. Wagner selbst formuliert diese Tragik der Situation des modernen Künstlers so: »Das notwendigste und natürlichste Verlangen des Künstlers ist, durch das Gefühl rückhaltslos aufgenommen und verstanden zu werden; und die — durch das moderne Kunstleben bedingte — Unmöglichkeit, dieses Gefühl in der Unbefangenheit und zweifellosen Bestimmtheit anzutreffen, als er es für sein Verstandenwerden bedarf, — der Zwang, statt an das Gefühl sich fast einzig nur an den kritischen Verstand mitteilen zu dürfen, — dies eben ist zunächst das Tragische seiner Situation, das ich als künstlerischer Mensch empfinden mußte, und das mir auf dem Wege meiner weiteren Entwickelung so zum Bewußtsein kommen sollte, daß ich endlich in offene Empörung gegen den Druck dieser Situation ausbrach« (IV, 299).

Mit Tannhäuser hatte sich Wagner selbst von und aus dem Leben der modernen Gegenwart erlöst und befreit. »Mit diesem Werke,« lesen wir in der »Mitteilung an meine Freunde« (IV, 279), »schrieb ich mir mein Todesurteil: vor der modernen Kunstwelt konnte ich nun nicht mehr auf Leben hoffen.« Mit Lohengrin wandte er sich von der Höhe des neu errungenen

Standpunktes aus wieder herab, um s. z. s. die Probe zu machen auf die Unlösbarkeit des tragischen Konfliktes, in welchem er sich befand; mit diesem Werke gestand er sich die unentrinnbare Tragik seiner Situation als Künstler und Mensch innerhalb des Lebens der Gegenwart mit unerbittlicher Schärfe und Konsequenz ein. »Über dieses höchste und wahrste tragische Moment der Gegenwart hinaus,« so urteilt der Meister selbst über Lohengrin — »giebt es nur noch die volle Einheit von Geist und Sinnlichkeit, das wirklich und einzig heitere Element des Lebens und der Kunst der Zukunft nach deren höchstem Vermögen« (IV, 297). —

Nachdem wir so die Kunstwerke Wagners vom Holländer bis zum Lohengrin im engen Anschlusse an des Meisters eigene Erläuterungen und Bekenntnisse in ihren dichterischen Grundmotiven vor unseren Augen haben vorüberziehen lassen, können wir uns der oben aufgeworfenen Frage wieder zuwenden: was für Schlüsse lassen sich aus ihrem Ideengehalt und dessen Ausgestaltung auf die damalige Weltanschauung Wagners ziehen? Wir haben gesehen, daß das durch alle drei Werke hindurchgehende Grundmotiv das Gefühl einer unbefriedigten Sehnsucht ist, einer Sehnsucht, die wir uns nach dem Vorgange des Meisters deuten dürfen als das dichterische Abbild der Sehnsucht, die seine eigene innerste Seele durchflammte, der Sehnsucht des Menschen und Künstlers nach einer Form des Daseins, in der er seine Individualität nach allen Seiten hin frei und ungehindert ausleben, sich selbst an die Allgemeinheit und Öffentlichkeit rückhaltslos mitteilen und hingeben könnte, zweifellos sicher des unmittelbaren Verstandenwerdens vermöge der hellsichtig machenden Gefühlskraft der Liebe. Über die Möglichkeit und positive Form der Verwirklichung dieses vom Holländer, Tannhäuser und Lohengrin in gleicher Weise ersehnten Ideals erfahren wir aus den betreffenden Dramen selbst nichts, wir gewinnen nur die negative Einsicht, daß in dem Milieu, in welchem die Handlung vor sich geht, d. h. innerhalb der historisch gewordenen, christlich modernen Welt die Verwirklichung dieses Ideals unmöglich ist. Nichts weiter wollen wir diesen Werken für die Erkenntnis der Weltanschauung des Meisters entnehmen, als diese beiden Thatsachen: im tiefsten

Innern des modernen Menschen lebt eine glühende Sehnsucht, die naturgemäß der Künstler, in welchem das menschliche Leben sich objektiviert, und der infolgedessen s. z. s. den Menschen in der zweiten Potenz repräsentiert, am lebhaftesten und schmerzlichsten empfinden muß; und weiter: die Befriedigung dieser Sehnsucht ist im modernen, d. h. in dem von konventioneller Sitte und historisch-traditionellen Daseinsformen einzig beherrschten Leben ganz und gar unmöglich. Aus dieser Sehnsucht entspringt nun für Wagner ganz unmittelbar, und ohne daß ein Einfluß fremder Meinungen und Philosopheme zur Erklärung herbeigezogen zu werden brauchte, der Idealbegriff des Reinmenschlichen, wie wir ihn im vorigen Kapitel entwickelt haben, ja er ist bereits in ihr enthalten, nur eben erst als unbewußtes, konkretes Gefühl, noch nicht als vollbewußter, abstrakter Gedanke.

Jetzt wird auch einleuchten, weshalb ich es vorgezogen habe, eine Würdigung der Bedeutung dieser Werke für die Entwickelung der Wagnerschen Weltanschauung erst nach der Darstellung der ersten ausgeführten und *quasi* systematischen Form, welche diese in den theoretischen Schriften der Jahre 1849—1851 angenommen, zu versuchen. Der Grund ist der: die Schlüsse, welche man aus der äußeren Form und Einkleidung, in welcher jene Dichtungen uns entgegentreten, auf die in ihnen zu künstlerischer Gestaltung gelangende Weltanschauung zunächst zu ziehen versucht sein könnte, sind fast ausnahmslos trügerisch. Deshalb weil in Lohengrin gebetet wird, annehmen zu wollen, Wagner sei zur Zeit der Ausführung dieses Werkes »noch« frommer, jehovahgläubiger Monotheist gewesen, oder aus dem Umstande, daß der Boden, auf dem Tannhäuser und Lohengrin sich abspielen, die Welt der christlich-mittelalterlichen Romantik ist, zu schließen, der Meister habe damals für dogmatisches Christentum und feudale Staats- und Gesellschaftsordnung irgendwelche Sympathieen gehegt, ist bare Oberflächlichkeit. Denn das Milieu dieser Dramen gehört, genau betrachtet, gar nicht Wagner an, sondern dem Stoffe, wie er ihn in seinen Quellen vorfand,* — und gerade darin besteht meines

---

* Einzig bemerkenswert erscheint in dieser Beziehung nur, daß in Tannhäuser, und noch mehr in Lohengrin, an einzelnen Stellen ein scharf

Erachtens der Hauptunterschied dieser Werke der ersten »unbewußten« Schaffensperiode von denen aus der Zeit des »vollbewußten« künstlerischen Produzierens, daß jene noch nicht ganz einzig und allein und in einem Guß von innen heraus gestaltet sind, daß ihre äußere formelle Gestaltung noch bis zu einem gewissen Grade abhängig ist von dem vom Dichter fertig vorgefundenen Stoffe, daß man an ihnen noch eine gewisse Diskrepanz zwischen Form und Inhalt bemerken kann, daß sie, mit einem Worte, Umdichtungen überlieferter Sagen sind, während die späteren Werke als Neudichtungen im vollen Sinne des Wortes angesehen werden müssen, wie schon gesagt wurde. Das aber, was in den drei früheren Werken wirklich alleiniger Ausfluß individueller Weltanschauung ist, nämlich der Grundgedanke des reinmenschlichen Ideals in der keimhaften Form der mehr oder minder unbestimmten, sich des Zieles noch unbewußten Sehnsucht nach einer Welt, in welcher das Wesen des Menschen mit den gesellschaftlichen Lebensbedingungen des Individuums sich nicht mehr im Widerspruch befände, dieser eigentliche Gehalt jener Werke ist erst dann vollkommen zu würdigen und zu begreifen, wenn wir das reinmenschliche Ideal zuvor als Begriff in der Gestalt, wie es dem Meister selbst später zum vollen Bewußtsein kam, kennen gelernt und, von dieser Erkenntnis zurückblickend, den von ihm zurückgelegten Weg klar zu überschauen und zu verstehen uns befähigt haben.

Nun sind wir auch in Stand gesetzt, durch eine Vergleichung der ausgeführten Weltanschauung des Denkers Wagner mit den Keimen und Ansätzen derselben, wie wir sie in den betrachteten Kunstwerken finden, die Frage zu entscheiden: was ist an der Gestaltung dieser Weltanschauung, die uns der philosophische Schriftsteller Wagner in seinen theoretischen Abhandlungen bietet, reiner Ausfluß seiner Natur, was etwa durch fremde Meinungen, vorübergehende Stimmungen und äußere, vielleicht falsch oder doch übertrieben gedeutete Ereignisse beeinflußt, d. h. was ist an den von ihm ausgesprochenen

---

ausgeprägtes, enthusiastisches Nationalgefühl in einer Weise sich ausspricht, die nicht verkennen läßt, wie stark die Saiten in der Seele des Künstlers selbst dabei mitgeklungen haben.

Anschauungen Produkt konstanter Faktoren seiner geistigen Persönlichkeit und somit bleibender Bestandteil des Wesens, s. z. s. des »An-sich« seiner individuellen Weltanschauung, — was nicht. Tiefe Unbefriedigung mit den Formen des Daseins, welche das Leben, wie es ist, allein ermöglicht, und heiße Sehnsucht nach einem anderen Leben, von dem nichts weiter klar ist, als daß es von dem realen, unter den Gesellschaftsbedingungen, wie sie die Erfahrung bietet, einzig möglichen Leben *toto genere* verschieden sein müsse, um dem idealen Wollen des Individuums Befriedigung gewähren zu können, — das ist der eigentliche poetische Gehalt, der im Holländer, Tannhäuser und Lohengrin zur künstlerischen Gestaltung gelangt. Das höhere, reinere und edlere Element, in welchem das leidende Individuum aufzugehen und erlöst zu werden sich sehnt, erscheint symbolisiert in der Gestalt des liebenden Weibes.* Das erscheint bedeutungsvoll. Denn wenn es auch unbestreitbar zunächst nur das rein persönliche Gefühl seines unbefriedigten sexuellen Liebesbedürfnisses selbst war, was den Künstler das »Ewig-Weibliche« zum Symbol des absoluten Menschheitsideals erhöhen ließ, so bot sich doch auch objektiv und in Ansehung seines Wesens das Weib, wie es ist, als natürlichen Gegensatz zum Manne, dem eigentlichen Repräsentanten der modernen, zwiespältig in sich zerrissenen, durch die Macht der Reflexion und einer einseitig geistigen Kultur ihrer natürlichen Einheit und Harmonie von Geist und Sinnlichkeit beraubten Menschheit dar. Auch abgesehen von allen sentimentalen Hirngespinsten, wie sie der Wille zum Leben in seiner verführerischsten Gestalt nur

---

* In einem tieferen Sinne gilt dies nämlich auch von Lohengrins Verhältnis zu Elsa. Der ideale, s. z. s. rein geistige Held ist bloß Gott; Elsa ist mehr: sie ist Mensch, d. h. ungeschiedene (naive) Einheit von Sinnlichkeit und Geist. Um so viel als das totale, Sinnlichkeit und Geist harmonisch in sich einschließende, rein menschliche Wesen höher steht als die isolierte, wenn auch nach dem gewöhnlichen Sprachgebrauche idealere, eine Seite desselben, der reine Geist, — um soviel steht Elsa höher als Lohengrin. Daß der »reine Geist« sich an das unmittelbare Gefühlsverständnis der ungeteilten rein menschlichen Natur trotz seiner Sehnsucht danach nicht mitzuteilen vermag, darauf beruht im tiefsten Grunde die herbe Tragik des Lohengrinproblems, wie wir sie oben zu deuten versucht haben.

allzugerne webt, steht das Weib thatsächlich, weil es eben immer noch bis zu einem gewissen Grade außerhalb unserer Kultur und Bildung sich befindet, der Natur um einen Schritt näher als der Mann, es besitzt zum Teil noch die ungebrochene Naivetät der unbewußten Einheit von Geist und Sinnlichkeit, welche der Mann durch bewußte Rückkehr zur Natur sich erst wieder erobern muß, es repräsentiert diese Einheit, um an das Schema der Hegelschen Dialektik zu erinnern, auf der Stufe der noch nicht in ihre Gegensätze auseinandergegangenen »Thesis«, während der Mann eben erst auf dem Wege aus der Antithesis zur Synthesis sich befindet. Darum erscheint das Weib dem Manne auch in nicht sexueller Beziehung als Ideal. Denselben Gedanken spricht Wagner selbst aus, wenn er einmal an seinen Freund Uhlig schreibt: »— glaube mir, dieses Mädchen ist dir weit voraus, — und woher? durch ihre Geburt, weil sie ein Weib ist! sie ist als Mensch geboren, — du und jeder Mann wird heutzutage als Philister geboren, und langsam und mühevoll gelangen wir Ärmsten erst dazu, Menschen zu werden.«

Also auch aus diesem Zuge, daß der Künstler Wagner sein Ideal in der Erscheinung des Weibes symbolisiert, erkennen wir die Sehnsucht, die das Grundmotiv jener Dichtungen bildet, als gerichtet auf die Wiederherstellung der Natur im Menschen, d. h. der harmonischen Einheit von Geist und Sinnlichkeit, wie sie uns das holde Wunder der Naivetät, der durch Reflexion noch ungebrochenen Ursprünglichkeit des Weibes offenbart.

Wir haben im vorigen Kapitel gesehen, daß die Wagnersche Weltanschauung in der Gestalt, wie er sie in Anlehnung an die philosophischen Schriften Feuerbachs in dem Begriffssystem seiner großen theoretischen Schriften ausführte, in Bezug auf die Hoffnung einer Verwirklichung des reinmenschlichen Ideals durchaus optimistisch gesinnt war, beseelt von dem unbegrenztesten Vertrauen auf die Zukunft und die notwendige vernünftige Entwickelung der Dinge, welche ganz von selbst und ohne unser Zuthun den idealen Zustand einer leidlosen, unendlich beglückten Menschheit herbeiführen müsse. Zu diesem Optimismus stehen nun die Kunstwerke Wagners in einem scharfen und ausgesprochenen Gegensatze. Die ihnen zu Grunde liegende

Weltanschauung kann nicht anders als tragisch und pessimistisch bezeichnet werden. Die Erlösung, die Befriedigung des Sehnens wird entweder gar nicht erreicht, wie im Lohengrin — der somit als das tragischste von allen Wagnerschen Dramen ohne Ausnahme anzusehen ist —, oder erst im Erlöschen des individuellen Lebens, im Tode, wie beim Holländer und Tannhäuser. Recht deutlich erhellt diese Diskrepanz zwischen der künstlerischen Gestaltung der Wagnerschen Weltanschauung in den Dramen und ihrer begrifflichen Fassung in den theoretischen Schriften daraus, daß der Meister in der »Mitteilung an meine Freunde« die Dramen nur dadurch als im Einklang mit dem Begriffsoptimismus seiner »philosophischen« Weltanschauung befindlich darstellen kann, daß er ihrer Tragik eine bloß partielle und relative Bedeutung, nämlich in Bezug auf die Welt, wie sie ist, die Welt der Gegenwart, zuerkennt, nicht aber auch eine universale und absolute, in Beziehung auf die Welt überhaupt, wie sie ihrem tiefsten Wesen nach sein muß und von Natur aus nicht anders sein kann.

Eine befriedigende Auflösung dieses Widerspruches zwischen der Weltanschauung des Dichters und der des Denkers können wir nun nicht so gewinnen, daß wir annehmen, Wagner sei etwa bis zur Vollendung des Lohengrin Pessimist gewesen, dann auf ein Lustrum unter der Ägide Feuerbachs Optimist geworden, um danach durch Schopenhauer zum Pessimismus zurückgeführt zu werden. Diese Annahme würde, abgesehen davon, daß sie die merkwürdige Entstehungs- und Entwickelungsgeschichte des Nibelungencyklus, auf die wir sofort zu sprechen kommen werden, unerklärt ließe, der ernsten und konsequenten geistigen Persönlichkeit Wagners so wenig gerecht, daß sie ihn zu einem jeden Augenblick die Farbe wechselnden Chamäleon karrikierte, ihn zu einem Hanswurst machte, mit dessen »Weltanschauung« auch nur eine Minute lang sich abzugeben die offenbarste Zeitvergeudung wäre.

Vielmehr erinnern wir uns, daß Wagner in erster Linie und vor allen Dingen Künstler gewesen ist. Dem Künstler ist es nun eigentümlich, daß er zunächst in Anschauungen und Bildern denkt, nicht aber in abstrakten Begriffen und philosophischen Reflexionen. Seine eigentliche Stärke, das, worin er sich vor anderen auszeichnet, ist die Kraft des sinnlichen, konkreten Anschauungsvermögens, der tiefe, hellsichtige Blick, mit dem er den Dingen auf den Grund, gleichsam in die Seele schaut. Hat nun der geniale Philosoph, der, wie Schopenhauer so überzeugend nachgewiesen hat, mit dem Künstler in dieser wichtigen Beziehung wesensverwandt, ja identisch ist, diesen »welt-hellsichtigen« Blick — um der dichterischen Sprache Wagners eine ihrer prägnantesten und glücklichsten Bezeichnungen zu entleihen — mit dem Künstler gemein, so unterscheidet er sich wesentlich von ihm darin, daß seine eigentümliche Begabung darin besteht, das in genialer Intuition Erschaute sofort in die Sprache des abstrakten Begriffes zu übersetzen, sich an Verstand und Vernunft, die diskursive Erkenntnis des Menschen zu wenden, während der Künstler in der Sphäre des Intuitiven stehen bleibt, aus der inneren Anschauung eine äußere macht, indem er sie zum Zwecke ihrer Mitteilung gestaltet, und demgemäß seine Offenbarungen an das zur Aufnahme von Anschauungen geeignete menschliche Erkenntnisvermögen, an Phantasie und Gefühl adressiert.

Wir haben uns nun vorzustellen, daß Wagner als Künstler bereits vom Holländer an sich klar war über die durchaus leidensvolle und tragische Beschaffenheit der Welt. Damals schon hatte er jenen tiefen Blick in die Abgründe des Seins gethan, der ihm das *mysterium magnum* unseres Daseins enthüllte. Aber diese Erkenntnis war rein künstlerisch, konkret und anschaulich, also unbewußt, und zwar unbewußt auch in Bezug auf ihn selbst, soweit er nicht als Künstler, sondern als begrifflich denkender, reflektierender und theoretisierender Mensch sich verhielt. Es war eine Erkenntnis gleich dem Hellsehen der Somnambule, welches Phänomen Schopenhauer so gerne zur Veranschaulichung dieses im vollsten Sinne des Wortes mystischen Vorganges der künstlerischen Inspiration und Conception heranzieht.

In unserer Charakterzeichnung der geistigen Persönlichkeit Wagners haben wir hingewiesen auf die der realen Welt mit höchster Energie zugekehrte, lebens- und hoffnungsfreudige eine Seite seiner Natur, die ihn zu keiner Zeit vollständig daran verzweifeln ließ, sein Ideal zu verwirklichen, das scheinbar

Unmögliche möglich zu machen, auf jenen, man kann sagen, durchaus antipessimistischen Grundzug seines Willens, der sich durch keine noch so herbe Enttäuschung ganz niederkriegen ließ. Diesem seinem glaubens- und hoffnungsvollen Willen kam nun die Philosophie Feuerbachs entgegen in einem Zeitpunkte, wo es ihn mit aller Macht danach drängte, sich über sich selbst und seine Stellung zur Welt auch begrifflich klar· zu werden, zu welchem Behufe er der leitenden Führung eines systematischen Fachphilosophen notwendigerweise bedurfte. Was daher als ein fremder Bestandteil in der »philosophischen« Weltanschauung des Wagner jener Periode, als direkte und zwar unorganische Entlehnung aus Feuerbach angesehen werden muß, ist nicht, woran man zunächst denken könnte, die starke Betonung einer genußfreudigen, allem unwirklichen, verstiegenen Idealismus abgeneigten Sinnlichkeit, der Wagnersche »Sensualismus« — Tannhäuser kann uns darüber belehren, wie sehr dieser Zug der eigensten Natur des Künstlers entsprang, — auch nicht die optimistische Hoffnung auf die Zukunft — denn diese lebte, selbst nachdem der Meister durch die Philosophie Schopenhauers hindurchgegangen war, noch einmal, allerdings nicht mehr in so enthusiastisch überschäumender Form und zweifelloser Siegeszuversicht, wieder auf —, es ist vielmehr die ganz bestimmte Formulierung, welche er für diese Hoffnung in der Philosophie des *Ci-devant*-Hegelianers Feuerbach vorfand, der Glaube nämlich an die aus dem von Natur aus konfliktlos angelegten Wesen des Menschen mit logischer Notwendigkeit hervorgehende vernünftige geschichtliche Entwickelung der menschlichen Dinge, es ist der Wagnersche Evolutionismus im Sinne eines stetigen Fortschrittes der Menschheit, einer kontinuierlichen Annäherung an das in endlicher Entfernung in der Zukunft vor ihr liegende Ziel eines schlechthin idealen Zustandes. Der war ihm von außen gekommen, und zwar wurde die Feuerbachsche Philosophie darin unterstützt durch die politischen Ereignisse der damaligen so ungemein aufgeregten Revolutionszeit, wo Alles in Gärung sich befand, das Alte stürzte und, wie es einem hoffenden Herzen vorkommen mußte, neues Leben aus den Ruinen blühen zu wollen schien. Einzig diese äußeren Einflüsse veranlaßten in

Wagner jenen Wahn, als ob die Wahrheit, daß der Mensch zum Leiden und Entsagen geboren sei, nur relative Geltung habe für die Welt der Gegenwart, nicht aber absolute für die Welt überhaupt, Vergangenheit und Zukunft in gleicher Weise, daß die Natur den Menschen eigentlich zu einem freudigen und im ungehinderten, freien Ausleben aller seiner sinnlichen wie geistigen Kräfte sich restlos befriedigenden, wahrhaft edlen Genußleben bestimmt habe, obgleich er sich als Dichter im Holländer, Tannhäuser und Lohengrin die volle und unerbittliche Wahrheit der notwendigen Tragik alles Menschendaseins bereits eingestanden hatte, ein Geständnis, von dem allerdings, als ganz in der Sphäre der reinen und konkreten Anschauung verblieben, sein Verstand nichts wußte.

Eine einfache Folge dieses Glaubens an das ursprünglich und von Natur aus konfliktlose, gute und zum Glücke geschaffene menschliche Wesen, das im Verlaufe der geschichtlichen Entwickelung auch mit Notwendigkeit wieder zum Durchbruch kommen müsse, war nun die Überzeugung, daß die Hindernisse, welche der Realisierung des absolut vollkommenen Zustandes im Wege stehen, nur äußerliche, einzig in den Verhältnissen, nicht aber in Natur und Charakter des Menschen selbst begründete seien, daß, da Ideal und Wirklichkeit im tiefsten Grunde identisch, insofern eben das Ideal nichts anderes als die ungetrübte reinmenschliche Natur selbst ist, ein Konflikt zwischen Ideal und Wirklichkeit nur solange möglich erscheine, als der Mensch selbst über sein eigenes Wesen sich im Irrtum befindet, daß dieser Irrtum allein das ganze Menschheitselend verschuldet habe, das wir als Folge einer naturwidrigen Civilisation, unmenschlichen historischen Konvention und heuchlerischen Sitte vor uns ausgebreitet sehen, und daß es daher zur Realisierung des Ideals nichts weiter bedürfe als Hinwegräumung aller der in Bezug auf die reinmenschliche Natur bloß äußerlichen Hindernisse, welche die Geschichte aufgehäuft, — also Umwälzung, Umsturz, vollständige sociale Revolution.

»Ein Moment der Revolution, ein Affirmationszeichen der Zerstörung« soll nun auch, wie wir gesehen haben, sein eigenes künstlerisches Schaffen für Wagner bedeuten. Jesus von

Nazareth, der Revolutionär gegen die Welt der werkheiligen Gesetzesmoralität zu Gunsten der reinmenschlichen »Gefühlssittlichkeit« der Liebe, und Wieland der Schmied, dem in höchster Not die Sehnsucht Flügel wachsen läßt, auf denen er sich seiner Knechtschaft entschwingt, ein Symbol des Volkes — oder des Genies: denn beide sind ja bei Wagner zu jener Zeit eigentlich identisch —, das, als ihm sein Elend unerträglich geworden, kühn die Sklavenketten sprengt und stolz sich in den Äther der Freiheit erhebt —, das waren die Entwürfe, welche den Meister damals beschäftigten und mit deren Ausführung er der Empörung gegen die Welt der Gegenwart künstlerischen Ausdruck geben wollte. Beide mußten zurücktreten, als eine neue Gestalt seine ganze Seele gefangen nahm, vor deren übermächtig strahlendem Glanze alles andere erblich: Siegfried, der Held der deutschen Nibelungensage.

Wir erinnern uns an Wagners Erzählung von der Auffindung des wahren Menschen (vergl. S. 78 f.), wie das Suchen nach diesem ihn immer weiter in die Vergangenheit zurückführte, aus der Geschichte in die Sage, aus der Sage in den Mythus, bis er ihn endlich dort im fernsten grauesten Altertume entdeckte und klar vor Augen sah. Dieser von dem Meister gesuchte schöne, freie und starke Mensch ist niemand anderes als der jugendliche Heros des Nibelungenmythus: Siegfried. Schon durch seine Abstammung aus der Verbindung eines ehebrecherischen Zwillingspaares ein »Affirmationszeichen der Zerstörung« aller durch das Herkommen geheiligten Sitte, bedeutet sein ganzes Leben mit all seinen Thaten nichts als eine fortgesetzte Revolution der Unwillkür gegen die Willkür, der Natur gegen die Unnatur, der Kraft gegen Schwäche und Ohnmacht, des einzig seinem individuellen Lebenstriebe und Lebensbedürfnisse folgenden sinnlichen Wirklichkeitsmenschen gegen eine durch unfreiwillige, erzwungene Verträge mühevoll zusammengehaltenen Welt der Gesetzlichkeit. So erschien Siegfried, der sonnige Held, dem Meister als der Typus des »Ewig-Jungen« gegenüber dem unentrinnbarem Untergange verfallenen Alten und »Ewig-Gestrigen«, — als Vertreter der in sorgloser Heiterkeit sich selbst genießenden Gegenwart gegenüber der nutzlos sich abquälenden Angst um eine ungewisse

Zukunft, mit einem Worte als idealer Repräsentant des Rein-Menschlichen, wie er es damals verstand.

Seine natürliche Ergänzung, mit der verbunden er allererst das reinmenschliche Wesen erschöpft, findet nun dieser Held in Brünnhilde, der Walküre, dem göttlichen Weibe, das um des reinmenschlichen Gebotes mitleidsvoller Liebe willen gegen den Vater und Gebieter Wotan sich auflehnt und wegen dieses Verbrechens aus Walhall verstoßen wird. Aus dem Schlafe, in den sie des Gottes Strafe versenkt, wird sie durch Siegfried erweckt, der dadurch die höhere Macht der freiwählenden Liebe über die Herrschaft des durch Gesetz und Verträge gebundenen Wotan thatsächlich erweist und damit auch das Ende dieser Herrschaft, den Untergang der alten Götterwelt ankündigt. In den auf dieser Welt lastenden Fluch verstrickt, bewirkt endlich das liebende Heldenpaar, das in seinem innersten Wesen keinen Teil an ihrer Unseligkeit hat, durch seinen Tod die Befreiung und Erlösung der Welt von dem Fluche, ihre Heilung und Entsühnung.

Zunächst wollte Wagner nur den letzten Akt dieses Welterlösungsdramas ausführen: »Siegfrieds Tod«, die spätere »Götterdämmerung«. Bald mußte er jedoch einsehen, daß ihn die separate Ausführung der Schlußkatastrophe, getrennt von den ihr vorangegangenen und sie bedingenden Geschehnissen, zwang, mehr teils als bekannt vorauszusetzen, teils als den Gang der Handlung unterbrechende Erzählung einzuschieben, als für die klare Verständlichkeit und lebendige Wirksamkeit des Dramas gut war. Er kam zu der Überzeugung, daß die von ihm beabsichtigte Wirkung unmöglich zu erreichen sei, wenn nicht der Hörer auch die ganze Vorgeschichte miterlebend und mitleidend von der Bühne herab vor sich hätte vorüberziehen sehen. So kam zu »Siegfrieds Tod« noch »Der junge Siegfried«, welches Dramenpaar sich dann endlich zu dem ganzen vierteiligen Cyklus des »Ring des Nibelungen« entwickelte, wie wir ihn jetzt vor uns haben.

Schon durch diese Umgestaltung des anfänglichen Planes wurde die ursprüngliche, wie Wagner selbst zugiebt, in bewußter Weise absichtsvolle Tendenz, die ihn bei der Gestaltung des Siegfriedstoffes leitete, verrückt, zunächst allerdings nur erst im

Sinne einer bloßen Erweiterung. Hatte der Meister zuerst
»die Individualität eines Siegfried herausgegriffen ... mit
dem Willen, ein schmerzloses Dasein hinzustellen« (Brief an
Röckel vom 23. August 1856), so kam nun mit der Darstellung
des ganzen Nibelungen-Mythos die weitere Absicht der »Auf-
deckung des ersten Unrechtes, aus dem eine ganze Welt des
Unrechtes entsteht, die deshalb zu Grunde geht, um .... uns
eine Lehre zu geben, wie wir das Unrecht erkennen, seine
Wurzel ausrotten, und eine rechtliche Welt an ihrer Stelle
gründen sollen« (a. a. O.), hinzu. Damit mußte nun von selbst
Wotan, dessen Wille die alte fluchbeladene und der Erlösung
bedürftige Welt trägt, immer mehr in den Vordergrund der
Handlung rücken, bis zu dem Punkte, wo Siegfried, der freie,
starke und schöne Mensch der Zukunft, um dessentwillen ursprünglich der ganze Plan concipiert worden war, selbst zur
Bedeutung einer bloßen, allerdings wichtigsten und die Tragik
des Weltengeschicks erst in ihrer ganzen Furchtbarkeit ent-
hüllenden Episode herabsinkt. Aus dem Siegfried-Drama
wird die Wotan-Tragödie —, wie ja Wagner selbst sich eine
Zeit lang mit dem Gedanken trug, dem ganzen Cyklus geradezu
den Titel »Wotan« zu geben.

Die Metamorphosen, welche Wesen und Charakter des unglücklichen Gottes, der als der eigentliche Träger der ganzen
Handlung des »Ring« anzusehen ist, in den drei (bezw. vier)
Gestaltungen, in denen uns die Bearbeitung des Nibelungen-
stoffes durch Wagner vorliegt,* durchgemacht hat, im Einzelnen
genau zu verfolgen, wäre eine in vieler Beziehung interessante
und dankbare Aufgabe; doch würde sie uns hier zu weit führen.
Für unseren Zweck genügt die kurze Bezeichnung der Haupt-
züge dieser Entwickelung. Zuerst (1848) ist Wotan der Gott,
welcher durch ein Unrecht, nämlich durch die an Alberich ge-
übte List und Gewalt, in den Besitz des Nibelungenringes
gelangt, mit dem er die Riesen, welche ihm seine Burg gebaut,
befriedigt und sich so seine Weltherrschaft sichert. Durch

---

* 1) Der Nibelungen-Mythus. Als Entwurf zu einem Drama 1848.
2) Siegfrieds Tod 1848. 3) Der Ring des Nibelungen 1853, in fünfzig
Exemplaren für Wagners Freunde gedruckt, und 4) der erste öffentliche
Druck der wesentlich gegen No. 3 nicht mehr veränderten Dichtung 1863.

Verträge gebunden, könnte er nur durch ein neues Unrecht das alte wieder gut machen, das von Alberich drohende Verderben abwenden. Deshalb muß er das, was er selbst nicht thun darf, durch einen menschlichen Helden vollbringen lassen, der »frei vom Göttergesetz«, selbst schuldlos, »alle Schuld auf sich selbst zu laden und zu büßen imstande ist«. Dieser Held ist eben Siegfried. Durch seinen Tod löst er den auf Göttern und Welt lastenden Fluch und, mit Brünnhilde vereint, zieht er in die entsühnte Götterburg ein, um dort an Wotans Seite himmlische Freuden zu genießen, — wie der Chor im Angesicht des brennenden Scheiterhaufens am Schlusse von »Siegfrieds Tod« singt:

>»Wotan! Wotan! Waltender Gott!
>Wotan, weihe den Brand!
>Brenne Held und Braut,
>brenne das treue Roß:
>daß wundenheil und rein,
>Allvaters freie Genossen,
>Walhall froh sie begrüßen
>zu ewiger Wonne vereint!«

Was diesen Wotan von dem des späteren »Ring« wesentlich unterscheidet, ist der Umstand, daß sein Wille von Anfang an unverändert auf dasselbe Ziel gerichtet bleibt: er will Macht und Herrschaft über die Welt zum Zweck eines allgütigen und allweisen Regimentes. Kann er diese Macht erringen nur durch ein Unrecht und gerät er dadurch in einen Konflikt mit dem Inhalt der von ihm selbst angestrebten Weltordnung, deren Absicht »sittliches Bewußtsein« ist (vergl. II, 157), so ist nun sein Wille darauf aus, dieses Unrecht zu sühnen und damit Alberichs Fluch unwirksam zu machen, was ihm auch vollkommen gelingt. Der Untergang seiner Herrschaft, vor dem ihn die Nornen warnten, wird verhütet, und Brünnhilde kann am Schlusse singen: »Nur Einer herrsche, Allvater, herrlicher, du!«

Es ist ersichtlich, daß die alleinige Ursache, durch die das erste Unrecht in die Welt kommt, Wotans Wille zur Macht ist, der seine Herrschaft einzig auf dem Wege des Unrechts erringen und erhalten kann. Soll somit dieses Unrecht wirklich getilgt werden und aus der Welt verschwinden, so kann dies radikal geschehen nur durch die vollständige Aufhebung seiner Ursache, d. h. eben von Wotans nach Macht begehrendem Willen. Ohne Zweifel war es das instinktive Gefühl des Dichters, welches den Meister, ohne daß er sich im mindesten begrifflich darüber klar geworden wäre, einsehen ließ, daß es, um das Unrecht, die Quelle aller irdischen Not, versiegen zu machen, nicht genüge seine Wirkungen zu zerstören, sondern daß es, um ganz und auf immer zu verschwinden, in seiner Ursache aufgehoben werden müsse. Es muß in Wotan selbst, dem Träger dieser Welt des Unrechts, eine Wandelung seines Willens vorgehen, infolge deren er nun das Gegenteil von dem will, was er bisher gewollt hatte, d. h. die Erlösung der Welt kann nicht von außen, sie muß von innen kommen. Mit der Anerkennung dieser Wahrheit hatte nun aber der Dichter Wagner einen der Grundpfeiler, auf dem die Weltanschauung des philosophierenden Theoretikers Wagner ruhte, umgestürzt. Der lehrte, wie wir gesehen haben, daß die Natur den Menschen zu einem ungetrübten, glücklichen und freudigen Dasein geschaffen habe, daß sein reinmenschliches Wesen nur wieder entdeckt zu werden brauche, um alle Menschen gleich glücklich und zufrieden zu machen, daß Alles, was diesem allgemeinen Menschenglücke im Wege stehe, nur äußerlich, daher nur von der Revolution zu zerstören und hinwegzufegen sei, um das ein seliges Erdendasein verbürgende reinmenschliche Ideal in schlackenloser Klarheit vor uns erstehen und Wirklichkeit werden zu lassen. Als aber der Dichter daran ging, den Ursprung jenes ersten Unrechtes aufzudecken, »aus dem eine ganze Welt des Unrechts entsteht, die deshalb zu Grunde geht, um uns eine Lehre zu geben, wie wir das Unrecht erkennen, seine Wurzel ausrotten, und eine rechtliche Welt an ihre Stelle gründen sollen«, — da entdeckte er mit jenem instinktiven Blicke für die Ἀνάγκη, der den echten Dramatiker auszeichnet, daß diese Welt des Unrechts ein natürliches Produkt, ein notwendiger Ausfluß des Willens ist, der ihren innersten Wesenskern ausmacht, daß die Welt erlösen nichts anderes heißt als sie vernichten, daß das Dasein unabwendbar leidvoll und tragisch sein muß, weil der Konflikt, welcher alles Elend im Grunde verursacht und die Realisierung des Ideals ewig unmöglich macht, nicht bloß relativ und partiell, sondern universal und absolut, nicht historisch, sondern metaphysisch, nicht phänomenal, sondern essentiell, daß mit einem Wort die Signatur, welche die Welt der Gegenwart trägt, nicht bloß eine zu überwindende »Phase der Weltentwickelung«, sondern »das Wesen der Welt selbst« kennzeichnet. (Vergl. den oben S. 125 angeführten Brief an Röckel.)

Dieser Konflikt nun selbst kommt in der Brust des Wotan zum Ausdruck in den zwei entgegengesetzten Trieben, in die des Gottes Wollen gespalten ist: in seinem Macht- und seinem Liebesbedürfnis. Indem er beidem nachjagt, der Liebe wie der Weltherrschaft, von denen eben keine allein und von der anderen getrennt ihm zu genügen, ihn ganz zu befriedigen vermag, verwickelt er sich in jene widerspruchsvollen Situationen und Leiden eines nach zwei verschiedenen Seiten mit gleicher Heftigkeit begehrenden Willens, aus denen ihm schließlich die Erkenntnis aufdämmert, daß für ihn nur eine Erlösung möglich und denkbar sei: das Ende. Dies führt er selbst herbei, indem sein Wille sich bricht, eine vollständige Umkehrung und Verneinung seines Wollens eintritt, eine totale Resignation, die ihn das vorher mit banger Sorge gefürchtete Herannahen der »Götterdämmerung«, des Endes der Götter und ihrer Herrschaft, als erwünschte Befreiung und Erlösung herbeisehnen läßt.

So sehr war diese fundamentale Umwälzung in Wagners Grundanschauungen vom Wesen der Welt unbewußt und unter einziger Leitung des künstlerischen Instinktes vor sich gegangen, daß er sich selbst nach Abschluß der Nibelungendichtung in ihrer definitiven Gestalt noch keineswegs begrifflich darüber klar war, daß eine solche fundamentale Revolution in seinem Denken stattgefunden habe, oder, mit anderen Worten, daß der Inhalt seiner ausgeführten Dichtung mit dem Optimismus seiner früheren theoretischen Schriften im Widerspruche sich befinde, und noch am 26. Januar 1854 versucht er in einem Briefe an seinen Freund Röckel eine ausführliche Deutung und Erläuterung der Nibelungen-Dramen aus den Voraussetzungen seiner Feuerbachianischen Philosophie, bei der trotz aller geistvollen, ja tiefsinnigen Einzelheiten auffallend bleibt, daß gerade der Hauptpunkt, auf den alles ankommt, gar nicht berührt wird:

wie nämlich die **Welterlösung**, welche die Götterdämmerung herbeiführt, dem Geiste und der Anlage der ganzen Dichtung nach gar nicht anders vorgestellt werden kann, denn als vollständige **Weltvernichtung**, wie nach den Vorgängen der Schlußkatastrophe keinerlei noch so ideale Form des Daseins mehr gedenkbar ist, die als positive Seite der Verneinung der zu Grunde gegangenen alten Welt anzusehen wäre. Was am Schlusse der Götterdämmerung übrig bleibt, ist in der That das **Nichts**, nämlich die Negation aller und jeder Art realen Daseins. Aber gerade das Gegenteil davon hatte ja — nach Wagners bewußter Absicht — seine Nibelungendichtung darthun sollen, nämlich die **Möglichkeit** einer Realisierung des Paradieses auf Erden, einer definitiven und restlosen Befriedigung der Ursehnsucht alles Menschenlebens innerhalb des irdischen Daseins. Es war ihm gegangen wie dem Kolumbus, der ausfuhr, den Seeweg nach Ostindien aufzufinden, und eine neue Welt entdeckte, er landete an einer Küste, die er zwar zunächst selbst noch für das beabsichtigte Ziel seiner Fahrt ansah, von der er aber — darin dem Kolumbus unähnlich — bald merkte, daß sie unter einem ganz anderen Himmelsstriche lag.

Diese Erkenntnis brachte ihm die Bekanntschaft mit der Philosophie **Arthur Schopenhauers**, der er — von Herwegh auf die innere Verwandtschaft seiner Nibelungendichtung mit dem Geiste dieses Philosophen aufmerksam gemacht — im Jahre 1854 zum erstenmale näher tritt. Er verschlingt die Werke des Denkers, er ist hingerissen und vollständig überzeugt. Nicht etwas Neues glaubt er zu vernehmen, sondern etwas seinem innersten Fühlen alt Vertrautes und Bekanntes. Es ist nicht anders: dieser Philosoph giebt seinem denkenden Bewußtsein die vollkommene Bestätigung dessen, was er sich als instinktiv schaffender und intuitiv gestaltender Künstler längst eingestanden hatte. Schopenhauer verschafft ihm die Begriffe für seine Anschauungen, hilft ihm zum Bewußtsein seines s. z. s. unbewußten Wissens, deutet ihm seine eigene Nibelungendichtung.

Denn Wagner hatte es nun an sich selbst erfahren, was er vom Künstler sagt: dieser selbst stehe »vor seinem Kunstwerke, wenn es wirklich ein solches ist, wie vor einem Rätsel ..., über das er in dieselben Täuschungen verfallen kann, wie der Andere«. (An Röckel, 23. August 1856.) Die Aufklärung dieses Irrtums, in dem sein Denken über sein eigenes Werk befangen war, verschaffte ihm die Schopenhauersche Philosophie. Ganz einleuchtend wird das, worin diese Aufklärung bestand, wenn wir den ursprünglichen Schluß der Götterdämmerung mit seiner späteren, von Schopenhauer beeinflußten Fassung vergleichen. Hier hatte der Meister anfänglich seine bewußte Absicht, die er mit der ganzen Dichtung des »Ring« zu verwirklichen glaubte, s. z. s. der Denker dem Dichter zum Trotz, wie er selbst sagt: »gewaltsam« zur Geltung gebracht, »und zwar — zum einzigsten Male — in der tendenziösen Schlußphrase, welche Brünnhilde an die Umstehenden richtet, und von der Verwerflichkeit des Besitzes ab, auf die einzig beseligende Liebe verweist«.

Warum diese Stelle ihm als unorganisches tendenziöses Anhängsel schließlich zu einer marternden Pein wurde, das kann dem Kenner der Schopenhauerschen Philosophie nicht lange verborgen bleiben: ist doch der Amor — und dieser kann doch allein unter der »Liebe« Brünnhildens verstanden werden — selbst ganz und gar der Unseligkeit des Willens zum Leben verfallen, dessen am höchsten gesteigerter Ausdruck er ist, untrennbar gebunden an den Egoismus des Besitzen- und Genießenwollens, also durchaus nicht ein dem Streben nach Gold und Macht absolut entgegengesetztes reines Princip, sondern mit diesem *eiusdem generis*, derselbe Wille zum Leben, allerdings in seiner lockendsten und verführerischsten Gestalt, — wie wir denn auch diese, angeblich allein beseligende Liebe — Wagners eigene Worte — »im Verlaufe des Mythos eigentlich doch als recht gründlich verheerend auftreten sahen«. »Es bedurfte wahrlich,« bekennt er weiterhin, »einer großen Umwälzung meiner Vernunftvorstellung, wie sie schließlich durch Schopenhauer bewirkt wurde, um mir den Grund meiner Pein aufzudecken, und mir zu meinem Gedichte den wirklich entsprechenden Schlußstein zu liefern, der in einer aufrichtigen Anerkennung des wahren tiefen Verhaltens der Dinge besteht, ohne im mindesten dabei tendenziös zu sein.«

Was Wagner mit seinem »Ring« zu verkünden anfänglich beabsichtigte, und wohin ihn sein unbewußter dichterischer Instinkt, gleichsam gegen seinen Willen, trieb, erhellt mit solcher Deutlichkeit aus der Konfrontierung der ersten Fassung der Schlußworte der Brünnhilde mit dem späteren Resumé, in dem der Dichter aus dem Geiste der Schopenhauerschen Philosophie heraus die Idee seines Dramas zusammenfaßte, daß ich mir nicht versagen kann, beide hier einander gegenüberzustellen:

I.

Ihr, blühenden Lebens
bleibend Geschlecht:
was ich nun euch melde,
merket es wohl!
Saht ihr vom zündenden Brand
Siegfried und Brünnhild verzehrt;
saht ihr des Rheines Töchter
zur Tiefe entführen den Ring:
nach Norden dann
blickt durch die Nacht:
erglänzt dort am Himmel
ein heiliges Glühen,
so wisset all' —
daß ihr Walhalls Ende gewahrt! —
Verging wie Hauch
der Götter Geschlecht,
laß' ohne Walter
die Welt ich zurück:
meines heiligsten Wissens Hort
weis' ich der Welt nun zu. —
Nicht Gut, nicht Gold,
noch göttliche Pracht;
nicht Haus, nicht Hof,
noch herrischer Prunk;
nicht trüber Verträge
trügender Bund,
nicht heuchelnder Sitte
hartes Gesetz:
selig in Lust und Leid
läßt — die Liebe nur sein. —

II.

Führ' ich nun nicht mehr nach Walhalls Feste,
wißt ihr, wohin ich fahre?
Aus Wunschheim zieh' ich fort,
Wahnheim flieh ich auf immer;
des ew'gen Werdens
offne Thore
schließ ich hinter mir zu:
nach dem wunsch- und wahnlos
heiligsten Wahlland,
der Welt-Wanderung Ziel,
von Wiedergeburt erlöst,
zieht nun die Wissende hin.
Alles Ew'gen
sel'ges Ende,
wißt ihr, wie ich's gewann?
Trauernder Liebe
tiefstes Leiden
schloß die Augen mir auf:
enden sah ich die Welt.*

---

* Auch diese Worte blieben bei der musikalischen Ausführung endlich weg. Wagner selbst begründet dies folgendermaßen: »Daß diese

Hier sieht man deutlich die Umwälzung, welche vor sich gegangen. In der ersten Fassung noch keine Andeutung von einem allgemeinen Weltuntergange (»ihr, blühenden Lebens bleibend Geschlecht!«), nur die Götter mit ihrer auf Verträge, Sitte und Gesetz (Willkür) gegründeten Herrschaft verschwinden, um einer neuen Weltordnung Platz zu machen, in welcher der Mensch einzig von der natürlichen, reinmenschlichen Gewalt der freien (unwillkürlichen), in der Gegenwart des sinnlichen Gefühls ihr ganzes Sein erschöpfenden, daher auch ewig wechselnden (vergl. den Brief an Röckel vom 25. Januar 1854) Liebe sich leiten lassen werden, um durch diese Anerkennung des immer Wechselnden als des einzig »Ewigen« (weil allein »Wirklichen«) (vergl. a. a. O.) diejenige Beseligung »in Lust und Leid« zu gewinnen, welcher sie unter der Herrschaft des die Zukunft willkürlich vorausbestimmenden Gedankens nicht hatten teilhaftig werden können. Wie anders die zweite Fassung! Auch hier ist der Liebe eine hohe Bedeutung zuerkannt, aber nicht als Zweck, sondern als Mittel. Die Liebe ist nicht mehr das allein selig Machende, sondern gerade kraft der aus ihrem Wesen mit Notwendigkeit entspringenden Leiden entzündet sie in der menschlichen Seele die Erkenntnis von der Nichtigkeit alles Seienden: »trauernder Liebe tiefstes Leiden schloß die Augen mir auf.« Die Liebe ist allerdings eine Gefühlsmacht, der welterlösende Kraft innewohnt, aber nicht ihr als solcher, dem natürlich-sinnlichen Liebesgefühl, sondern nur insofern, als dieses Gefühl die Wurzel ist, dem die Blüte der Befreiung von allem Erdenleid entkeimt, wenn es, durch die übermächtige Gewalt namenlosen Schmerzes hellsichtig geworden, sich selbst verneint. In der verschiedenen Bedeutung, welche der Liebe für die Erlösung der Welt nach den beiden aufeinanderfolgenden »Fassungen« der Idee des »Ring« zukommt, ist also schon jenes Problem eingeschlossen, welches das dramatische Grundmotiv von »Tristan und Isolde« bildet: die Frage nach dem Verhältnis zwischen *Amor* und *Caritas*, um es mit

Strophen, weil ihr Sinn in der Wirkung des musikalisch ertönenden Dramas bereits mit höchster Bestimmtheit ausgesprochen wird, bei der lebendigen Ausführung hinwegzufallen hatten, durfte schließlich dem Musiker nicht entgehen.«

einem aus Schopenhauer allgemein bekannten Terminus vorläufig ganz kurz und präcise zu bezeichnen.

»Tristan und Isolde«, »das eigentliche *opus metaphysicum* aller Kunst«, wie es Nietzsche einmal nennt (Richard Wagner in Bayreuth, S. 62), ist dasjenige der Wagnerschen Kunstwerke, in welchem nach allgemeiner Ansicht der Einfluß der Schopenhauerschen Philosophie auf das Fühlen und Denken des Künstlers am reinsten und ungetrübtesten zum Ausdruck gelangt. Dies kann natürlich nicht in dem Sinne verstanden werden, als ob Wagner sich eines schönen Tages hingesetzt habe, um »Die Welt als Wille und Vorstellung« in Musik zu setzen, sondern einzig so, wie überhaupt der Einfluß eines philosophischen Systems auf einen genialen, im tiefsten Grunde durchaus mit naiver Ursprünglichkeit und Unwillkür schaffenden Künstler zu denken ist, nämlich als in seinem innersten Wesen künstlerischer, d. h. anschaulicher und nicht begrifflicher, Niederschlag des seelischen Erlebnisses, welches die Lektüre Schopenhauers ohne Zweifel für Wagner bedeutete. Nun ist eine weitgehende Übereinstimmung der Weltanschauung des »Tristan« mit der Schopenhauerschen, und zwar eine größere als in allen anderen Werken des Meisters, schon deshalb zu präsumieren, weil dieses Drama, in dem Jahre, in welchem Wagner Schopenhauern kennen lernte (1854), concipiert, das einzige seiner späteren Werke ist, welches in einem Zuge ausgeführt und vollendet wurde und infolgedessen den frischen und ungetrübten Eindruck des Philosophen in seiner ursprünglichen Reinheit zum Ausdruck bringen konnte, noch ehe eine Reaktion der dem Schopenhauerschen Pessimismus heterogenen Seite von Wagners geistiger Natur hätte eintreten können. Darin, in der lückenlos geschlossenen Einheit dieses aus einem Gusse nicht nur, sondern, ich möchte sagen, in einem Atem niedergeschriebenen Werkes unterscheidet sich »Tristan« wesentlich vom »Ring«, der die Spuren seiner allmählichen, über eine lange Reihe von Jahren sich erstreckenden Ausführung — ähnlich dem Goetheschen »Faust« — deutlich an sich trägt.

Während so für die Dichtung des Ring eine gewisse Inkongruenz zwischen ursprünglicher Absicht und schließlicher Ausführung, ein Widerspruch zwischen dem, was der Dichter mit seinem Werke in tendenziöser Weise eigentlich hatte »beweisen« wollen, und dem, was sein Genius ihn, s. z. s. gegen seinen Willen, zu zeigen zwang, charakteristisch ist, herrscht im Tristan eine durchgängige und vollständige Übereinstimmung zwischen Bewußtsein und Unbewußtsein, zwischen ausgesprochener Absicht und instinktivem Müssen, wie sie für Wagner eben allererst möglich wurde, nachdem ihm das »Himmelsgeschenk« der Schopenhauerschen Philosophie zu Teil geworden war. Ich kann deshalb auch nicht mit Chamberlain übereinstimmen, wenn er eine grundsätzliche und tiefe Abweichung der im »Tristan« zu künstlerischem Ausdruck gelangenden Weltanschauung von der des großen Frankfurters annimmt. Denn selbst, wenn es wahr wäre, was dieser glänzende Autor auf S. 145 seines Wagner-Buches behauptet, Tristan und Isolde sei »die höchste Verherrlichung, die Apotheose des Willens zum Leben«, so involvierte das zwar einen Widerspruch mit der Ethik Schopenhauers, nicht aber mit seiner Philosophie schlechthin und überhaupt, d. h. seiner Anschauung vom Wesen der Welt, wie es ist, abgesehen von der Frage, wie es zu ändern wäre. Aber gerade diese Ansicht von »Tristan« als einer »Apotheose der Bejahung des Willens zum Leben« ist so grundverkehrt, daß Chamberlain selbst sie nur so durchzuführen vermag, daß er den Fortschritt der inneren Handlung in der Seele Tristans, den der dritte Akt gegenüber dem zweiten repräsentiert, einfach ignoriert. Der sogenannte »Liebesfluch«, in welchem Tristan sich selbst, seinen Willen und sein eigenes Sehnen, als den metaphysischen Grund und Träger alles Welten-Elendes und aller Erden-Not erkennt, in welchem der Held sich zur höchsten und letzten Erkenntnis emporschwingt, diese Stelle, die den Schlüssel zum Verständnis des ganzen Dramas enthält, und die der Meister selbst einmal »die Spitze der Pyramide« nennt, »bis zu welcher die tragische Tendenz dieses Tristan sich auftürmt« (VIII, 180), wird von Chamberlain auf den 16 dem »Tristan« gewidmeten Seiten seines Buches auch nicht einmal erwähnt!

Wenn Tristan und Isolde, wie Chamberlain meint, ganz in der Bejahung des Willens zum Leben befangen bleiben, dann ist der tragische Schluß des Wagnerschen Dramas im höheren Sinne gerade so zufällig, wie der von Shakespeares »*Romeo and*

Juliet«, welches Werk Chamberlain zur Vergleichung heranzieht. Denn dann brauchte der edle König, der von Brangäne »des Trankes Geheimnis« erfahren und nun, selig, den Freund frei von Schuld zu finden, herbeieilt, Isolden zu entsagen, sie »zuzuführen dem Freund«, — ich sage, er brauchte nur ein paar Minuten früher zu kommen, und Tristan wie Isolde würden zweifellos mit beiden Händen das glückliche Arrangement acceptieren. Aber beide wollen eben nicht ihrer Liebe leben — wenigstens im dritten Akt nicht mehr —, sondern sterben. Wenn das nun Bejahung des Willens zum Leben sein soll, so muß ich gestehen, daß sie der Schopenhauerschen Verneinung des Lebenswillens so ähnlich sieht, wie ein Ei dem anderen. Noch einmal bäumt sich freilich in Tristan, als er siech auf seinem Schmerzenslager liegt, der Wille zum Leben mächtig auf, außer stande zu leben wie zu sterben leidet er die furchtbarsten Qualen der Sehnsucht, die sich ihm in dem Namen Isolde zusammenfaßt. Aber immer tiefer dringt nun sein Blick in den Grund seines Leidens und immer verklärter und dem Leben abgewendeter wird der Inhalt seiner Sehnsucht, bis ihm dann schließlich »seine« Isolde gar nicht mehr das konkrete irdische Weib ist, das er leibhaftig wiedersehen will, sondern ein göttliches Phantasiegebilde, das Symbol des ersehnten Todes, der Erlösung selbst. Die Isolde, welche nun wirklich auf der Bühne erscheint, die kann ihm ja gar nicht das bringen, was er einzig noch ersehnt, sie könnte ihn nur wieder in das verfluchte Leben mit all seiner ungestillten Liebesqual zurückführen. Darum, weil er dem Leben und der nach dem sinnlichen Besitze der Geliebten sich sehnenden Liebe wirklich und endgültig abgesagt hat, muß er auch Isolden um das »einz'ge ewig-kurze letzte Welten-Glück« des Wiedersehens betrügen und gerade mit dem Aufreißen der Wunde, das ich durchaus nicht als eine sinnlose That des Fieberwahnsinns auffasse, vollzieht er den Akt der Verneinung des Willens zum Leben, schließt er definitiv und zum letztenmale das Thor des Lebens hinter sich zu, — und an der Leiche ihres Helden verklärt sich dann auch die Sehnsucht Isoldens zum Wollen nicht mehr des Liebes-lebens, sondern des Liebes-todes. Daß dieser Liebestod nun in den Worten der Dichtung pantheistisch als ein Aufgehen in des

»Weltatems wehendem All« nicht nihilistisch als ein Erlöschen alles Lebens im Nirwana gefaßt wird, kann doch höchstens — wie auch das letzte Auftauchen des »Sehnsuchtsmotives« im Orchester, Kl. Ausz. S. 260, Z. 3—4 — so gedeutet werden, daß Wagner damit habe anerkennen wollen, wie eine absolute und restlose Verneinung des Willens zum Leben trotz alles Strebens danach eben faktisch unmöglich ist, wie die Erlösung immer nur für das einzelne Individuum, nicht aber für das Ganze, also in gewissem Sinne nur für die Existentia, nicht aber auch für die Essentia des Willens zum Leben zu erreichen ist, — ein Zugeständnis an den absoluten Pessimismus, das allerdings wieder einmal beweisen würde, wie ungleich tiefer der Blick des genialen Künstlers in die Tiefen des Seins hinabdringt, als die Analyse des scharfsinnigsten Philosophen; aber doch nicht gut eine »Verherrlichung und Apotheose der Bejahung des Willens zum Leben« genannt werden kann.*

Doch dieses Hinausgehen über Schopenhauer möge dahingestellt bleiben. Dagegen ist ein anderer Punkt in diesem Zusammenhange zu berühren, nämlich die Modifikation, welche die Auffassung vom Wesen des Amor bei Wagner der Schopenhauerschen Metaphysik der Geschlechtsliebe gegenüber enthält. Wagner hat sich darüber selbst in einem wohl aus dem Jahre 1857 stammenden unvollendeten und nicht abgeschickten Brieffragmente an Schopenhauer ausgesprochen. So kurz dasselbe ist, bezeichnet es doch deutlich den Punkt, auf den es dem Meister ankam. Es lautet folgendermaßen:

»Endlich hat jedes Jahr auch einen oder den anderen Fall von gemeinschaftlichem Selbstmord eines liebenden, aber durch äußere Umstände verhinderten Paares aufzuweisen; wobei mir inzwischen unerklärlich bleibt, wie die, welche beiderseitiger Liebe gewiß, im Genusse dieser die höchste Seligkeit zu finden erwarten, nicht lieber durch die äußersten Schritte sich allen Verhältnissen entziehen und jedes Ungemach erdulden, als daß sie mit dem Leben ein Glück aufgeben, über welches hinaus ihnen kein größeres denkbar ist.« (Schopenhauer, Werke, Reclam II, 625.)

---

* Vergl. meinen »Widerspruch in der Musik« S. 96.

»Es reizt mich,« fährt Wagner nach Anführung dieser Stelle fort, »anzunehmen, daß Sie hiervon wirklich keine Erklärung gefunden hätten, weil es mir schmeichelt, an einen solchen Punkt anzuknüpfen, um Ihnen eine Anschauung mitzuteilen, in der sich mir selbst in der Anlage der Geschlechtsliebe ein Heilsweg zur Selbsterkenntnis und Selbstverneinung des Willens, und zwar nicht etwa nur des individuellen Willens darstellt. Sie einzig geben mir das Material der Begriffe, durch die meine Anschauung auf philosophischem Wege mitteilbar wird, und versuche ich mich darüber deutlich zu machen, so geschieht es nur im Vertrauen auf das durch Sie Erlernte. Sehen Sie es auch meiner Ungeübtheit, vielleicht auch Unbegabtheit zur Dialektik nach, wenn es nur auf Umwegen, und namentlich erst durch Darstellung der vollkommensten und höchsten Erscheinung der von mir gemeinten Willensentscheidung, zur Erklärung des von Ihnen angezogenen Falles gelangt, den ich eben nur als einen unvollkommenen und niederen Grad jener verstehen kann.« (Bayreuther Blätter, 1886, S. 101.)

Daß sich dieser Versuch, dem heikeln Probleme, welches Schopenhauer zuerst philosophisch anzufassen den nicht hoch genug zu preisenden Mut gehabt hat, auf den Grund zu kommen, bei Wagner im Anschluß an die Dichtung des »Tristan« entwickelt haben muß, steht außer allem Zweifel. Ja, beim näheren Zusehen kann uns nicht entgehen, daß der in dem Brieffragmente angedeutete Gedanke mit der dichterischen Grundidee der erschütterndsten Liebestragödie der gesamten Weltlitteratur geradezu identisch ist. Im Tristan erleben wir, wie die zunächst auf sinnlichen Besitz gerichtete Liebessehnsucht sich immer mehr läutert und verklärt, bis sie nach erfolgter Selbsterkenntnis in ihr Gegenteil umschlägt, sich selbst verneint und aufhebt. Eine solche Verklärung der Liebessehnsucht, meint nun Wagner in dem Fragmente, ist nur dann denkbar, wenn schon »in der Anlage der Geschlechtsliebe« ein Element enthalten ist, das sie selbst unter Umständen als »einen Heilsweg zur Selbsterkenntnis und Selbstverneinung des Willens« erscheinen läßt; d. h. mit anderen Worten: schon im reinen Amor muß ein keimhaftes Moment der Willensverneinung vorhanden sein, welches zunächst als Sehnsucht nach Aufgeben und Aufgehen der eigenen Individualität in einer fremden, des Ich in dem geliebten Du, wie sie von Dichtern aller Zeiten — am reflektiertesten von Rückert — so oft besungen ward, ganz unmittelbar neben der Bejahung des Willens im sinnlichen Liebesgenuß zur Geltung kommt. Jene geistige und mystische Seite des Eros, die seit den Tagen des Platonischen Symposion von tiefer dringenden Denkern immer wieder betont wurde, ist durchaus nicht bloß eingebildetes Produkt einer hyperromantischen Verstiegenheit und sentimentalen Unnatur, sie ist faktisch vorhanden, — und wie die Geschlechtsliebe überhaupt den Charakter des Lebens als seine reifste und vollste Blüte am reinsten und deutlichsten ausprägt, s. z. s. als Paradigma des Willens zum Leben, so ist auch die widerspruchsvolle (»realdialektische«) Natur des Lebenswillens, derzufolge er seinen eigenen Inhalt gleichzeitig sowohl bejaht als auch verneint, Affirmation und Negation des Seins in einem ist, aus dem Wesen der sexuellen Liebe am hellsten einleuchtend. Sind nun im Amor, da wo er ganz naiv und ungebrochen auftritt, seine beiden Seiten, von denen die eine den Weg zur »Hölle«, die andere den zum »Himmel« weist, gleichmäßig angelegt, so ergiebt sich daraus die Möglichkeit für ihn, sich nach zwei ganz verschiedenen Seiten hin zu entwickeln. Wie jenes ideale und den individuellen Willen verneinende Moment ganz zurücktreten und die nackte Ich-sucht übrig bleiben kann — man erinnere sich an verbrecherische Handlungen, wie *stuprum violentum* eines wahnsinnig Verliebten —, so ist es umgekehrt auch möglich, daß das in der Geschlechtsliebe potentiell präformierte Element der Willensverneinung die Oberhand gewinnen und der Knospe des Amor die Blüte der Caritas entkeimen zu lassen vermag.

Es ist interessant, daß fast zur selben Zeit, als Wagner damit umging, sich Schopenhauern gegenüber zur Sache der Metaphysik der Geschlechtsliebe brieflich zu äußern, Julius Bahnsen, der geniale Metaphysiker der Schopenhauerschen Schule, wirklich an den Frankfurter Einsiedler genau in demselben Sinne schrieb: »Der *amor* kann sich zur *caritas* verklären und widerstreitet schon darum nicht unbedingt den Motiven der Selbstverneinung,* — und den gleichen Gedanken, nur etwas vorsichtiger ausgedrückt, finden wir bei Schopenhauer selbst in der Stelle des Nachlasses (Reclam, IV, 302): »*Caritas* und *amor* haben ganz in der Tiefe eine gemeinschaftliche Wurzel,« ein Ausspruch, den man dem Wagnerschen »Tristan« geradezu als Motto vorsetzen könnte. Denn unter der »vollkommensten und höchsten Erscheinung« der von ihm gemeinten Willensentscheidung, die Wagner zur Erklärung des gemeinen Selbstmordes aus unbefriedigter Liebessehnsucht (in dem Brieffragmente) verwenden will, ist nichts anderes zu verstehen, als das Tristan-Problem selbst.

Soviel möge genügen um zu zeigen, daß ohne Heranziehung des Einflusses der Schopenhauerschen Philosophie auf Wagner eine tiefere Erfassung des »Tristan« unmöglich ist, wie denn auch fraglos ohne diesen Einfluß der Tristan, den wir heute besitzen, gar nicht entstanden wäre, — d. h. nur der Schopenhauerianer Wagner konnte der eigenen Lebenserfahrung, welche ihm die nächste und persönliche Anregung zu dieser leidenschaftdurchglühten Liebestragödie gab, gerade diese reife künstlerische Ernte abgewinnen, ja es kann zweifelhaft erscheinen, ob er jenen Sturm, der ihn in jenen Tagen selbst dem »Liebestode« nahebrachte, überhaupt hätte überstehen können, wenn ihm Schopenhauer nicht als Paraklet zur Seite gestanden hätte.

Schließlich darf man ja auch das nicht vergessen, wenn es auch verkehrt wäre, zuviel Aufhebens davon zu machen: die äußeren Lebensumstände, in denen sich Wagner damals befand, als er Schopenhauern zuerst kennen lernte, waren überaus dazu angethan, gerade einer pessimistischen Weltanschauung den Sieg über sein Fühlen und Denken ungemein zu erleichtern. Die Hoffnung auf die Revolution war der letzte dünne Strohhalm, an den er sich, wie ein Ertrinkender, in seiner Verzweiflung angeklammert hatte; selbst noch nach der Dresdener Katastrophe hatte er erwartet, daß wenigstens in Frankreich über kurz oder lang die Dinge sich zum Guten, in seinem Sinne, wenden müßten. So knüpfte er z. B. ganz specielle, ja materielle Hoffnungen an den bestimmt von ihm erwarteten Eintritt dieses

---

* Julius Bahnsen, Beiträge zur Charakterologie, II, 25.

Ereignisses, wenn er seinem Freunde Uhlig u. a. einmal schreibt: »Geht mir das Geld zu früh aus, so hoffe ich mit Sicherheit auf einen anderen Beistand, das ist die sociale Republik, die früher oder später in Frankreich unvermeidlich und unausbleiblich ist: tritt sie ein, nun dann stehe ich für sie fertig da und habe ihr in der Kunst tüchtig vorgearbeitet« (Briefe an Uhlig etc. S. 20).

Je weiter nun die Fluten der 49er Bewegung zurückebbten und die politische Strömung auch in Frankreich ruhig wieder in ihr altes Bett zurückkehrte, desto trostloser mußte die Situation des verbannten Künstlers werden, der, seiner ganzen Natur nach darauf angelegt, nach außen zu wirken, und, weit davon entfernt, mit der stillen Freude des Schaffens selbst sich begnügen zu können, erst in der Hingabe und Mitteilung seines Wirkens an die Allgemeinheit sich befriedigt fühlen durfte. Die letzte Hoffnung, welche er in dieser Beziehung gehegt hatte, sah er sich nun entschwinden. Die Existenzsorgen, die nachgerade chronisch werdende Geldnot, das war noch das Allerwenigste. Aber dazusitzen, eine Partitur nach der anderen zu vollenden, ohne irgend eine Möglichkeit, sie lebendig aufgeführt und dargestellt sehen und hören zu können, mit einem Kopfe voll neuer fruchtbarer Ideen, die geeignet waren, der Kunst eine gänzlich veränderte, edle und ihrer würdige Stellung im modernen Leben zu geben, dazu verurteilt zu sein, auch nicht einmal Versuche zur Realisierung seiner Ideale mehr unternehmen zu können, das mußte zur namenlosen Pein werden für einen Mann, der die Ruhe Zeit seines Lebens nur als sehnsüchtigen Wunsch, nicht aber jemals auch als thatsächlichen Besitz gekannt hatte.

Freilich alle diese und noch bitterere Erfahrungen und Erlebnisse hätten den Meister nicht zum Pessimisten machen können, wenn er es nicht in einem gewissen Sinne von Anfang an gewesen wäre, d. h. wenn es nicht seine Naturanlage schon mit sich gebracht hätte, Welt und Leben ernst zu nehmen, durch keine wahnvolle Illusion sich über das wahre Wesen der Dinge täuschen zu lassen. Das erhellt ja schon daraus, daß Wagner Tragöde im höchsten Sinne des Wortes von jeher gewesen und auch immer geblieben ist — trotz der »Meistersinger«, welche hiergegen nicht nur deshalb nicht angeführt werden können, weil bereits der Platonische Sokrates sagt: τοῦ αὐτοῦ ἀνδρὸς εἶναι κωμῳδίαν καὶ τραγῳδίαν ἐπίστασθαι ποιεῖν (*eiusdem viri esse tragoediam comoediamqne componere, Conviv. in fine*), sondern vor allem deshalb, weil gerade das Hans Sachs-Drama mit seiner dichterischen Grundidee auf einer durchaus pessimistischen Weltanschauung ruht.

Wenn aber Wagner von der ihm durch Schopenhauer zur unumstößlichen Gewißheit eines Axioms erhobenen Überzeugung der durchaus leidensvollen und tragischen Beschaffenheit der Welt jetzt auf seine früheren künstlerischen Schöpfungen zurückblickte, so mußte es ihm auffallen, wie sehr der in ihnen zum Ausdruck gelangende geistige Gehalt mit dem Pessimismus seines jetzigen philosophischen Standpunktes, wie wenig dagegen mit dem Optimismus seiner durch Feuerbach beeinflußten früheren Theorieen übereinstimme. »Die Periode,« schreibt er am 23. August 1856 an Röckel, »seit der ich aus meiner inneren Anschauung schuf, begann mit dem Fliegenden Holländer; Tannhäuser und Lohengrin folgten, und wenn in ihnen ein poetischer Grundzug ausgedrückt ist, so ist es die hohe Tragik der Entsagung, der wohlmotivierten, endlich notwendig eintretenden, einzig erlösenden Verneinung des Willens. Dieser tiefe Zug ist es, der meiner Dichtung, meiner Musik die Weihe gab, ohne die alles wirklich Ergreifende, was sie ausübte, ihnen nicht zu eigen werden konnte. Nun ist nichts auffallender, als daß ich mit allen meinen der Spekulation und der Bewältigung des Lebensverständnisses zugewandten Begriffen der dort zu Grunde liegenden Anschauung direkt entgegenarbeitete. Wo ich als Künstler mit so zwingender Sicherheit anschaute, daß alle meine Gestaltungen dadurch bestimmt wurden, suchte ich als Philosoph mir eine durchaus entgegengesetzte Erklärung der Welt zu verschaffen, die, mit höchster Gewaltsamkeit aufrecht erhalten, von meiner unwillkürlichen, rein objektiven, künstlerischen Anschauung zu meiner eigenen Verwunderung, immer vollständig wieder über den Haufen geworfen wurde.« Je mehr ihm dieser Widerspruch zwischen dem Geiste seines künstlerischen Schaffens und den Resultaten seines spekulativen Denkens, wie es uns in den großen theoretischen Schriften der

Jahre 1849/51 entgegentritt, klar wurde, desto mehr verloren diese für ihn an Wert, während gerade seine künstlerischen Schöpfungen ihm jetzt in einem ganz neuen Lichte erschienen, nämlich als eine unbewußte, rein intuitive Anticipation der Wahrheit des Pessimismus, wie sie seinem bewußten Denken erst durch Schopenhauer aufging. Sein früheres Philosophieren erschien ihm nun geradezu als ein Irrtum, eine Täuschung, in die er durch fremde Einflüsse, in erster Linie durch die unbedachte und unkritische Rezeption Feuerbachscher Philosopheme geraten sei, als ein Widerspruch mit dem innersten Wesen seiner geistigen Persönlichkeit, die sich einzig in seinen rein künstlerischen Offenbarungen bisher klar und ungetrübt geäußert hätte.

Mögen wir nun diesen »philosophischen Optimismus« Wagners, der ihn im Gegensatz zu seinem »künstlerischen Pessimismus« auf eine restlose Verwirklichung des Menschheitsideals durch bloße Hinwegräumung der ihm im Wege stehenden äußerlichen Hindernisse hoffen ließ, immerhin mit ihm selbst als Irrtum und Verirrung betrachten, — dies eine dürfen wir nicht vergessen, wenn wir das hier vorliegende charakterologische Problem wirklich erfassen wollen: dieser Irrtum war keineswegs ein rein zufälliger und bloß äußerlicher, eine einfache Täuschung des Intellektes, die dem im philosophischen Denken unbewanderten, einzig in der Region der künstlerischen Anschauung sich völlig zu Hause fühlenden Dichter etwa nur infolge eben dieser seiner »Unbegabtheit für die Dialektik« passiert wäre. Vielmehr müssen wir diese »Verirrung«, wenn wir den Widerspruch zwischen dem Schauen des Künstlers und dem Denken des Philosophen überhaupt so nennen wollen, als etwas durchaus Notwendiges, mit natürlicher Konsequenz aus der geistigen Individualität Wagners Entspringendes ansehen. Um diese Notwendigkeit zu begreifen, brauchen wir uns nur an das zu erinnern, was im 3. Kapitel über den eigentümlichen Charakter des Meisters gesagt worden ist, dessen tiefstes Wesen wir darin zu erkennen glaubten, daß seine Psyche, dem Diesseits wie dem Jenseits, dem Realen wie dem Idealen, dem Sinnlichen wie dem Geistigen, gleicherweise und mit gleich starker Energie zugekehrt, weder an der unvollkommenen Wirklichkeit der Welt, wie sie ist, noch an der reinen Gedanklichkeit eines bloß innerlich geschauten und geahnten Ideals ihr Genüge finden konnte, vielmehr durch diese ihre Doppelnatur gezwungen wurde, erst bei dem restlos Wirklichkeit gewordenen Ideale, bei einer mit dem Ziele der idealen Sehnsucht vollkommen in Übereinstimmung befindlichen Realität sich beruhigen zu können, und deshalb in Ausübung eines **praktischen Idealismus** die Versöhnung von Ideal und Wirklichkeit, die Idealisierung des Realen und die Realisierung des Idealen sich zur ersten und obersten Lebensaufgabe machen mußte. Als nun Wagnern zum erstenmale der absolute und durch keinerlei reformatorisches Wirken aufzuhebende Widerspruch des künstlerischen, politischen und socialen Lebens der Gegenwart mit dem in seiner Seele wohnenden Ideale mit bewußter Klarheit aufging, was war da natürlicher, als daß der daseinsfrohe und energische Wille des Künstlers seinen Intellekt zunächst übersehen ließ, wie jener Konflikt ein ewiger und notwendiger, aus der Natur des Welt- und Menschenwesens selbst fließender ist, daß er sich sagte: In mir lebt die ideale Sehnsucht als eine reale Thatsache des Gemüts, — warum sollte dies nicht auch in den Seelen aller anderen Menschen, die meine Liebe als meinesgleichen umfaßt, ebenso der Fall sein? Also sind Ideal und Wirklichkeit keine absoluten Gegensätze, sondern beide sind im Grunde und in ihrem innersten Wesen identisch, das Ideal meiner künstlerischen und menschlichen Sehnsucht ist nichts anderes als der reine und ungetrübte Ausdruck des in mir lebendigen natürlichen Wesens des Menschen, des Reinmenschlichen, und daß überhaupt die Gegenwart unter einem Konflikte zwischen Ideal und Wirklichkeit leidet, rührt einzig daher, daß der Mensch, in einem Irrtum über sein wahres und eigentliches Wesen befangen, einem naturwidrigen und deshalb unrealisierbaren Ideale nachgestrebt und damit die Erreichung des in seinem Wesen selbst angelegten, von der Natur ihm bestimmten Ideals verfehlt hat. Eine einfache und logisch unausweichbare Konsequenz dieser Prämissen war es nun, daß einerseits die Detailausmalung des reinmenschlichen Ideals in jener Periode, wo Wagner an eine Verwirklichung desselben auf dem Wege der natürlichen und notwendigen Entwickelung glaubte, durchaus in naturalistischem und sensualistischem Sinne ausfiel, — wobei allerdings nicht außer acht gelassen werden darf, daß eine im eminentesten Sinne des Wortes so ungemein wahrhaftige Natur, wie die Wagners, unmöglich auf dem Wege logischer Folgerungen allein zur Aufstellung eines die freie Liebe als höchste Lebensbethätigung des Menschen proklamierenden und das durch keinerlei »Sollen« gehemmte anarchische Ausleben aller dem Individuum von der Natur eingepflanzten sinnlichen wie geistigen Triebe als einzige Forderung reinmenschlicher Sittlichkeit postulierenden Ideals hätte gelangen können, wenn nicht eine glühende, leidenschaftliche Sinnlichkeit von ungebändigter Kraft einen integrierenden Bestandteil seiner eigenen Individualität gebildet hätte, — wie andererseits aus eben jenen Voraussetzungen mit der gleichen Notwendigkeit folgt, daß Wagner, solange er von der wesentlichen Identität seines Ideals mit dem natürlichen Wesen der Menschheit überzeugt war, unmöglich die Ansicht vertreten konnte, daß ideales Streben etwas sei, was einzelne Individuen vor ihren wesentlich anders und niedriger gearteten Mitmenschen auszeichne, wodurch sie sich über die triviale und banausische Masse der gewöhnlichen Menschheit zu etwas Übermenschlichem erhüben, daß er vielmehr die Not des Genies als eine allgemeine Not, als die Not des Volkes, der ganzen Menschheit ansehen, des Glaubens sein mußte, daß im Künstler nur jene Sehnsucht zum Bewußtsein gelange, welche unbewußt in der Seele jedes Menschen wohne, ein Glaube, von dem seine tiefe und unerschütterliche allgemeine Menschenliebe, sein jedes Menschenleid als eigenen persönlichen Schmerz empfindendes, mitleidsvolles Herz sich erst nach bittersten Erfahrungen und herbsten Enttäuschungen zu emancipieren vermochte.

Eine Natur, wie die Wagners, konnte nur leben, solange sie hoffte, seinem innersten Wesen nach außer stande, sich bei dem Laufe der Welt, wie er nun einmal ist, resignierend zu beruhigen, noch auch an der reinen Innerlichkeit eines unverwirklichten Ideals sein Genüge zu finden, war die Hoffnung auf die Realisierbarkeit des Ideals, der Glaube an die Möglichkeit einer Versöhnung von Ideal und Wirklichkeit für ihn *conditio sine qua non* seiner Existenz, die eben in dem Streben nach Verwirklichung seines künstlerischen und menschlichen Ideals ihren einzigen Inhalt hatte und deshalb in nichts hätte zerfallen müssen, wenn ihm die Aussicht auf die Möglichkeit eines solchen Strebens definitiv und endgültig geraubt worden wäre. Darum konnte auch Wagner unmöglich bei dem absoluten Pessimismus Schopenhauers stehen bleiben, der für die Realisierung des Ideals einzig die negative Formel der »Verneinung des Willens zum Leben«, der vollständigen Aufhebung des metaphysischen Trägers der Welt, des Aufgehens alles Wollens im Nirwana, im Nicht-sein gefunden hatte. Wie wir im Folgenden sehen werden, wird die geistige Entwickelung des Meisters in der Periode von seinem Bekanntwerden mit der Lehre Schopenhauers bis zu seinem Tode geradezu durch ein allmähliches Zurücklenken zu einem bedingten Optimismus, zu einem Kompromisse zwischen Pessimismus und Optimismus, zu einer Versöhnung seines Kopfes, der immer pessimistisch blieb, mit seinem Herzen, das von Glaube und Hoffnung nicht lassen konnte, charakterisiert, wie die in der Ausführung der Dichtung des »Ring« kulminierende Entwickelung von Feuerbach zu Schopenhauer als Übergang von einem prinzipiellen Optimismus, der einzig in seinem Urteile über die Beschaffenheit der Welt der Gegenwart sich die pessimistische Wahrheit bereits eingestanden hatte, zu einem unbedingten und universalen Pessimismus sich kennzeichnet. Denn das kann nicht bestritten werden, daß es einen Moment gab, wo Wagner auch in Beziehung auf die einzig mögliche Art der Erlösung aus der Not des Lebens sich mit Schopenhauer durchaus in Übereinstimmung befand. Aber so verkehrt es ist, das, was Wagner bei Schopenhauer anzog, allein oder auch nur vorzugsweise in jenen mehr nebensächlichen, zum Teil sogar bloß episodischen Elementen des Schopenhauerschen Denkens zu suchen, wie wir sie z. B. in dem Betonen der Priorität und Superiorität des anschaulichen und konkreten Erkennens vor dem begrifflichen und abstrakten Denken, in der Sonderstellung der Musik als einer von den übrigen Künsten specifisch verschiedenen Kunst u. a. m. bei dem großen Philosophen finden, — und so entschieden betont werden muß, daß gerade die pessimistische Grundansicht, die Überzeugung von der Notwendigkeit des Leidens als eines unmittelbaren Ausflusses des Wesens der Welt und von der Unlösbarkeit des widerspruchsvollen Konfliktes zwischen Ideal und Wirklichkeit innerhalb und auf dem Boden des realen Seins es war, was den Meister mit der Macht einer höheren Offenbarung ergriff und zur widerstandslosen Gefolgschaft in den Ideenkreis Schopenhauers bannte, so muß doch auch wieder gesagt werden, daß die kritik- und vorbehaltslose Acceptierung des Schopenhauerschen Pessimismus nur einen Durchgangspunkt, einen rasch vorübergehenden Moment in der Geschichte des Wagnerschen Geistes bildet, daß er zu dieser Zeit, wo nur eine Hoffnung noch in ihm lebte, die auf einen baldigen Tod (vergl. Briefwechsel mit Liszt II, 46), geradeso, nur nach einer anderen Richtung hin, seinem eigenen innersten Wesen infolge einer äußeren Beeinflussung entfremdet war, wie damals, als er sich den Ideen Feuerbachs gänzlich gefangen gegeben hatte. War es zu jener Zeit ein seinem kühnen Wollen, seiner daseins- und thatenfreudigen Energie wie seiner glühenden Sinnlichkeit gleicherweise schmeichelnder Optimismus, welcher die eine, dem Diesseits und dem sinnlich-behaglichen Lebensgenusse zugekehrte Seite seiner Natur einseitig und auf Kosten ihres Antagonisten in seinem theoretischen Denken zum Übergewicht gelangen ließ, so war es nun ein seine Erfahrungen und Erlebnisse bestätigender und erklärender absoluter Pessimismus, der ihn eine Zeitlang glauben machte, es könne jemals in ihm die ideale, dem Diesseits der wirklichen Welt abgewandte und einem überirdischen Jenseits zugekehrte Seite seiner Seele die andere ganz besiegen, sich und ihre ideale Sehnsucht dem ihn an die Erde fesselnden und auf ihr festhaltenden Triebe zum Trotz durchsetzen, ein pessimistisch-asketisches Ideal für ihn zwingende Gemütskraft gewinnen. Das war ebenso ein Irrtum wie der naturalistische Sensualismus der Feuerbachschen Periode, die in dieser Beziehung gewissermaßen den entgegengesetzten Pol zu der Epoche Schopenhauer repräsentiert. Wollte der Künstler weiterleben und, was für ihn damit gleichbedeutend war, weiterwirken, so mußte er, nachdem er bald eingesehen hatte, daß ihm das von Schopenhauer aufgestellte sittliche Ideal des asketischen Heiligen unerreichbar sei (vergl. den Brief an Röckel vom 23. August 1856), einen Ausweg aus dem absoluten

Pessimismus suchen, s. z. s. eine Synthese der Antithese Feuerbach-Schopenhauer, wie wir sie ihn während der letzten Periode seines Lebens anstreben sehen.

Wenn wir nun mit Rücksicht auf jene im 2. Kapitel aufgestellten drei Gesichtspunkte den Umschwung, welchen die Philosophie Schopenhauers im Denken Wagners bewirkte, auf seine Bedeutung prüfen wollen und uns fragen: welche Veränderungen hat die Wagnersche Weltanschauung durchgemacht 1) in Bezug auf die Formulierung des ihr zu Grunde liegenden Ideals, 2) in Ansehung des Verhältnisses dieses Ideals zur realen Welt und 3) in Betreff des Glaubens an die Möglichkeit einer vollkommenen, oder auch partiellen Verwirklichung des Ideals, — so können wir sagen, daß die definitive Festsetzung des ersten Punktes für die sogenannte Feuerbachsche Periode charakteristisch ist. Nachdem das Reinmenschliche einmal als oberstes Ideal anerkannt ist, bleibt es unverändert in dieser Stellung.* Zwar verliert es im Laufe der geistigen Entwickelung Wagners etwas von der forciert naturalistischen und sinnlichen Färbung, die es unter dem Einflusse Feuerbachs angenommen hatte, die Meinung, daß ein freies Ausleben aller dem Menschen eingepflanzten natürlichen Triebe von selbst zu einer Verwirklichung des reinmenschlichen Ideals führen müsse, wird durch Schopenhauer gründlich alteriert, aber trotzdem bleibt im großen Ganzen das Ziel dasselbe: nämlich ein Zustand, in welchem die Natur des Menschen mit seiner idealen Sehnsucht nicht mehr im Widerspruch sich befände, und noch am 31. Januar 1883,

---

* Das gilt namentlich auch von Wagners künstlerischem Ideal, das, einmal erfaßt, unverändert festgehalten wird, wie denn überhaupt die Kunstlehre Wagners von allen seinen theoretischen Meinungsäußerungen auch äußerlich die wenigsten Wandlungen aufweist, — es müßte denn sein, daß man darauf besonderen Wert legen wollte, daß der Meister, nachdem er durch Schopenhauer für die eximierte Stellung der Musik innerhalb des Kreises der Künste die philosophische Formel gefunden hatte, diese Sonderstellung der Tonkunst nun auch stärker und entschiedener betont und ausgiebiger zur Begründung der Theorie des Worttondramas heranzieht, als ihm dies früher möglich gewesen war (vergl. namentlich die Schrift über »Beethoven«). Aber eine prinzipielle Änderung der kunsttheoretischen Anschauungen Wagners kann ich (im Gegensatz zu Hugo Dinger) darin nicht finden.

d. h. also 14 Tage vor seinem Tode, formuliert Wagner den Inhalt seiner regeneratorischen Bestrebungen in der Forderung, es sei »das Reinmenschliche mit dem ewig Natürlichen in harmonischer Übereinstimmung zu erhalten« (X, 322).

Dagegen tritt die Hauptumwälzung in Beziehung auf den zweiten Punkt ein. Hatte Wagner früher angenommen, daß einzig das Leben der Gegenwart zu seinem Ideale des Reinmenschlichen in unvereinbarem Gegensatz stehe, daß dies aber ebensowenig von dem Leben der Vergangenheit als von dem der Zukunft gelte, daß es vielmehr nur einer Revolution, einer gewaltsamen Umwälzung und Zerstörung alles Bestehenden bedürfe, um das Ideal ganz von selbst zu lebendigem Dasein erstehen zu lassen, wurde er nun von Schopenhauer darüber belehrt, daß der Konflikt zwischen Ideal und Wirklichkeit ein ewiger und absoluter, aus der Natur des Menschen, wie sie uns aus dem Leben der Gegenwart und den historischen Zeugnissen der Vergangenheit einzig erkennbar vorliegt, selbst mit unentrinnbarer Notwendigkeit fließender ist. Sollte nun trotzdem die Möglichkeit einer Lösung dieses Konfliktes und einer Befreiung des Menschen von dem auf ihm lastenden Fluche gewahrt bleiben, so war das eine klar: mit einer bloß äußerlichen Veränderung der Zustände und Verhältnisse, der Umgebung des Menschen war gar nichts erreicht; vielmehr konnte das Heil einzig von innen kommen, nämlich aus einer gründlichen seelischen Umwandlung der menschlichen Natur selbst. Das war der Hauptgewinn, den das Wagnersche Denken aus der Philosophie Schopenhauers zog: der Kern des Erlösungsproblems wurde von außen nach innen verlegt, wurde aus einer politischen und socialen eine ethische Frage, und diesen Standpunkt, daß die Natur des historischen Menschen selbst die Verwirklichung des reinmenschlichen Ideals unmöglich mache, und daß, wenn die Realisierung dieses Ideals überhaupt ermöglicht werden solle, eine Regeneration im Sinne einer radikalen Sinnes- und Herzensänderung der menschlichen Natur vorhergegangen sein müsse, erreicht Wagner in direktem Anschlusse an die durch Schopenhauer ihm zu Teil gewordenen Aufschlüsse über das Wesen der Welt. So sehr sein ganzes geistiges Streben im letzten Drittel seines Lebens darauf gerichtet ist, dem Heilswege, welchen der Philosoph nur negativ, als »Verneinung des Willens zum Leben« hatte bezeichnen können, eine positive Bedeutung abzugewinnen, und demgemäß in gewissem Sinne über Schopenhauer hinauszugehen, so hält er doch immer Schopenhauer als Fundament für allen weiteren Ausbau seiner Ideen fest und verfehlt nicht, des öfteren mit enthusiastischen Worten auf ihn hinzuweisen: »Ich habe,« so schreibt er im Jahre 1868 an Lerbach, »die eine Hoffnung für die Kultur des deutschen Geistes, daß die Zeit komme, in welcher Schopenhauer zum Gesetz für unser Denken und Erkennen gemacht werde.« (Schemann, Schopenhauer-Briefe, S. 510.)

Wie und auf welchem Wege in dem dritten der oben angeführten Punkte, nämlich in der Begründung des Glaubens und der Hoffnung auf die Möglichkeit einer Erlösung, der Meister den absoluten Pessimismus Schopenhauers zu modifizieren und mit den gebieterischen Forderungen seiner künstlerischen und menschlichen Natur in Einklang zu bringen suchte, haben wir im folgenden Kapitel zu untersuchen.

VI.

Vom absoluten zum bedingten Pessimismus. Deutschtum und Christentum. Der Regenerationsgedanke. Die Meistersinger von Nürnberg und Parsifal.

»Wenn ich auf die Stürme meines Herzens, den furchtbaren Krampf, mit dem es sich — wider Willen — an die Lebenshoffnung anklammerte, zurückdenke, ja, wenn sie noch jetzt oft zum Orkan anschwellen, — so habe ich dagegen doch nun ein Quietiv gefunden, das mir endlich in wachen Nächten einzig zu Schlaf verhilft; es ist die herzliche und innige Sehnsucht nach dem Tod: volle Bewußtlosigkeit, gänzliches Nichtsein, Verschwinden aller Träume — einzigste endliche Erlösung! ..
.... Ich habe im Kopfe einen Tristan und Isolde entworfen, die einfachste, aber vollblutigste musikalische Conception; mit

der ‚schwarzen Flagge', die am Ende weht, will ich mich dann zudecken, um — zu sterben —«. Wie sehr diese Worte (Brief an Liszt II, 45 f.) und die in ihnen zum Ausdruck gelangende Todessehnsucht des Meisters Ausfluß einer tiefen und ungeheuchelten Empfindung waren, kann uns ein einziger Blick in die Partitur des Tristan zeigen, dieses leidenschaft-durchglühten Hymnus auf die Wonne des Sterbens, des »Niewiedererwachens wahnlos hold bewußten Wunsch«. Wie einer, der ein innigst geliebtes Wesen durch den Tod verloren, nun wohl glaubt, selbst aller Möglichkeit des Weiterexistierens beraubt zu sein, so sah auch Wagner, nachdem ihm alle Hoffnung, sich und seine Ideen in der Welt durchsetzen zu können, entschwunden war, im Erlöschen des individuellen Lebens den einzig möglichen Ausweg aus einem als zwecklose Qual empfundenen endlosen Krampfe tiefster Unbefriedigung. Doch auch ihm geschah nach dem Worte des Dichters:

> »Begrabe nur dein Liebstes! —
> Dennoch gilts nun weiter leben!
> Und im Drang des Tages
> dein Ich behauptend
> stehst bald wieder du!«   (Theodor Storm.)

Wagner hatte mehr als nur »sein Liebstes«, er hatte s. z. s. Alles, den ganzen bisherigen Inhalt seines Lebens und Strebens zu Grabe tragen müssen, — und es giebt vielleicht keinen schlagenderen Beweis für die ungebrochene Gesundheit dieses titanischen Geistes, in dem bornierte Afterwissenschaft gewisse »pathologische« Elemente entdecken zu müssen glaubte, als die einfache Thatsache, daß Wagner die Zeit des »Tristan« überhaupt überlebt, ja nach dieser furchtbaren Seelenkatastrophe noch den Glauben an die Möglichkeit und den Erfolg praktisch idealistischen Wirkens in dieser Welt sich wieder zurückerobert hat.

Der rettende Engel, welcher damals dem Meister helfend zur Seite stand und ihm die Möglichkeit des Weiterlebens einzig zu geben vermochte, war seine Kunst, wie wir denn auch die nächste Zeit nach jener gewaltigen Umwälzung, welche die Schopenhauersche Philosophie im Geistesleben Wagners hervorgebracht hatte, charakterisiert sehen durch eine Resignation, in welcher der Meister sich gänzlich auf seine Kunst und deren Ausübung zurückzieht, sich darauf beschränkt, seine künstlerischen Entwürfe auszuführen, unter Verzichtleistung auf alles aktive Wirken nach außen, auf jegliches Befassen mit den Dingen der Welt, die er als unheilbar erkannt hat. In diesem Sinne schreibt er in jenem schon öfter citierten Briefe an Röckel vom 23. August 1856, — vielleicht dem wichtigsten resumierenden Selbstbekenntnisse des Meisters nach der »Mitteilung an meine Freunde« —: »Ich bin nur Künstler: — und das ist ein Segen und ein Fluch; sonst möchte ich gern Heiliger sein, und das Leben auf die einfachste Weise für mich abgethan wissen; so renne und jage ich Thor aber, um mir Ruhe zu verschaffen, d. h. jene komplizierte Ruhe eines ungestörten, genügend behaglichen Lebens, um — nur arbeiten, nur Künstler sein zu können.« — Und noch im Jahre 1864, als er auf Veranlassung seines neu gewonnenen erhabenen Freundes, des Königs Ludwig II. von Bayern, in der Schrift »Über Staat und Religion« sich zum erstenmale wieder mit außerkünstlerischen Fragen beschäftigt, um sich darüber zu äußern, ob und in welcher Art seine Ansichten über diese Dinge seit der Abfassung der Kunstschriften aus den Jahren 1849 bis 1851 sich geändert hätten, steht er noch ganz auf diesem Standpunkte einer absoluten Beschränkung seiner Thätigkeit auf das rein künstlerische Produzieren, auf das Gebiet, wo einzig »Heiterkeit« herrschen kann (VIII, 6).

Die Täuschung, in welcher er während seiner »revolutionären« Periode über den furchtbaren Ernst des Lebens befangen gewesen war, und infolge deren er, wie er selbst einmal sagt, dazu gelangt war, den Schillerschen Satz: »Ernst ist das Leben, heiter die Kunst« gewissermaßen umzukehren, und seine ernste Kunst in ein heiteres Leben gestellt wissen wollte, diese Täuschung ist dahin. Die Macht, welche alles menschliche Leben bewegt und gestaltet, ist ihm nun nicht mehr jenes phantastische sociale »Liebesbedürfnis«, das einem idealen Zustand der menschlichen Dinge garantiert, sobald man es nur frei und ungehindert gewähren und sich bethätigen läßt, sondern der blinde, durchaus und rein egoistische Wille zum Leben. Er träumt nicht mehr von einem paradiesischen Staate der Zukunft, in welchen die unvollkommenen, natur- und vernunftwidrigen Staatengebilde der Gegenwart aufzugehen und sich zu erlösen hätten, sondern der politische Staat, der »Notstaat« Schillers, ist ihm jetzt die einzig mögliche Art des Staates, als das »Übereinkommen des in unzählige, blind begehrende Individuen geteilten, menschlichen Willens zu erträglichem Auskommen mit sich selber« (VIII, 8). »Wie in der Naturreligion den Göttern ein Teil der Feldfrucht oder Jagdbeute zum Opfer gebracht wurde, um dadurch ein Recht auf den Gebrauch des Übrigen sich zugeteilt zu wissen, so opferte im Staate der Einzelne so viel von seinem Egoismus, als nötig erschien, um die Befriedigung des großen Restes desselben sich zu sichern« (a. a. O.). Das Prinzip des Staates ist daher Stabilität, insofern der Wunsch nach einer Veränderung der Staatsform immer nur von einer einzelnen Partei als Vertreterin eines Standes bezw. einer Interessengruppe ausgehen kann, welche mit Recht oder Unrecht glaubt, unter der bestehenden Staatsordnung mehr an Opfern ihres natürlichen Egoismus bringen zu müssen, als sie im Verhältnis an persönlichen Vorteilen sich dafür gewährleistet sieht, — und der relativ beste Staat ist derjenige, in welchem die notwendigen socialen Interessengegensätze derart annähernd ausgeglichen erscheinen, daß keine Partei und kein Stand berechtigten Grund zu einer tieferen Unzufriedenheit mit dem Bestehenden haben kann. Man sieht, aus dem ideologischen Utopisten von ehedem ist ein nüchterner Denker geworden, der von der Grundmaxime des großen Realpolitikers Bismarck, daß man die Menschen eben nehmen und gebrauchen müsse, wie sie nun einmal sind, in einer Beziehung nicht mehr allzuweit entfernt ist.

Aber der Wille zum Leben, obwohl in der Erscheinung in die individualen Einzelwillen auseinandergegangen, ist an sich eine Einheit. Als solche steht er über den Individuen und verwendet diese als Mittel zu höheren, d. h. allgemeinen Zwecken. Dazu bedient er sich s. z. s. eines Kunstgriffes, eines ‚truc‘, indem er dem rein egoistischen Wollen der Individuen vermittelst einer Illusion, eines Wahnes vorspiegelt, sie verfolgten ihre eigenen persönlichen Zwecke, während sie in Wahrheit im

Dienste eines Höheren, der Gattung, der Allgemeinheit stehen. Dieser Begriff des Wahnes und seiner Bedeutung für den Lauf der Welt charakterisiert gleichermaßen die philosophische Grundstimmung der Schrift »Über Staat und Religion«, wie auch die des gleichzeitigen Kunstwerkes »Die Meistersinger von Nürnberg« (vollendet am 20. Oktober 1867). Er ist von größter Wichtigkeit, und wir müssen daher etwas bei ihm verweilen.

In ihm zeigt sich zum erstenmale die fast noch unmerkliche Einlenkung von einem absoluten Pessimismus zu einer tröstlicheren, optimistischeren Auffassung von Wesen und Gang der Welt. Eine Hypothese Schopenhauers, die dieser, selbst wieder in direktem Anschluß an seine »Metaphysik der Geschlechtsliebe« zur Erklärung der Instinkthandlungen der vernunftlosen Tiere verwendet (vergl. Schopenhauers Werke, Reclam, II, 632 ff.), dehnt Wagner bei seiner Wahn-Lehre in der Weise behufs Deutung des Laufes der Welt im allgemeinen aus, daß er annimmt, der Wille zum Leben sei imstande, jenes Interesse für höhere und allgemeinere, über das persönliche Wohlergehen des Individuums hinausreichende Zwecke, — ein Interesse, welches als bewußtes und eingestandenes Wollen eines idealen, d. h. überpersönlichen Zweckes nur in vereinzelten, besonders hoch stehenden und abnorm veranlagten Individuen ausnahmsweise einmal angetroffen wird, — auch bei dem gewöhnlichen, nur auf Befriedigung seines persönlichen Egoismus ausgehenden Menschen dadurch zu erwecken, daß er ihm eben vermittelst eines Wahnes den Glauben erweckt, er sorge für seine Person, er befriedige ein individuelles Bedürfnis, während er in Wahrheit sein persönliches Wohl einem höheren und allgemeinen Zwecke aufopfert. Ein solcher Wahn erscheint in den Handlungen des Patriotismus, der Religiosität, überhaupt in all den Phänomenen, bei welchen wir den Menschen aus Egoismus unegoistisch handeln, d. h. um eines entfernten, dem gereifteren Denken als illusorisch sich offenbarenden persönlichen Vorteiles willen, das näherliegende egoistische Bedürfnis momentanen Wohlbefindens aufgeben und außer acht lassen sehen.

Es ist klar, daß, streng genommen, mit dieser Annahme der Boden eines absoluten Pessimismus bereits verlassen ist, und die Möglichkeit der Verwirklichung des Edlen und Idealen trotz des allgemeinen Egoismus der Einzelnen eben vermittelst des Wahnes als möglich zugestanden wird. Und wenn es in »Über Staat und Religion« auch noch pessimistisch genug heißt: »Wahre Gerechtigkeit und Menschlichkeit sind eben unzuverwirklichende Ideale: in der Stellung sein, nach ihnen streben, ja zu ihrer Verwirklichung eine unabweisliche Forderung erkennen zu müssen, heißt zum Unglücke bestimmt sein« (VIII, 18 f.), — so zeigt doch schon die Rolle, welche der Wahn in den Meistersingern spielt, wo Hans Sachs, gleich dem Alles regierenden Willen zum Leben, die Fäden der ganzen Handlung in den Händen hält, um sie nach seiner Absicht zum Zwecke der Ermöglichung eines edlen Werkes zu leiten —, wie unter besonders günstigen Umständen das Ideale »trotz alledem« Wirklichkeit werden kann, indem der Wahn die Menschen verleitet, gerade das zu thun, was sie eigentlich nicht wollen, nämlich ein mit ihrem persönlichen Wohle gar nicht Zusammenhängendes, ja ihm direkt Entgegengesetztes, wie gerade aus der widerspruchsvollen Verkettung der realen Konflikte, dem naturnotwendigen Antagonismus der Einzelwillen wohl einmal eine ideale Diagonale resultieren kann, welche das *a priori* scheinbar Unmögliche faktisch ermöglicht, — eine Anschauung, gewissermaßen »jenseits von Optimismus und Pessimismus« (im konventionellen Sinne des Wortes), welche in letzter Hinsicht der eigentliche Träger des tiefen, über alle individuellen Gegensätze erhabenen und alle Widersprüche in sich umfassenden und »begreifenden« Humors der Meistersinger ist.

Haben so die politischen Grundanschauungen des Meisters eine totale Umwälzung erfahren, die sich in den Gegensätzen: früher Optimist, jetzt Pessimist, und darum: früher revolutionär, jetzt konservativ, zusammenfassen läßt, so giebt es doch einen Punkt, in welchem der nüchterne »realpolitische« Denker des Jahres 1864 mit dem phantastisch-utopistischen Schwärmer von 1849 sich berührt, nämlich in der hohen Bedeutung, welche beide der Person des Königs, der monarchischen Spitze des Staates zuweisen. Wie in der »Vaterlandsvereinsrede« vom 14. Juni 1848 (vergl. S. 97), in schroffem Gegensatze zu den politischen Schlagworten, wie sie in den extrem-radikalen politischen Kreisen, denen Wagner selbst angehörte, damals umliefen, das Gefühl von der Notwendigkeit der Symbolisierung und Repräsentierung des allgemeinen Volkswillens in der Person des über den Gegensatz der Parteien erhabenen Monarchen zum Ausdruck gelangte, so ist ihm nun die geheiligte Persönlichkeit des Königs, der aus dem beschränkten Gebiete des rein nationalen und politischen Staates in die Sphäre des Allgemein- und Reinmenschlichen emporragt, die Gewähr für die Möglichkeit einer Ergänzung des seiner Natur nach bloß negativen, das anarchische *Bellum omnium contra omnes* verhütenden staatlichen Rechtes durch die, positive Förderung des Idealen bewirkende, Macht der fürstlichen Gnade, wie sie der Meister selbst eben erst durch die huldreiche Hand seines wahrhaft »königlichen« Freundes erfahren hatte.

In ihrem innersten Wesen dem seiner Natur nach unvollkommenen, auf Kompromissen aufgebauten, niemals über Schein- und Halberfolge hinausgelangenden und nur unter Zusammenwirken besonders günstiger Umstände da und dort einmal Raum für die Ausbreitung und Wirksamkeit idealer Mächte gewährenden Staate entgegengesetzt ist die Religion: »Ihre Grundlage ist das Gefühl der Unseligkeit des menschlichen Daseins, die tiefe Unbefriedigung des reinmenschlichen Bedürfnisses durch den Staat. Ihr innerster Kern ist Verneinung der Welt, d. h. Erkenntnis der Welt als eines nur auf einer Täuschung beruhenden, flüchtigen und traumartigen Zustandes, sowie erstrebte Erlösung aus ihr, vorbereitet durch Entsagung, erreicht durch den Glauben« (VIII, 20). Wir sehen hier in Bezug auf die Religion dieselbe vollständige Umkehrung der früheren Anschauung wie bei der Beurteilung des Wesens des Staates. Hatte der Optimismus recht, so war natürlicherweise nichts unsinniger als eine dem Diesseits abgekehrte, transscendente Religion, wie das Christentum, die den Menschen mit einem imaginären, einzig in einer krankhaften Phantasie existierenden Himmel um die Freuden und Genüsse der Erde betrog. So hatte der schwärmerische Verkündiger der allgemeinen Menschheitsreligion der Zukunft von 1849 geurteilt. Hatte dagegen der Pessimismus recht, und war die Unmöglichkeit einer restlosen Verwirklichung des reinmenschlichen Ideals auf Erden erkannt und anerkannt, so mußte dem Künstler jetzt das:

»Mein Reich ist nicht von dieser Welt« der christlichen Heilslehre in einem ganz anderen Lichte erscheinen; war in »dieser Welt« kein Raum für das Ideale, so konnte es nur als Wirklichkeit angenommen werden in einer anderen, von dieser, in Raum und Zeit sich bewegenden, *toto genere* verschiedenen Welt, von der unser, allein dem Diesseits angepaßter Intellekt nichts weiter begreifen und aussagen kann, als daß sie das Gegenteil, die Verneinung dessen sei, was ihm allein als »Etwas« gilt.

Darum können wir auch nicht sagen, daß Wagner, als er das »Kunstwerk der Zukunft« schrieb, »irreligiös« gewesen und nun auf einmal »religiös« geworden sei. Es ist vielmehr dieselbe Sehnsucht nach Verwirklichung des reinmenschlichen Ideals, welche immer in ihm lebendig gewesen war, die, nachdem sie vergebens Befriedigung in der und durch die Außenwelt gesucht hatte, nun die ihr dort versagte Erlösung im Innern, in der Abwendung von den Dingen der realen Welt sucht. Es ist die Verlegung des Problems von außen nach innen, aus dem Politisch-Socialen ins Ethische, wie wir oben ausgeführt haben, was den Meister nunmehr das Christentum mit ganz anderen Augen ansehen läßt, und es ist zweifellos, daß gerade Schopenhauer Wagnern, wie so vielen anderen vor ihm und nach ihm, dazu verholfen hat, den inneren Kern der christlichen Religion, s. z. s. ihren esoterischen Gehalt, durch die entstellenden Hüllen der historisch gewordenen konfessionellen Dogmen und Kirchenlehren hindurch zu erblicken und zu würdigen. Diese Wandlung vollzieht sich bei Wagner gleichzeitig mit dem offenen Eingeständnis der Grundwahrheit des Pessimismus, und man hat daher ganz recht gehabt, als man die, rein äußerlich genommen, so paradoxe Behauptung aufstellte, die poetische Grundtendenz des »Ring des Nibelungen« sei gerade so sehr christlich, wie die des »Parsifal«, indem Resignation, Entsagung, Verneinung des Willens zum Leben gleicherweise in beiden Werken als einzige Möglichkeit einer definitiven Erlösung sich uns offenbaren.

Weist somit der Heilsweg, den die Religion uns eröffnet, gänzlich aus dieser Welt hinaus, so müßte für den »großen, wahrhaft religiösen Menschen« die »Sehnsucht, dieser Welt gänzlich den Rücken zu wenden, notwendig und unabweislich zwingend anwachsen«, und es wäre ihm auf die Dauer die Möglichkeit genommen, es in ihr auszuhalten, »wenn es nicht auch für ihn, wie für den in steter Sorge dahinlebenden gemeinen Menschen, eine gewisse Zerstreuung, eine periodische völlige Abwendung von dem, sonst ihm stets gegenwärtigen Ernste der Welt gäbe. Was für den gemeinen Menschen Unterhaltung und Vergnügung ist, muß für ihn, nur eben in der ihm entsprechenden edlen Form, ebenfalls vorhanden sein; und was ihm diese Abwendung, diese edle Täuschung, möglich macht, muß wiederum ein Werk jenes menschenerlösenden Wahnes sein, der überall da seine Wunder verrichtet, wo die normale Anschauungsweise des Individuums sich nicht weiter zu helfen weiß. Dieser Wahn muß in diesem Falle aber vollkommen aufrichtig sein; er muß sich von vornherein als Täuschung bekennen, um von demjenigen willig aufgenommen zu werden, der wirklich nach zerstreuender Täuschung, in dem von mir gemeinten großen und ernsten Sinne, verlangt. Das vorgeführte Wahngebilde darf nie Veranlassung geben, den Ernst des Lebens durch einen möglichen Streit über seine Wirklichkeit und beweisbare Thatsächlichkeit anzuregen oder zurückzurufen, wie dies das religiöse Dogma thut: sondern seine eigenste Kraft muß es gerade dadurch ausüben, daß es den bewußten Wahn an die Stelle der Realität setzt. Dies leistet die Kunst; und sie zeige ich daher beim Abschiede meinem hochgeliebten Freunde* als den freundlichen Lebensheiland, der zwar nicht wirklich und völlig aus dem Leben hinausführt, dafür aber innerhalb des Lebens über dieses erhebt und es selbst uns als ein Spiel erscheinen läßt, das, wenn es selbst zwar auch ernst und schrecklich erscheint, uns hier doch wiederum nur als ein Wahngebilde gezeigt wird, welches uns als solches tröstet und der gemeinen Wahrhaftigkeit der Not entrückt. Das Werk der edelsten Kunst wird von ihm gern zugelassen werden, um, an die Stelle des Ernstes des Lebens tretend, ihm die Wirklichkeit wohlthätig in den Wahn aufzulösen, in welchem sie selbst, diese ernste Wirklichkeit, uns endlich wiederum nur als Wahn erscheint:

---

* König Ludwig II., an den die Schrift »Über Staat und Religion« gerichtet ist.

und im entrücktesten Hinblicke auf dieses wundervolle Wahnspiel wird ihm endlich das unaussprechliche Traumbild der heiligsten Offenbarung, urverwandt, sinnvoll, deutlich und hell wiederkehren, — dasselbe göttliche Traumbild, das, im Disput der Kirchen und Sekten ihm immer unkenntlicher geworden, als endlich fast unverständliches Dogma ihn nur noch ängstigen konnte. Die Nichtigkeit der Welt, hier ist sie offen, harmlos, wie unter Lächeln zugestanden: denn, daß wir uns willig täuschen wollten, führte uns dahin, ohne alle Täuschung die Wirklichkeit der Welt zu erkennen« (VIII, 28 f.).

So wurde die Kunst als »bewußt gewollter Wahn« dem Meister selbst das Paradies, in das er sich aus den Nöten und Wirren des realen Lebens zurückzog, die überirdische Sphäre, innerhalb deren Verwirklichung eines Ideals allein möglich ist, die Erscheinung, welche einzig uns trösten kann über die Ideallosigkeit einer entgötterten Welt, über den Verlust der höchsten Güter des realen Lebens selbst, — wie Hans Sachs am Schlusse der Meistersinger sagt:

»— zerging in Dunst
das heil'ge röm'sche Reich,
uns bliebe gleich
die heil'ge deutsche Kunst!« —

Hier ist nun der Ort, einer Wandlung in Wagners Anschauung vom Verhältnis der Kunst zu der Kultur im allgemeinen zu gedenken, die dem aufmerksamen Leser nicht entgangen sein wird. Während nämlich der Meister in seiner revolutionären Periode die Idealisierung unserer gesamten socialen Zustände, die Vernichtung unserer heutigen Gesellschaftsordnung und die Errichtung des Staates der Zukunft als Vorbedingung für das Ins-Leben-treten einer echten und wahren Kunst, d. h. seines Kunstwerkes der Zukunft ansieht, ja sich stellenweise zu der radikalen Anschauung versteigt (vergl. den auf S. 96 citierten Brief an Uhlig), daß der Künstler der Gegenwart überhaupt unfähig sei zu positiver, aufbauender künstlerischer Thätigkeit, daß er vielmehr einzig dazu berufen erscheine, an der Zerstörung des Bestehenden mit seinem Schaffen mitzuwirken, ich sage in striktem Gegensatze zu dieser früheren Meinung, welche die Verwirklichung des reinmenschlichen Ideals auf dem Gebiete der allgemeinen Kultur zur Voraussetzung, zur *conditio sine qua non* der Realisierung des idealen Kunstwerkes macht, ist jetzt für Wagner gerade die Kunst das einzige Gebiet, welches von dem Fluche des realen Seins, nur ausnahmsweise und unter besonders günstigen Umständen einmal dem Idealen Raum zu ungehinderter Entfaltung seiner göttlichen Kraft zu gewähren, frei bleibt, — und wenn er in der letzten Phase seiner Entwickelung dazu fortgeht, nach neuen Hoffnungen und Möglichkeiten einer Gesundung unserer allgemeinen Kulturzustände mit banger Sorge auszuspähen, so sehen wir ihn gerade aus dem Glauben an die Möglichkeit edelster Kunstthaten trotz und im Gegensatz zu unserer durchaus kunstfeindlichen Civilisation die Hoffnung schöpfen für die endliche Anbahnung einer Regeneration dieser Civilisation selbst, ja er betrachtet die Thatsache des Bestehens dieser Kunst als einer Lebensmacht, wie sie uns namentlich in der deutschen Musik gleichsam als ein leidenschaftlicher Protest des reinmenschlichen Gefühls gegen den Druck einer unmenschlichen Civilisation entgegentritt, geradezu als die Anticipation seines allgemeinen Menschheitsideals in der Sphäre des »Wahns«, als die Gewähr für die Möglichkeit, das reinmenschliche Gefühl zu einer wirkenden Macht im Leben der Gegenwart überhaupt zu erheben.

Auch für diesen Widerspruch ist unschwer der Einheitspunkt zu finden. Er liegt nämlich darin, daß bei Wagner der Künstler und der Mensch selbst eine untrennbare Einheit bilden, ja streng genommen identisch sind was aus seiner Kunst zu uns spricht, ist nichts anderes als Ausdruck der sehnsüchtigen Not des Menschen, dem es verwehrt ist, seine reinmenschliche Individualität frei und ungehindert auszuleben, und wo wir dem Menschen Wagner außerhalb seiner Kunst im Konflikte mit seiner Umgebung, als Schriftsteller, Revolutionär, Richter unserer Kultur u. s. w. begegnen, da ist es schließlich immer wieder nur der Künstler, der sich abmüht, den Grund dafür aufzufinden, warum seine Kunst in der Welt der Gegenwart eine fremde, unbegriffene Erscheinung bleiben mußte. Daß die Kunst nichts außerhalb des Lebens Stehendes, von ihm Unabhängiges ist, mußte ihm deshalb schon früh einleuchten, sobald er nämlich erkannt hatte, daß es gerade die Gestaltung des Lebens selbst war, was die restlose Verwirklichung des künstlerischen Ideals unmöglich machte. Trat ihm nun eine politisch und social revolutionäre Bewegung entgegen, welche eingestandenermaßen darauf ausging, dieses Leben von Grund aus umzugestalten, was war da für ihn natürlicher als die Hoffnung, diese Bewegung werde ihm die Erfüllung seiner künstlerischen Sehnsucht bringen, sie werde ihm durch radikale Zerstörung aller im Wege stehenden Hindernisse freie Bahn schaffen für die ungehemmte Entfaltung und Mitteilung seiner Kunst? Als ihm diese Hoffnung zu Grabe gesunken war, als er eingesehen hatte, daß, um den Menschen seinem Ideale entgegenzuführen, nicht eine Veränderung der ihn umgebenden äußeren Zustände und Verhältnisse genüge, daß es dazu vielmehr einer inneren Wandlung und Umkehr des menschlichen Willens selbst bedürfe, da bot sich dann von selbst die Kunst als das dar, was sie Wagnern nun ausgesprochenermaßen wurde: Ersatz für das absolut und restlos doch nicht zu verwirklichende allgemeine Menschheits-Ideal, Garantie für die trotz allem in der Menschenseele schlummernden höheren Kräfte und Anlagen und mächtigstes Mittel zur Erweckung der Sehnsucht nach Erlösung im menschlichen Gemüte selbst.

War ihm so in gewissem Sinne zuerst die reinmenschliche Kunst von der reinmenschlichen Kultur bedingt, und nachher umgekehrt das ideale Kunstwerk ein Antecedens der idealen Kultur, diese ein Erfolg jener, so können wir sagen, daß er beidemal recht hatte, und wir thun mit dieser Einsicht einen Blick in das unlösbare Dilemma, infolgedessen das von Wagner erstrebte Ziel dazu verurteilt ist, Ideal zu bleiben, d. h. sich niemals und nirgend realisieren zu lassen. Denn, damit echte Kunst wirklich lebendig werden könnte, müßte es dem Künstler möglich sein, sich allumfassend dem Gefühlsverständnisse der Allgemeinheit mitzuteilen. Dies könnte aber nur dann wahrhaft der Fall sein, wenn der ideale Kultur- und Gesellschaftszustand, den die Kunst doch allererst herbeiführen helfen soll, bereits realisiert und »alle Menschen Brüder« geworden wären, wie Wagner ganz richtig bereits zur Zeit seiner ersten großen

Kunstschriften eingesehen hatte. Aber dann brauchte man ja eigentlich gar keine Kunst mehr, deren Eigentümlichkeit darin besteht, das reinmenschliche Wesen, für das in der realen Welt kein Raum ist, im Gegensatz zu dieser in einer Welt des Scheins zur Geltung zu bringen; und in der That gehen die Kunstschriften der Jahre 1849/51 geradezu darauf aus, die Kunst in dem Leben aufgehen zu lassen und zu erlösen, und umgekehrt das Leben in der Kunst: die Kunst soll Leben, und das Leben Kunst, das Ideale restlos Realität, und das Reale reine, makellose Idealität werden. Also stehen ideale Kunst und verwirklichtes Lebensideal in der That zu einander im Verhältnis der **Wechselbedingtheit** *proprio sensu verbi*. Als einziges Mittel, im Sinne seines Kultur- und Menschheitsideals auf die Zeitgenossen zu wirken, erkennt Wagner seine Kunst; aber, solange jenes noch nicht verwirklicht ist, kann diese Kunst immer nur erst auf Einzelne wirken, nicht aber, wie es der Fall sein müßte, wenn sie uns dem Ziele wirklich näher bringen sollte, auf die Allgemeinheit im ausgedehntesten Wortsinne, — ein Dilemma also, aus dem ein Ausweg schlechterdings unmöglich ist. — Und wem diese Beweisführung zu abstrakt und formal logisch vorkommt, als daß ihr zwingende Überzeugungskraft zugestanden werden dürfte, der prüfe doch einmal aufmerksam die Schicksale der Wagnerschen Kunst, seitdem sie, wie man so sagt, »durchgedrungen« ist. Äußerlich, unleugbar, ein Bild, um dem enragiertesten Theodiceenschreiber das Herz im Leibe lachen zu machen. Wo gäbe es auch ein glänzenderes und schlagenderes Argument für die Wahrheit des schönen Satzes, daß sich das Gute und Edle allen Hemmungen und Hindernissen zum Trotz dennoch endlich Bahn bricht? Wagner ist der unbestrittene dramatische »Lieblingskomponist« des deutschen Theaterpublikums geworden — (neben welchen anderen Lieblingen, das bleibe hier lieber, um ein Bild, das dunkel genug ist, nicht noch mehr zu trüben, gänzlich außer Acht!) —, um die »Texte« seiner »Opern« kümmert man sich zwar nicht viel und nimmt sie höchstens, indem man dem großen Musiker die kleine Schwachheit, *partout* auch Dichter sein zu wollen, zu Gute hält, als unliebsame Beigabe zu der herrlichen Musik mit in Kauf. Aber Wagnersche Musik ist entschieden das Populärste, was es heutzutage auf dem Gebiete der Kunst giebt, ja, sie gehört geradezu zur Physiognomie unserer Zeit als einer ihrer am meisten auffallenden Züge, sie ist ein moderner Sport geworden, sie rangiert in unserem Leben unmittelbar neben dem Fahrrad und der Ansichtspostkarte. Von allen Theaterzetteln leuchtet uns der Name Wagner entgegen, auf allen öffentlichen Plätzen des lieben deutschen Vaterlandes schmettert uns die Wachtparademusik den Walkürenritt ins Ohr, keine Hofbühne, die sich nicht alljährlich ihre »Festspiele« und »Musteraufführungen« leistete, wo es dann scheint, als ob, wie im 18. Jahrhundert jeder deutsche Souverain aus seiner Residenz ein Klein-Versailles zu machen suchte, nun jedes Hoftheater ein Klein-Bayreuth werden solle, — *enfin*, um das Verhältnis der Wagnerschen Kunst zur modernen Öffentlichkeit in einem Satze, »Alles sagend«, zusammenzufassen: wir haben es »so herrlich weit gebracht«, daß, wie Chamberlain ausdrücklich bemerkt, — Tristan und Isolde die »Lieblingsoper« der Münchener geworden ist.

Daß diese ganze Musikschwärmerei und -schwelgerei mit dem Wesen der Wagnerschen Kunst, mit dem, was der Meister mit seinem Schaffen eigentlich gewollt und beabsichtigt hatte, gar nichts zu thun hat, daß alle die geräuschvollen Tageserfolge Wagnerscher Werke auf unseren Bühnen nur scheinbar und einem Mißverständnisse zu verdanken sind, ist zu einleuchtend, als daß es nötig wäre, darüber viele Worte zu verlieren; und wenn es jemanden geben sollte, der dies bezweifelte, den möchte ich nur auf zwei unbestreitbare Thatsachen verweisen. Die erste betrifft den Charakter und die Qualität der bei uns üblichen Wagneraufführungen: diese Werke aus einem Guß und ohne jedes überflüssige Füllsel mögen noch so verstümmelt, entstellt und verhunzt zur Darstellung gelangen, immer wird sich der gleiche Enthusiasmus beim Publikum einstellen, und, was eigentlich noch mehr beweist, — wenn einmal ausnahmsweise irgendwo, wie es wirklich vorkommt (ich erinnere an die Wagneraufführungen des Karlsruher Hoftheaters in seiner besten Zeit!), eine solche Darstellung dem Ideale der Vollkommenheit sich nähert, oder doch wenigstens das Bestreben, die richtig verstandene künstlerische Absicht des Worttondichters zum Ausdruck zu bringen, bei der Aufführung deutlich erkennbar hervortritt, — kein Mensch wird dann das Gefühl empfinden, etwas von dem Gewohnten und Hergebrachten *toto genere* Verschiedenes erlebt zu haben, höchstens werden die »Musikalischen« unter den Zuhörern urteilen, der und der Sänger habe besser »gesungen« als jener, das Orchester »klinge« schöner als früher u. s. w., das ist Alles. Worauf es eigentlich und im Grunde genommen einzig ankommt, das wissen, sondern was schlimmer ist, das fühlen auch heute noch immer nur einzelne Auserwählte.

Die zweite Thatsache betrifft Bayreuth. Wollte man die Statistik zur obersten Instanz für die Entscheidung der »Bayreuther Frage« machen, so könnte man sich auch hier einem ungezügelten Optimismus hingeben: Die Besuchsziffern der Festspiele wachsen von Jahr zu Jahr, und ihr oft prophezeites Eingehen dürfte noch recht lange auf sich warten lassen. Aber eine viel bemerkte Erscheinung macht mich bedenklich: der Prozentsatz der Deutschen unter den Festspielgästen wird immer kleiner, und zwar möchte ich aus dieser Thatsache nicht das schließen, was unsere Zeitungsjournalisten gewöhnlich daraus folgern, daß nämlich Gefahr vorhanden sei, die Bayreuther Aufführungen möchten schließlich ihres nationalen Charakters als eines »deutschen Olympia«, wie man sie wohl, nicht gerade glücklich, genannt hat, verlustig gehen, oder aber daß die Festspiele von heute sich so weit von ihrem ursprünglichen Geiste entfernt hätten, so »heruntergekommen« wären, daß es für einen echten deutschen Wagnerianer, diese leibhaftige Inkarnation der »ästhetischen Urteilskraft«, sich gar nicht mehr verlohne, nach Bayreuth zu fahren — sondern ich schließe daraus etwas ganz Anderes. Ich finde in diesem Wegbleiben des deutschen Publikums einen Beweis mehr für die Behauptung, daß der ganze moderne Wagnerenthusiasmus Modesache ist, und gar nichts weiter. Eine Zeit lang ist es Mode, nach Bayreuth zu pilgern; diese Mode hört eines schönen Tages auf, wie alle Moden. In Frankreich, England und Amerika ist Bayreuth zehn Jahre später in Mode gekommen als bei uns, und nun sehen wir Franzosen, Engländer und Amerikaner es für *»fashionable«* halten, sich den »Ring« in Bayreuth anzuhören, während wir davon längst abgekommen sind, gerade so, wie man in der Provinz ein Kostüm als »*haute nouveauté*« anstaunt, wenn es in der Kapitale bereits ein altmodischer Fetzen geworden ist: denn in Bezug auf Wagner ist das Ausland Provinz, Deutschland — »Paris«.

War denn überhaupt Wagner für den »modernen Menschen« jemals etwas anderes und besseres als eine nervenaufrüttelnde »Sensation«, eine Sensation gerade so, wie s. Z. der Naturalismus seligen Andenkens, wie noch vor kurzem Ibsens dramatisierte Moraltraktätchen, oder wie im Augenblicke Nietzsches pseudophilosophisches Aphorismen-Ragout *à la sauce piquante*? Eine »Sensation« übt die ihr zukommende »Attraktion«, solange sie neu ist; hört der Reiz der Neuheit auf, dann bedarf es einer neuen »Sensation«, der Messias von Gestern wird zum alten Eisen geworfen, — und, um zu einer solchen modernen »Sensation« zu taugen, ist nichts zu schlecht, leider Gottes aber auch nichts — zu gut. Denn, aus diesem Mißverständnis Wagners, diesem Mißbrauch, der mit seiner Erscheinung getrieben wurde, einen Schluß auf das Wesen und den Charakter der Wagnerschen Kunst selbst zu ziehen, dieser logische Schnitzer blieb den traurigen Sophisten vom Schlage eines Max Nordau vorbehalten, deren Scheinargumentation dadurch nicht mehr Gewicht erhält, daß der geistvolle Einsiedler von Sils-Maria in einer Stunde, die nicht seine beste war, sich ihnen anzuschließen wenig vornehm genug war. —

Daß es Wagnern, diesem Künstler, den es mit aller Gewalt seines Herzens dazu drängte, sich voll und ganz dem Gefühlsverständnisse einer schrankenlosen Allgemeinheit mitzuteilen, den seine innerste Natur zwang, die Kunst erst dann als verwirklicht anzusehen, wenn sie aufgehört Privilegium einer bevorzugten Minorität zu sein, Allgemeingut, eine das Leben der ganzen Volksgenossenschaft befruchtende und gestaltende Kulturmacht geworden ist, daß es diesem Künstler infolge der natürlichen Organisation der Majorität des Menschengeschlechts und ihres Verhältnisses zur Kunst verwehrt blieb, sich diesem seinem Endziele — Aufgehen des vereinsamten Künstlers in der Allgemeinheit durch restloses Verstandenwerden — je wirklich zu nähern, geschweige denn es zu erreichen, darin beruht letzten Endes die tiefe Tragik im Leben Richard Wagners, und diese Tragik enthüllte sich am offenbarsten im letzten Drittel seiner

Laufbahn, als nach Hinwegräumung aller äußeren Hindernisse für eine erfolgreiche Wirksamkeit seines künstlerischen Wollens nichts mehr einem Verständnis des Wesentlichen an seinen Werken, dessen, worauf es ihm selbst allein ankam, im Wege zu stehen schien, als diese selbst ihren »Siegeszug« über sämtliche Bühnen des In- und Auslandes anzutreten begannen. Als es auch dann noch immer wieder nur einzelne wenige waren, die überhaupt begriffen, wovon die Rede war, da mochte selbst diesem titanischen Herzen, das im Hoffen und Glauben so groß war als im Wollen und Wagen, wohl manchmal der trübe Gedanke kommen, als sei das Einzige, wofür ein Künstler der Gegenwart noch mit einiger Aussicht auf Erfolg wirken könne, ein nicht ganz würdeloses Ende unserer unrettbar verlorenen Kultur, eine sorgsame Pflege dessen, was sie trotz allem noch an Gutem und Erhaltenswertem birgt, damit »in dem großen Untergange nicht nur das Schlechte und ganz Verdorbene, sondern auch noch ein Weniges von dem edelsten Erbe der Menschheit mit untergehe!« (Vergl. Wolzogen, Erinnerungen an Richard Wagner, S. 15.) —

Der Betrachtung der so vielfach mißverstandenen und, wenn man gerecht sein will, auch nur aus einer genauen Kenntnis der Individualität des Meisters richtig zu verstehenden, zum Teil höchst eigenartigen Gedanken, mittels welcher Wagner, im Gegensatz zu der vollkommenen Resignation einzelner trüber Stunden, sich die Hoffnung auf eine Verwirklichung seines reinmenschlichen Ideals, oder doch auf eine Annäherung an dasselbe, trotzdem zu bewahren suchte, wollen wir uns nun zuwenden.

In Wagners äußerem Leben waren unterdessen gewaltige Veränderungen eingetreten. Nachdem er Zürich im August des Jahres 1858 für immer verlassen, führt ihn ein unstetes Wanderleben zuerst nach Paris, wo am 13., 18. und 24. März 1861 jene denkwürdigen, von dem aristokratischen Pöbel der Seinehauptstadt niedergezischten Aufführungen des »Tannhäuser« stattfinden, dann nach einem kürzeren Aufenthalte am Rhein nach Wien, und endlich zum Zwecke von Konzertveranstaltungen nach Petersburg, Prag, Pest u. s. w. Aus dieser von der äußersten materiellen Not ihm aufgenötigten Zigeunerexistenz erlöst ihn mit einem Schlage seine Berufung nach München durch den enthusiastisch für ihn schwärmenden König Ludwig II. von Bayern, dessen Botschaft ihn am 4. Mai 1864 trifft. War der Aufenthalt in München zwar selbst nur von kurzer Dauer (bis Dezember 1865), so war doch durch die Munificenz des hochherzigen Bayernkönigs dem Künstler die Möglichkeit eröffnet, nun seinem alten Plane, zur stilgerechten Aufführung seiner Werke ein eigenes Festspielhaus zu errichten, näher zu treten, — ganz abgesehen davon, daß auch die politische Bewegung der 60er Jahre, die zur Gründung des neuen Deutschen Reiches führte, und die Wagner mit sympathischer, wenn auch durchaus nicht in allen Punkten zustimmender Teilnahme verfolgte, dem Streben des Meisters nach einer Neubelebung des deutschen Kunstlebens auf nationaler Grundlage fördernd entgegen kam. Am 25. Januar 1866 stirbt seine erste Gattin, am 6. Juni 1869 wird ihm sein Sohn Siegfried, aus der Verbindung mit Cosima Liszt, der geschiedenen Gemahlin Hans von Bülows, geboren, und nachdem er in Bayreuth einen passenden Ort für die ihn beglückende neue Häuslichkeit und seine Festspielbühne gefunden, überschreitet er die Schwelle des Greisenalters, das ihm an erfüllten Wünschen zu viel bringt, als daß man nicht sagen müßte, sein Wirken und Streben sei von Erfolg gekrönt gewesen wie kaum das eines anderen Künstlers vor ihm, zu wenig, als daß er sich selbst befriedigt und am Ziele angelangt hätte fühlen können. Im Jahre 1876 finden die ersten Aufführungen seines Nibelungenringes im Bayreuther Festspielhause statt, denen 1882 die seines letzten Werkes, des Parsifal folgen, und am 13. Februar 1883 schließen sich für immer die leuchtenden Augen, in denen sich so hell die ganze Welt gespiegelt hatte.

Das Hauptkennzeichen, welches die letzten Jahre Wagners in ihren äußeren Lebensumständen von der Zeit des Züricher Exils unterscheidet, ist die in immer größerem Umfange sich vollziehende Wiederanknüpfung der gänzlich abgebrochenen Beziehungen zu dem öffentlichen Kunstleben der Gegenwart. Während sich nun diese neuangeknüpften Beziehungen äußerlich immer günstiger gestalten, des Meisters Ruhm immer mehr im Wachsen begriffen ist, bis sich endlich sein schönster Lebenstraum in Bayreuth zu verwirklichen beginnt, hatten die inneren Fortschritte, welche das Verständnis des Wesens seiner Kunst und des von ihm Beabsichtigten im Bewußtsein der Zeitgenossenschaft machten, mit jenen äußeren Erfolgen keineswegs gleichen Schritt gehalten; ja, in gewissem Sinne stand es damit gerade so schlecht, wenn nicht schlimmer, als vor 25 Jahren. Denn als Wagner in den Jahren 1849/51 seine großen Kunstschriften veröffentlichte, da konnte er einzig an den Glauben appellieren, an den Glauben, daß in der Kunst, wie er sie verstand, die Möglichkeit einer Entwickelung angelegt sei, von der man bisher keine Ahnung gehabt habe, und es wäre unbillig gewesen zu verlangen, daß jemand diesen Glauben sofort und ohne weiteres geteilt hätte, der nicht selbst die verzehrende Sehnsucht empfunden, aus welcher dieses unerschütterliche, über jeden Zweifel erhabene Vertrauen bei Wagner selbst geboren ward, d. h. der nicht gleich ihm Künstler gewesen wäre. Anders war es im Jahre 1876. Da hatte das deutsche Volk die That erlebt, die Werke des Wagnerschen Glaubens gesehen, und es hätte nur die Augen aufzumachen brauchen, um zu gewahren, was der einzige Mann einer ihm durchaus feindlichen Welt allein durch seine übermächtige Energie abgetrotzt hatte, um aus dem faktisch schon Erreichten einen auch dem ungläubigsten Skeptiker einleuchtenden Schluß zu ziehen auf das bei Vereinigung und Konzentrierung aller Kräfte in der Zukunft zu Ermöglichende. Aber die so viel mißverstandene Aufforderung, mit welcher sich der Meister am Schlusse der 76er Festspielaufführungen an sein Publikum wendete: »Wollen Sie, dann haben wir eine deutsche Kunst!« —, sie verhallte ungehört und unbegriffen. Man wollte nicht, und wie wenig man wollte, ja auch nur wußte, worum es sich handelte, oder fühlte daß es sich überhaupt um etwas handelte, das hat eigentlich erst die Entwickelung der Dinge nach Wagners Tode so recht deutlich und mit alle Hoffnungen niederschmetternder Klarheit gezeigt.

Diese eigentümliche Gestaltung seines Verhältnisses zur Mitwelt während der letzten Periode von Wagners Leben, eines

Verhältnisses, das an äußeren Erfolgen, Ruhm und Ehre so viel auf ihn häufte, daß selbst ein weniger glaubens- und hoffnungsstarkes Herz als das Wagners unter dem Strahl dieser ungewohnten Gunst der Menge hätte neu erwarmen müssen, andererseits aber von jenen auf tieferem Verständnis seiner Absichten beruhenden Wirkungen, an denen ihm doch schließlich einzig gelegen sein konnte, so wenig brachte, daß er im Grunde genommen am Schlusse seines Lebens gerade so weit war als etwa im Jahre 1856, d. h. in seiner eigentlichen und innerlichen Wirksamkeit beschränkt auf eine kleine Schar auserwählte Freunde seiner Kunst, — diese eigentümliche Gestaltung seiner Lage beeinflußte nun die Form, welche seine Weltanschauung in dieser Zeit annahm, in unverkennbarer Weise. Während er einerseits den absoluten Pessimismus Schopenhauers immer mehr verläßt, um dem von dem Philosophen bloß negativ, als »Verneinung des Willens zum Leben«, bezeichneten ethischen Ideale eine positive Seite abzugewinnen, behält andererseits sein verdammendes Urteil über die Welt, wie sie ist und gewesen ist, seitdem es eine Geschichte giebt, seine volle pessimistische Schroffheit und Entschiedenheit.

Daß das Gute, Edle, Schöne und Liebenswerte trotz Allem in der Welt existiert als eine lebendige Macht von realster Wirklichkeit, welcher Pessimist wäre in der doktrinären Veranntheit jemals so weit gegangen, das zu leugnen? Und wie hätte gar das Herz eines Künstlers, der von sich selbst bekannte, daß er das Wesen der Kunst, welche im tiefsten und höchsten Sinne des Wortes die seine war, der Musik, nicht anders fassen könne, als in der »Liebe«, wie hätte es sich dieser Einsicht entziehen können? Und so sehen wir denn Wagner diese Thatsache der faktischen Existenz des Guten innerhalb einer als grundschlecht erkannten Welt nun immer wieder von neuem betonen und hervorheben. Daß er weiterhin aus dieser Thatsache Hoffnungen allgemeiner Art für eine Gesundung der irdischen Dinge im Sinne seines reinmenschlichen Ideals abzuleiten sich gedrungen fühlte, das können wir uns aus Wagners Individualität unschwer erklären, wenn auch die logische Bündigkeit dieser Schlußfolgerung nicht ohne weiteres einleuchtet: denn ist es nicht gerade die unabweisliche Erkenntnis, daß alles unserem idealsten Wollen Erstrebenswerte (wenigstens der »reinen« Möglichkeit nach) in dieser Welt thatsächlich vorhanden ist, was uns mit unlösbaren Ketten an sie festschmiedet und unsere Leiden allererst unheilbar macht? —, wogegen wir mit einer Welt, die nur schlecht wäre, nur Verabscheuungswürdiges enthielte, gar bald fertig sein würden, indem, ihr kurzer Hand den Rücken zu kehren, es nicht einmal eines sonderlich heroischen Entschlusses bedürfte.

Gerade so wie der in vieler Beziehung so unerwartet glückliche Umschwung in Wagners Verhältnis zur Zeitgenossenschaft diesen Fortgang seiner Weltanschauung vom absoluten zu einem bedingten Pessimismus mitbeeinflußte, so erklärt sich nun auch aus der Wiederanknüpfung seiner gänzlich abgebrochenen, bezw. auf das rein und bloß Geschäftliche reducierten Beziehungen zur künstlerischen Außenwelt eine andere Erscheinung, durch die sich das letzte Drittel des Wagnerschen Lebens wesentlich von der unmittelbar vorhergegangenen Periode unterscheidet: ich meine das Heraustreten aus jener gänzlichen Resignation in Beziehung auf die außerkünstlerischen Dinge der Welt, die wir noch in der Schrift »Über Staat und Religion« finden, zu erneutem Befassen mit allgemeinen Kultur- und Lebensfragen. Wieder war es im Grunde nur der Künstler in Wagner, der sich veranlaßt fühlte, die Ursachen für die Unmöglichkeit, sich mit seinen Werken allumfassend und ohne Gefahr eines Mißverständnisses an die Öffentlichkeit mitzuteilen, in dem allgemeinen Stande unserer modernen Kultur und Civilisation und der Stellung, welche die Kunst, wie er sie verstand, in und zu derselben einnimmt, aufzusuchen. Von neuem sah er sich gezwungen, den Problemen, welche ihn zuerst zum philosophischen Denker gemacht hatten, mit ernster Sorge nachzugehen und, verhindert, einzig so zu der Welt zu sprechen, wie er es am liebsten gethan hätte, nämlich als Künstler, des undankbaren Richteramtes über die Gegenwart und ihre Bestrebungen zu walten. War er in der Zeit nach Abschluß der großen Schriften der 50er Jahre auch als Schriftsteller nur Kunsttheoretiker gewesen, — mit einziger Ausnahme von »Über Staat und Religion«, welche Schrift indessen einen besonderen, s. z. s. bloß privaten Zweck hatte —, so sehen wir ihn nun wieder die menschlichen

Dinge in ihrer Gesamtheit mit ernster Sorge betrachten, sich, wie die Widersacher meinten, mit Dingen abgeben, die ihn als »Musiker« eigentlich gar nichts angingen.

Aber der Standpunkt, von dem aus der Meister nun, nachdem er die Schopenhauersche Philosophie als geistiges Erlebnis hinter sich hatte, Menschen und Welt betrachtet, ist ein ganz anderer, als der, den er unter dem Einflusse Feuerbachs und den Einwirkungen der Revolutionszeit eingenommen hatte, und wie es in jener früheren Geistesperiode der Entwickelungsbegriff ist, der ihm als Schlüssel für die Rätsel unseres Daseins dient, so ist es nun der Regenerationsgedanke, der in den Mittelpunkt seiner Weltanschauung tritt.

Wie wir gesehen haben, bestand die große Umwälzung, welche Schopenhauer in Wagners Denken hervorbrachte, in nichts anderem als in der Vertiefung und Verinnerlichung eines Problems, welches sich dem Künstler zuvor nur in seiner äußeren Gestalt, als eine politische und sociale Frage, geoffenbart hatte, indem es von außen nach innen, aus den Zuständen und Verhältnissen in die Seele und den Willen des Menschen verlegt wurde. Zuvor lautete das Bekenntnis Wagners, kurz zusammengefaßt, so: Die reinmenschliche Natur garantiert die Möglichkeit einer Realisierung des idealen Menschheitszustandes. Es bedarf einzig der Hinwegräumung und Vernichtung der mit der reinmenschlichen Natur im Widerspruch befindlichen äußeren Zustände (politischer Staat, moderne Gesellschaft u. s. w.), um diese sich rein und frei bethätigen zu lassen, — wogegen wir die nunmehrige Anschauung des Meisters folgendermaßen in eine knappe Formel bringen können: Der durch und durch egoistische Wille des Menschen selbst hat die unselige Entwickelung der irdischen Dinge, an der die Gegenwart leidet, verschuldet und mit Notwendigkeit herbeigeführt. Trotzdem finden wir in demselben menschlichen Willen die Anlagen zur Erreichung der höchsten ethischen Ideale. Diese zum Teil verkümmerten und entarteten Keime des besseren Selbst des Menschen aufzusuchen, zu bewahren, zu pflegen und weiter zu entwickeln, ist die Aufgabe, der sich der Meister nun mit vollem Eifer widmet. Zwei Mächte der Wirklichkeit sind es hauptsächlich, die ihm dazu berufen erscheinen, als

Führer und Wegweiser zum Ideale, zu einer Gesundung der verderbten und degenerierten menschlichen Natur uns voranzuleuchten: das Deutschtum und das Christentum.

Diese beiden Richtungen, welche das Wagnersche Denken nun einschlägt — und zwar sei für Freunde eines (in seinem sachlichen Werte allerdings ziemlich prekären) subtilen Periodisierens bemerkt, daß die erstere, die nationale, zuerst sich bemerkbar macht (etwa vom Jahre 1861 ab), während die zweite, die christlich-religiöse, erst in den allerletzten Jahren uns deutlich ausgesprochen entgegentritt —, diese Richtungen werden repräsentiert je durch ein Kunstwerk, »Die Meistersinger von Nürnberg« (vollendet 20. Oktober 1867; erste Aufführung in München 21. Juni 1868), und »Parsifal« (vollendet am 13. Januar 1882, erste Aufführung in Bayreuth am 26. Juli desselben Jahres), sowie durch eine Reihe von Schriften, von denen »Deutsche Kunst und deutsche Politik« (1865) und »Was ist Deutsch?« (Fragment aus dem Jahre 1865, mit einem Nachwort herausgegeben 1878) für die erstere, »Religion und Kunst« (1880) und die daran sich anschließenden Ausführungen »Was nützt diese Erkenntnis?« (1880), »Erkenne dich selbst!« und »Heldentum und Christentum« (1881) für die zweite Richtung die bezeichnendsten und wichtigsten sind.

Das specifisch Deutsche in Richard Wagner, sein hohes unerschütterliches Vertrauen auf den deutschen Geist und sein Streben, den Deutschen eine ebenso originale und ihnen eigentümliche Kunst zu schaffen, wie sie die anderen europäischen Völker bereits besitzen, oder doch in der Vergangenheit besessen hatten, ist so oft gewürdigt worden, daß in diesem Punkte kaum etwas nachzutragen bleibt, wenn nicht dies eine, daß man vielleicht bisweilen zu sehr und zu einseitig in Wagner den bloß »nationalen« Künstler erblickt hat, besonders wenn man unter »Deutsch« einen rein ethnologischen oder gar nur politischen Begriff verstand, ganz im Gegensatz zu Wagner selbst, der das Wort »Deutsch«, wo es bei ihm gleichsam als Terminus auftritt, durchweg in einem höheren, geistigeren und idealeren Sinne anwendet, als dies sonst üblich ist. Wagner war ohne Zweifel ein nationaler Künstler; aber welcher echte Künstler wäre das nicht? Daß das Nationale in ihm besonders stark (aber **nicht einseitig**) ausgeprägt war und sich deshalb zu einem fest bestimmten **Deutschbewußtsein** entwickeln konnte, mag zugegeben werden, wenn man darüber nur nicht vergißt, daß Wagner, so tief auch die Wurzeln seiner Individualität in den heimatlichen Erdboden eingesenkt waren, gerade so, wie jedes wahrhafte Genie, im Laufe seiner Entwickelung über jegliche **nationale Beschränktheit** hinauswuchs und seine Äste und Wipfel frei in den Äther des Allgemein- und Rein-Menschlichen emporstreckte. Man darf dieses »**Über-Nationale**« in Wagner nicht außer acht lassen, wenn man ihm gerecht werden will, als einem Künstler, der, herausgewachsen aus dem Nationalen, gelebt und gewirkt hat für die ganze Welt.* Nur wenn man diese beiden Elemente der Wagnerschen Persönlichkeit, das Nationale und das Über-Nationale in ihm, gleicherweise berücksichtigt, wird man auch ein Verständnis gewinnen können für die anscheinend so schroffen und unvermittelten Wandlungen, welche die Anschauungen Wagners im Laufe seines Lebens in Bezug auf das, was man so gewöhnlich »Patriotismus« nennt, aufweisen. Überblickt man die betreffende Rubrik in der Dingerschen schematischen Tabelle, so könnte man auf die Vermutung kommen, Wagner sei Politiker von Beruf gewesen: in der Art zeigt er sich hier als ewig veränderlicher Proteus. Die Lösung dieses Rätsels liegt aber einfach darin, daß Wagner, wie jeder höhere, nicht in dem »Wahne« des engen, staatsbürgerlichen Patriotismus befangene Mensch, sobald er sich einmal zum Selbstbewußtsein durchgerungen hatte, jederzeit beides zugleich und in einem war, national sowohl als übernational, insofern nämlich als er sich immer bewußt blieb, in wie hohem Grade das Nationale die natürliche **Voraussetzung** seiner ganzen geistigen Persönlichkeit sei, als welche losgelöst vom heimatlichen Mutterboden weder gedeihen, noch auch verstanden und gewürdigt werden könne, ohne darüber zu vergessen, daß sein ideales Ziel ihn hinausweise über jede **nationale Beschränktheit** auf die freien Bergeshöhen des Allgemein-Menschlichen. So sehen wir ihn denn auch — was, wenn er bloß »Deutschtümler« im

---

* Vergl. auch Nietzsche, Richard Wagner in Bayreuth, S. 92.

gewöhnlichen Sinne des Wortes gewesen wäre, nie hätte geschehen können — durchaus nicht den Deutschen, wie er ist, oder gar die deutschen Zustände, wie sie die Gegenwart zeigt, als Ideale hinstellen; vielmehr stellt er sich mit ernstester Sorge die Frage: Was ist Deutsch? — d. h. welches sind die Eigenschaften des Deutschen, die ihn zu einem eigengearteten und vor anderen Nationalitäten ausgezeichneten Repräsentanten des Rein-Menschlichen machen, worin bestehen die Vorzüge, die ihn berufen erscheinen lassen, eine ganz besondere Mission im Dienste der allgemeinen Menschheit zu erfüllen?

Wie er zur Zeit seines ersten Pariser Aufenthaltes nach der Beendigung des Fliegenden Holländers alle seine Wünsche und Hoffnungen in dem einen Begriffe der »Heimat« zusammenfaßte, obgleich er sich sehr wohl bewußt war, wie wenig die thatsächlichen Verhältnisse des deutschen Vaterlandes seiner Sehnsucht wirklich Genüge thun konnten, so verband er auch in der Folge mit der Bezeichnung »Deutsch« einen ausgesprochen idealen Sinn. Ausgehend von der Geschichte der deutschen Kunst, ist ihm das Deutsche zunächst das mit unwillkürlicher Notwendigkeit aus unserer eigenen Natur Hervorgehende im Gegensatz zu dem von modischer Willkür unserem Wesen unorganisch Aufgepfropften, das Echte gegenüber dem Unechten und Falschen, dem »welschen Dunst« und »welschen Tand«. (Vergl. Sachsens Apostrophe am Schlusse der »Meistersinger«.) Und wo immer der Meister daran geht, das näher zu bestimmen, was ihm als das »Wesen« des Deutschen aufgegangen ist, da entnimmt er seine Argumentation nur den höchststehenden Vertretern des deutschen Geistes und den erhabensten Momenten unserer Volksgeschichte. Der Deutsche, wie er ist, besitzt so wenig seine volle Sympathie, daß er nicht übel Lust hat, das Wort Arnold Ruges, der Deutsche sei »niederträchtig«, gelten zu lassen, wenn man dabei nur nicht vergäße, »daß wir ja selbst der ‚Deutsche' sind, der vor seinem eigenen entarteten Wesen zurückschreckt« (IX, 334), — und man kann wohl sagen, daß, was »vorurteilslose« Beurteilung seiner Volksgenossen anbelangt, Wagner sich einem Goethe und Schopenhauer stellenweise würdig genug anschließt. Von dem engherzigen Nationalegoismus, der sein Volk über alle anderen stellt, nicht um der edlen und liebenswerten Eigenschaften willen, die er an ihm entdeckt hat, sondern einzig deshalb, weil das Individuum selbst, das eigene »liebe« Ich ihm gerade zufällig angehört, von dieser Borniertheit war ein Wagner himmelweit entfernt. Worauf es ihm allein ankommt, ist, immer wieder darauf hinzuweisen, wie der deutsche Geist durch Anlagen, welche wir in seinen edelsten Vertretern ausgebildet finden, berufen erscheint, der Menschheit wegweisend voranzuschreiten auf einer Bahn, auf der sie vielleicht noch Rettung finden könnte von dem ihr sonst unausbleiblich drohenden Verfall.

Da sind es in erster Linie die Heroen der deutschen Kunst, welche er als Repräsentanten des »Deutschen« in diesem idealen Sinne ansieht. Sie charakterisiert vor den Künstlern aller anderen Nationen ein tiefer, heiliger Ernst, der den Deutschen zu jener ihn auszeichnenden rein sachlichen Objektivität befähigt und ihn zum berufenen Vertreter des anti-utilitaristischen Princips in der Welt macht. So findet der Meister auf die Frage: »Was ist deutsch«, die Antwort: Deutsch sein heißt, »die Sache, die man treibt, um ihrer selbst willen und der Freude an ihr willen treiben; wogegen das Nützlichkeitswesen, d. h. das Princip, nach welchem eine Sache des außerhalb liegenden persönlichen Zweckes wegen betrieben wird, sich als undeutsch herausstellt« (VIII, 96 f.). Vermöge eben dieses Ernstes fühlt sich der Deutsche gedrungen, den Dingen immer und überall auf den Grund zu gehen, niemals die Schale für den Kern zu nehmen, jederzeit bis zu dem Wesen der Sache vorzudringen. Hieraus entspringt die deutsche Innerlichkeit, vermöge deren der »echte deutsche Instinkt« in allen Dingen nach dem »Rein-Menschlichen« forscht (X, 273). So hat die dem deutschen Geiste angeborene »universalistische« Tendenz sich aller bedeutenden, auf fremdem Boden gewachsenen Erscheinungen bemächtigt, um gleichsam das Innere, eben das »Rein-Menschliche« an ihnen herauszukehren, wie es sich am deutlichsten im Verhältnisse der deutschen Geisteskultur zum klassischen Altertume zeigt, welches, nachdem die »Renaissance« der romanischen Völker ihm nur ihrem eigenen Wesen konforme Äußerlichkeiten willkürlich entnommen hatte, erst durch die deutsche Geistesarbeit eines Winckelmann, Lessing und

Goethe in seinem wahren »reinmenschlichen« Wesen der Welt gedeutet und geoffenbart wurde. »Der Italiener eignete sich von der Antike an, was er nachahmen und nachbilden konnte; der Franzose eignete sich wieder von dieser Nachbildung an, was seinem nationalen Sinne für Eleganz der Form schmeicheln durfte: erst der Deutsche erkannte sie in ihrer reinmenschlichen Originalität und der Nützlichkeit gänzlich abgewandten, dafür aber der Wiedergebung des Reinmenschlichen einzig förderlichen Bedeutung« (X, 40 f.).

Auf dieser seiner Richtung auf das Reinmenschliche, die dem deutschen Wesen überhaupt eignet — denn: »in Etwas ist jeder Deutsche seinen großen Meistern verwandt« (VIII, 165) —, beruht seine hohe weltgeschichtliche Mission.

Hatte Wagner den politischen Aufschwung des deutschen Volkes in den 60er Jahren mit sympathischer Teilnahme verfolgt und die Thaten deutscher Tapferkeit im großen Kriege durch Dichterwort (»Zum 25. August 1870« und »An das deutsche Heer vor Paris«) und die erhabenen Töne seines »Kaisermarsches« gefeiert, so war er weniger erbaut von dem Verlaufe der Dinge, wie sie sich im neuerstandenen Reiche nun entwickeln sollten. Die Persönlichkeit Bismarcks — dies geht aus den wenigen Stellen, wo er von ihm spricht, mit Deutlichkeit hervor — war Wagnern im Grunde durchaus unsympathisch, und, wenn wir gerecht sein wollen, mußte es sein; denn der praktische Opportunitätsrealist, die politische Diplomatennatur, welcher kein Princip und keine Überzeugung zu hoch stand, um sie nicht gelegentlich um eines zu erreichenden Vorteils willen zurücktreten zu lassen, die vor keiner, ihrem innersten Wesen noch so unsympathischen Bundesgenossenschaft zurückschreckte, wenn sie einen momentanen Erfolg zu garantieren schien, dieser Proteus, von dem die anderen immer wähnten, er sei ein Spielball in ihren Händen, während er sie zu seinem Zwecke benutzte, dessen Abneigung gegen allen und jeglichen Doktrinarismus bisweilen bis zu einer Art »dämonischen Leichtsinnes« im Sich-Anschmiegen und skrupellosen Sich-zu-nutze-Machen der extremsten Parteischattierungen ging, — dieser »Realpolitiker« im eminentesten Sinne des Wortes bildete in seinem innersten Wesen den striktesten und ausgesprochensten Gegensatz zu dem idealistischen Künstler, dem, unbekümmert um äußere Wirkung und Erfolg, seine innerste Überzeugung auszusprechen und als eine lebendige Macht durch ihre eigenste Kraft allein zur Geltung zu bringen einziger Zweck seines Daseins war, der jeder noch so unschuldigen Heuchelei und jeglichem diplomatischen Transigieren in innerster Seele abhold, auf seinem Wappen die Devise trug: *Vigeat veritas, pereat mundus!*

Und gerade die liberale Ära der Bismarckschen Politik von Anfang der 70er Jahre mußte auch den damaligen politischen Anschauungen Wagners schnurstracks zuwiderlaufen. Diese selbst bezeichnet Hugo Dinger nämlich ganz richtig als entsprungen einem »idealen Konservatismus«, insofern durch das Beiwort »ideal« der Gegensatz zu dem gewöhnlichen Konservatismus bezeichnet wird, der immer, was für Überzeugungen er auch als Deckmantel zum Zwecke der Agitation vorschützen mag, letzten Grundes beruht auf dem berechtigten Widerwillen eines durch die bestehende Staatsordnung bevorzugten und privilegierten Standes gegen jegliche Veränderung. Geht eine solche trotzdem vor sich, so wird der frühere, nunmehr depossedierte Konservative reaktionär, der bisherige »Liberale« aber konservativ, eine Entwickelung, wie wir sie an der Verschiebung der beziehungsweisen Stellung des Großgrundbesitzes und des Großkapitals zu unserem Staatswesen erlebt haben. Gänzlich anderen, eben rein »idealen« Beweggründen entsprang die konservative politische Gesinnung bei Wagner. Sie ist, wie wir schon gesagt haben, eine direkte und notwendige Folge seines Überganges von einer theoretisch optimistischen Weltanschauung zum Pessimismus. War die Hoffnung auf eine Verwirklichung des Ideals im Laufe der notwendigen und natürlichen Entwickelung der Welt geschwunden, und hatte sich das von Grund aus egoistische Wesen des Menschen selbst als die letzte Ursache dieser Unmöglichkeit, das irdische Dasein befriedigend zu gestalten, enthüllt, so blieb als einziger Ausweg, trotz dieser Erkenntnis den Glauben an die Zukunft sich aufrecht zu erhalten, die Annahme eines Verfalls, einer Degeneration der ursprünglich und von Haus aus keineswegs mit dem Ideal in absolutem

Widerspruch sich befindenden Menschennatur. Mit dieser Annahme mußte dann aber auch jeder Fortschritt, jedes Weiterschreiten auf der Bahn, auf der wir die Menschheit der Gegenwart erblicken, notwendigerweise als fortgesetztes Hinabgleiten auf der schiefen Ebene der Décadence, als weiterer Verfall und Entfernung vom Ideale erscheinen, wogegen die einzig mögliche Thätigkeit des praktischen Idealisten jetzt nur noch im Aufhalten dieser als zum Untergang führend erkannten Bewegung, im sorgsamen Bewahren und Pflegen des noch intakt gebliebenen edleren Kernes des Menschenwesens, d. h. eben in einem, im idealsten Sinne des Wortes, konservativen Wirken erblickt werden konnte.

Nennen wir für die geschichtsphilosophische Auffassung des ganzen Menschheitsdramas den Namen Thomas Carlyle, für die Beurteilung der politischen Zustände des neuen deutschen Reiches den föderalistischen Publicisten Constantin Frantz, so haben wir ungefähr die Grenzlinien umschrieben, innerhalb deren sich das historisch-politische Denken des Meisters in seinen letzten Lebensjahren bewegte, — zusammengehalten und durchglüht von dem einen immer wieder auftauchenden Gedanken, in dem er sich mit beiden angeführten Männern begegnete, — dem Glauben an die hohe weltgeschichtliche Mission des Deutschtums. —

Die zweite Hoffnung, auf welche sich neben dem Vertrauen auf den deutschen Geist Wagners Glaube an die Möglichkeit einer idealeren Gestaltung der Zukunft der Menschheit stützte, war das Christentum. »Noch besteht das Christentum,« das ward für Wagner der trostreiche Gedanke, welcher in erster Linie seinem Lebensabend jenen erhabenen Schimmer seliger Milde und ruhiger Verklärtheit verleiht, der auch den in rührende Ergriffenheit bannen muß, dem es seine geistige Individualität nicht erlaubt, dem Meister immer und überall auf diesen seinen letzten Gängen mit vorbehaltsloser Zustimmung zu folgen. Gerade dieser »Umfall« und »Abfall« zur principiellen Religiosität — anders konnte sich ja unser erleuchtetes und »aufgeklärtes« Zeitalter die Entwickelung Wagners in diesem Punkte gar nicht vorstellen! — ist nun aber von jeher immer wieder mißverstanden und, absichtlich oder unabsichtlich, falsch gedeutet worden, wenn man (wenn auch zarter ausgedrückt) nichts anderes darin zu erblicken vermochte, als eine neue Bestätigung des psychologischen Gemeinplatzes: *Jeune cocotte, vieille bigotte.* Zur Widerlegung dieser ganz unhaltbaren Auffassung, — die den Bayreuther Meister etwa mit einem Friedrich Schlegel in die Kategorie der innerlich halt- und charakterlosen Konvertitennaturen bringen würde, während vielmehr sein Verhältnis zum Christentum vielfach Ähnlichkeit zeigt mit dem eines anderen unserer Größten, des Dichters der »Braut von Korinth« und des II. Teiles des Faust —, möge nur auf zwei Punkte ganz kurz hingewiesen werden.

Erstlich ist es nicht abzustreitende Thatsache, daß ein tiefes religiöses Gefühl sich gleichmäßig durch die ganze geistige Entwickelung Wagners hindurchzieht. Jene Sehnsucht, jenes Erlösungsbedürfnis, das wir als dichterisches Grundmotiv in sämtlichen Wagnerschen Dramen ohne Ausnahme finden, es war ja im Grunde von Anfang an nichts anderes als ein Ausfluß desselben Gefühls tiefster Unbefriedigung durch die Dinge und Zustände der realen Welt, das den Menschen seit jeher dazu antrieb, in einem überirdischen Dasein das zu suchen, was ihm hienieden zu finden unmöglich dünken mußte. Und wenn wir Wagnern in seiner Feuerbachschen Periode dem Christentum den Vorwurf machen hören, daß es eben mit seiner Transcendentalität, dadurch daß es das Paradies »über'm Sternenzelt« gesucht habe, statt seine Verwirklichung in der irdischen Welt anbahnen zu helfen, ein naturwidriges und krankhaftes Ideal aufgestellt habe, so können wir unschwer erkennen, wie auch diese ungerechte Beurteilung des »Wesens des Christentums« sofort einer gerechteren Würdigung Platz machen mußte, sobald der Meister selbst die Unmöglichkeit einer restlosen Realisierung seines Ideals auf dieser Erde eingesehen hatte, wie sie uns denn schon in der Schrift »Über Staat und Religion« entgegentritt, wo an Stelle der früheren diesseitigen allgemeinen Menschheitsreligion der Zukunft das Christentum gerade w e g e n seiner überirdischen Jenseitigkeit als die Religion *par excellence*, s. z. s. als die specifisch »religiöse« Religion proklamiert wird. Wenn man nun noch bedenkt, daß die erhabene Persönlichkeit des Stifters der christlichen Religion selbst dem Meister Zeit seines Lebens ein Gegenstand höchster und aufrichtigster Verehrung war, daß in seiner in gewissem Sinne »revolutionärsten« Schrift »Die Kunst und die Revolution« Jesus und Apollon die »zwei erhabensten Lehrer der Menschheit« genannt werden, daß er zu derselben Zeit ein Drama plante, in welchem Jesus als Verkünder seiner eigenen Weltanschauung auftreten sollte, und endlich daß der Begriff der Liebe, in welchem sich eigentlich die ganze Wagnersche Ethik zusammenfaßt, gerade so (wenn auch etwas anders gefärbt) im Mittelpunkt seines revolutionären Denkens steht, wie er, in der aus Schopenhauer entlehnten Fassung als »Mitleid«, den eigentlichen ethischen Kern seiner späteren Regenerationsidee bildet, so kann man sich unmöglich der Einsicht verschließen, daß hier überhaupt kein Bruch, kein »Abfall« oder »Umfall«, wie die »freien Geister«, aber auch keine plötzliche Gnadenwirkung oder göttliche Erleuchtung, wie die Gläubigen wohl sagen würden, vorliegt, sondern eine ganz einfache und natürliche Entwickelung, deren Einheitspunkt so offen und klar zu Tage liegt, daß es wahrlich, um ihn zu entdecken, keiner besonderen Clairvoyance bedarf.

Ich komme jetzt auf die zweite Instanz gegen die beliebte Deutung der Wagnerschen Religiosität als einer Erscheinung seniler *décrépitude*. Man könnte nämlich noch zur Not von einem »Alters«-stadium in der Wagnerschen Weltanschauung reden, wenn er bei dem Schopenhauerschen absoluten Pessimismus stehen geblieben wäre, wenn er sich wirklich zu einer asketischen »Weltflucht« hätte entschließen können, und wenn er etwa statt des christlichen »Parsifal« die indisch-buddhistischen »Sieger«, mit welchem Plane er sich eine Zeitlang trug, ausgeführt hätte. Gerade aber daraus, daß dies nicht der Fall war, daß er das pessimistisch-optimistische Christentum dem rein pessimistischen Buddhismus vorzog, kann man ersehen, wie ungebrochen die Kraft dieses Geistes geblieben ist, der imstande war, nach einer erschütternden Katastrophe, in welcher ihm alle seine schönsten Zukunftsträume jäh erblaßten und ins wesenlose Nichts versanken, neuen Mut und neue Hoffnung zu fassen, und gerade im höchsten Alter wieder erneutes Zutrauen zu gewinnen wußte zu der wunderwirkenden

Macht der im Menschen trotz allem vorhandenen reinen und edlen Seelenkräfte. So weit war dieser titanische Genius von jeder Spur sich bemerkbar machender »Greisenhaftigkeit« entfernt, daß er gerade im letzten Decennium seines Lebens die Kraft in sich fühlte, die beiden Antithesen seiner Geistesentwickelung, den Feuerbachschen Optimismus und den Schopenhauerschen Pessimismus, in einer höheren Einheit aufzuheben und zusammenzuschließen, zu einer Einheit, für die ihm sich eben die christliche Religion als entsprechendes Symbol darbot.

Darum ist es von großer Wichtigkeit, den »Parsifal«, die letzte Bühnenschöpfung, in welcher der Meister seine religiöse Weltanschauung künstlerisch zum Ausdruck brachte, nicht dahin mißzuverstehen, als ob gänzliche Weltflucht, mönchische Askese und absolute »Verneinung des Willens zum Leben« das in diesem Werke gepredigte ethische Ideal seien. Vielmehr wird ein aufmerksames Studium der Dichtung und Musik dieses Dramas — denn beide bilden auch hier, wie in jedem Wagnerschen Drama, eine untrennbare Einheit — gar bald zu der Einsicht führen, daß, so sehr auch Wagner von jedem Betonen eines einseitig konfessionellen Standpunkts entfernt ist, — über das historische und kirchliche Christentum fällte er dasselbe Urteil, wie Schopenhauer, daß nämlich durch seine unorganische Verquickung mit dem ihm gänzlich heterogenen Geiste des alten Testamentes der innerste Kern des christlichen Erlösungsgedankens, die ewige Wahrheit an ihm, bis zur Unkenntlichkeit entstellt worden sei — daß, sage ich, gerade eine specifisch protestantische Auffassung des Christentums im »Parsifal« zu Tage tritt. Denn weit davon entfernt, daß die sittliche Umkehr, wie sie das Christentum verlangt, aus der Welt hinausführte in eine einsiedlerische Abkehr von allem positiven Wirken und Schaffen, stellt sie uns vielmehr erst recht mitten in sie hinein, und gerade die Überwindung der Welt selbst weist uns wieder auf sie zurück, um in ihr den neuen Menschen zu bethätigen, in stetem Kampfe mit den Mächten τοῦ τοιούτου κόσμου das ideale Princip zum Siege zu führen und schließlich das »Reich Gottes« hienieden Wirklichkeit werden zu lassen: in diesem positiven und affirmativen Grundzuge begegnet sich der Parsifal mit dem Geiste des

Protestantismus, dem das Evangelium der »Sauerteig« ist, der die ganze Welt erneuernd durchdringen soll.*

Also: bedingter Pessimismus, d. h. Festhalten an der pessimistischen Grundüberzeugung in Bezug auf die Welt und die Menschheit der Gegenwart nicht nur, sondern auch der Vergangenheit, solange sie uns als geschichtliche Erfahrung bekannt ist; daneben: Annahme einer Abirrung des Menschen von seiner reinen Natur und eines daher datierenden allgemeinen, immer offenkundiger werdenden Verfalls der Menschheit, und endlich Glaube an die Möglichkeit einer Regeneration im Sinne des reinmenschlichen Ideals, gewonnen aus dem Vertrauen auf die Macht des deutschen Geistes, wie er sich namentlich in der deutschen Kunst und hier wieder in erster Linie in der deutschen Musik geoffenbart hat, und des Christentums, wie er es nun erkannt hatte, — in diesen Schlagworten läßt sich ungefähr die Summe dieser letzten Form, welche die Wagnersche Weltanschauung annahm, kurz zusammenfassen.

Gegen das Ende seines Lebens trat Wagnern ein Mann näher, der eben jetzt beginnt, die Aufmerksamkeit weiterer Kreise auch in Deutschland auf sich zu ziehen, ich meine den Grafen Gobineau. Auch dieser hatte in seinem epochemachenden Werke »*Essai sur l'inégalité des races humaines*« (1853/55)** eine allgemeine Degeneration als charakteristisches Kennzeichen unserer gegenwärtigen Kulturzustände bezeichnet, suchte diese aber aus der natürlichen Ungleichheit der Menschenrassen und der Eigentümlichkeit aller civilisatorischen Nationen, sich im Laufe ihrer Entwickelung mit fremden Stämmen zu vermischen und infolgedessen ihrer ursprünglichen Reinheit und körperlichen wie geistigen Überlegenheit verlustig zu gehen, zu erklären. Wagner, der schon früh, und zwar in

---

* Über Wagners Verhältnis zur christlichen Religion vergleiche, neben vielen Beiträgen der »Bayreuther Blätter«, namentlich den trefflichen Aufsatz: »Richard Wagners Stellung zum Christentum« von Arthur Seidl in »Die christliche Welt«, Leipzig 1893, No. 41—45.

** Versuch über die Ungleichheit der Menschenrassen. Vom Grafen Gobineau. Deutsche Ausgabe von Ludwig Schemann. Erster Band 1898.

seinem »Judentum in der Musik« (1850) die Bedeutung des Rassenunterschiedes für die Erscheinungen der geistigen Kultur in ihrer ausschlaggebenden Wichtigkeit erkannt hatte, fühlte sich von dieser Theorie seines geistvollen und gelehrten französischen Freundes sympathisch angezogen, ohne indessen die Hoffnung auf eine Abwendung der nach Gobineau unausbleiblichen Schlußkatastrophe der großen Kulturtragödie der europäischen Menschheit sich gänzlich rauben zu lassen. Indessen, wenn in besonders ernsten Augenblicken der Ausblick auf eine hoffnungsvolle Zukunft auch ihm sich manchmal trübte, dann sehen wir wohl, wie sehr die Gobineausche Perspektive seine innerste Seele ergriffen. So in dem (teilweise bereits citierten) von Hans von Wolzogen überlieferten Ausspruche, den ich hier *in extenso* anführen will, um zu zeigen, erstlich wie wenig Wagner auch nach der Überwindung des unbedingten Pessimismus Schopenhauers in eine sorglose, leichtsinnige Hoffnungsseligkeit sich einlullen ließ, und zweitens, wie unerschütterlich diese Heldennatur an der Notwendigkeit praktischer Bethätigung des Idealismus im Leben festzuhalten wußte, auch wenn aller Glaube an einen thatsächlichen Erfolg solcher Bestrebungen dahinschwinden sollte. Wolzogen berichtet (Erinnerungen an Richard Wagner S. 15): »Er sprach es noch in seinen letzten Jahren öfters aus, was er in der Kunst und von ihrer Zukunft ersah: ‚Es steht schlimm mit unserer Kultur! Retten wir wenigstens auf alle Fälle das Gute, Schöne, Edle, was uns darin noch geblieben ist; suchen wir sie wie eine Fahne im Gefecht zu schützen, wie ein Heiligtum nach Möglichkeit rein zu erhalten. Vielleicht bleibt es noch über den allgemeinen Untergang, der doch schließlich vorauszusehen ist, als unbeachtetes Kleinod hinübergerettet; wenn nicht, — nun, so ist es schon etwas wert, daß in dem großen Untergange nicht nur das Schlechte und das ganz Verdorbene, sondern auch noch ein Weniges von dem edelsten Erbe der Menschheit mit untergeht!' Immer mehr schien ihm ein würdiges heroisches Ende des Großen, Edlen und Schönen das höchsterreichbare Ziel unseres Strebens,« — woraus man dann wohl schließen könnte, daß gerade in den allerletzten Jahren des Meisters, zeitweise wenigstens, wieder eine größere Hinneigung zu einer absolut pessimistischen

Weltanschauung, zu einer rückhaltslosen Anerkennung des Tragischen als »Weltgesetzes« sich eingestellt habe.

Es erübrigt noch, der Stellungnahme Wagners zu zwei Bewegungen der Gegenwart Erwähnung zu thun, welche zwar, meiner Meinung nach, für die Würdigung des inneren Wesens seiner Weltanschauung in ihrer letzten Entwickelungsphase von keiner allzugroßen, geschweige denn principiellen, Bedeutung ist, die aber doch so viel von sich reden gemacht hat und so vielfach mißverstanden worden ist, daß sie nicht übergangen werden kann. Ich meine sein Parteiergreifen für die Antivivisektionsbewegung und den Vegetarianismus. So befremdlich es auf den ersten Blick erscheinen mag, wie ein Künstler — mochte er immer, wie jeder andere Mensch, auch über diesen Punkt seine eigene Meinung haben — sich gedrungen fühlen konnte, für eine seiner Lebensbethätigung so fernliegende Frage, wie die nach der Berechtigung des physiologischen Experimentes am lebenden Tierkörper, die volle Autorität seiner Person einzusetzen und vor der Öffentlichkeit in die Wagschale zu werfen,* so wenig wird es den erstaunen, der die Wagnersche Persönlichkeit genauer kennen gelernt hat. Ebenso großer Tier- als Menschenfreund,** von Schopenhauer belehrt über die metaphysische Identität der Tier- und Menschenseele, des in beiden zur Erscheinung gelangenden »Willens zum Leben«, unfähig, sein alle Schmerzen der Welt sympathisch mitleidendes großes Herz irgend einem fremden Weh zu verschließen, mußte ihm die Vivisektion als das erscheinen, als was er sie beurteilte: ein Greuel. Aber dieser Abscheu allein würde vielleicht noch nicht imstande gewesen sein, den Meister zu öffentlichem Aussprechen seiner Ansicht in dieser Frage zu bewegen, wenn die Vivisektion sich ihm nicht als ein charakteristisches Zeichen der Zeit geoffenbart hätte, als ein Symptom jener utilitaristischen Richtung, der er seine religiöse und ethische Weltanschauung als ihr direktes Gegenteil entgegensetzen zu müssen glaubte. Denn womit begründen die Physio-

---

* Offenes Schreiben an Herrn Ernst von Weber (1879) X. 194 ff.
** Vergl. H. von Wolzogen, Richard Wagner und die Tierwelt. Leipzig, Hartung u. Sohn.

logen die Notwendigkeit der Vivisektion anders als mit dem Hinweise auf das »Heil« der Menschheit, in deren Dienste und zu deren Nutzen das Tier gemartert werde? Aber Wagner war diesem Nützlichkeitsstandpunkte gegenüber in innerster Seele davon überzeugt, daß es keinerlei »Heil« für die Menschheit gebe, als das ihr von innen Kommende einer sittlichen Wiedergeburt, die sich zuhöchst zu bethätigen habe in der Anerkennung des Mitleidens als unumstößlichen Moralprincips, — daß, wenn anders das Menschenleben mit seinem endlosen Leiden mehr und etwas besseres sein solle als ein absolut ziel- und zweckloses Chaos, einzig seine ethische Bedeutung als eines Passionsweges des Willens, auf welchem er sich durch Leiden aus seiner Blindheit zum Wissen seiner selbst und damit zum Frieden und zur Einigkeit mit sich zu erlösen habe, ihm einen Sinn verleihen könne. Die Erkenntnis, daß alle lebenden Wesen im tiefsten Grunde mit unserem eigenen Ansich identisch sind, diese höchste Einsicht, der das unbegrenzte Mitleid mit aller empfindungs- und leidensfähigen Kreatur entblüht, sie ist das einzige Ziel unseres jammervollen Daseins, sein oberster Endzweck, gegen den alle anderen Rücksichten zurückzutreten und zu schweigen haben.

Der Anhänger der utilitaristischen Weltanschauung kann ohne Zweifel nur ein ironisches Lächeln übrig haben für derartige »sentimentale Anwandlungen«, aber, wer da etwas tiefer hinabgeblickt hat in die Abgründe unserer so fragwürdigen Existenz, dem wird wenigstens das Eine einleuchten, daß hier ein Problem vorliegt, über das ein ernster Denker nicht mit einer einfachen Statistik und dem kahlen Hinweis auf den »unbestreitbaren Nutzen und Segen« hinweggehen darf.*

Eine Wiederaufnahme des die Schriften der revolutionären Periode durchziehenden Gedankens, daß die menschliche Natur ursprünglich und von Haus aus dazu bestimmt gewesen sei, sich ruhig und konfliktlos in der Richtung ihrer edelsten und reinsten Kräfte und Fähigkeiten zu entwickeln, von welcher

---

* Man vergleiche auch Schopenhauers Ansichten über die Vivisektion, — also eines Denkers, der selbst ein für seine Zeit trefflich geschulter Physiologe war und die Sache nicht bloß vom Hörensagen kannte. Werke (Reclam) V, 392 ff.

Entwickelung sie einzig durch ein Abirren von dem ihr vorgezeichneten Wege abgekommen sei, war es dagegen, was Wagnern zum Vegetarianismus hinzog. Im Anschluß an die Schrift des französischen Vegetarianerapostels Gleïzès »Thalysia« (Deutsche Übersetzung von R. Springer, 1872) versuchte Wagner, sich das »Phantasiebild« (wie er es selbst nannte) einer in den Urzeiten bloß von Vegetabilien sich nährenden und infolge dieser Nahrung paradiesisch milder Sitten und edel sanfter Lebensgewohnheiten sich erfreuenden Menschheit zu zeichnen. Geologische Umwälzungen und daraus entstandene Hungersnot hätten diesen »Naturmenschen« gezwungen zur Fleischkost überzugehen, zum Raubtier zu werden und damit auch Raubtiercharakter anzunehmen. Einzig die Rückkehr zur »naturgemäßen« Lebensweise, eben der vegetarischen, könne Heilung dieser Krankheit, an der die Menschheit bis zum heutigen Tage hinsiecht, bringen.

Es kann hier nicht unsere Aufgabe sein, uns mit diesen unleugbar »kühnen«, nicht immer von allzufest fundamentierten Hypothesen gestützten »Phantasieen« kritisch auseinanderzusetzen; vielmehr kommt es uns einzig darauf an zu zeigen, wie sie aus dem, was man die »innere« Weltanschauung Wagners nennen kann, im Gegensatz zu ihrer »äußeren« und wechselnden begrifflichen Form und Einkleidung, hervorgehen. Und da ist es denn immer wieder nur der unerschütterliche Zukunftsglaube des Meisters, die aus der besonderen und individuellen Artung seines geistigen Charakters fließende Notwendigkeit, zu hoffen und immer wieder zu hoffen trotz aller Enttäuschungen, was ihn veranlaßte, mit rührendem Ernst und banger Sorge dahin auszuspähen, wo immer sich nur die kleinste, wenn zunächst auch noch so unbestimmte, Aussicht auf einen Weg des Heils, auf eine Möglichkeit der Rettung aus einer als leidvoll und unwürdig erkannten Existenz ihm zu bieten schien.

Der nüchternere Geist aber, dem es vielleicht bedünken möchte, als sei es eben doch wieder nur der »menschenerlösende Wahn« gewesen, der dem Meister diese Phantasmagorieen vorgespiegelt habe, um ihm dadurch das Weiterschaffen und -wirken nach herbsten Enttäuschungen überhaupt nur zu ermöglichen, der möge einen Blick auf die beiden Werke richten, in welchen die Weltanschauung Wagners in ihrer entwickeltesten und abgeklärtesten Form zu künstlerischem Ausdruck gelangte, auf »Die Meistersinger« und »Parsifal«. Beide gehören untrennbar zusammen als die Werke, in welchen nicht nur das negative Element der Erlösung, die Verneinung des zwiespältigen und sündigen »Willens zum Leben«, sondern auch die positive Seite dieses Befreiungsaktes, die Bejahung des »besseren Bewußtseins«, das sieghafte Durchdringen zu einem edleren und reineren Wollen sich uns in künstlerischer Gestaltung offenbart. Hans Sachs, der aus der Zerrissenheit eines in sich gespaltenen Strebens zur seligen Verklärtheit eines welterlösenden Humors emporgehobene Wotan, und Parsifal, der aus der Realität des Ewig-Natürlichen in die Idealität des Reinmenschlichen übersetzte Siegfried, sie ergänzen einander zu einem Bilde, das uns den tiefen Sinn und die ewige Wahrheit der Wagnerschen Weltanschauung in ihrer alle Gegensätze versöhnenden Harmonie, zu der sie sich schließlich verklärte, deutlicher und reiner kündet, als dies jemals durch eine noch so gründliche Untersuchung vielfach mißverständlicher theoretischer Meinungsäußerungen ermöglicht werden könnte. »Durch Entsagung — nicht zum Tode, sondern zum Leben!« — das könnte man als den Wahlspruch der in diesen beiden Werken niedergelegten Weltanschauung bezeichnen, die damit in der Sphäre der künstlerischen Intuition das mit unmißverständlicher Klarheit darstellen und interpretieren, was Wagner meinte, wenn er einmal der von Schopenhauer negativ als »Verneinung des Willens zum Leben« bezeichneten Erlösung die eigentliche Bedeutung einer Affirmation, als der Negation einer Negation, d. h. der Wiederherstellung der von ihrem ursprünglichen und wahren Wesen abgeirrten und einzig in dieser ihrer Verirrung uns aus der geschichtlichen Erfahrung bekannten Menschennatur zuerkennt. Das Gebiet aber, auf dem Wagner dieses Wunder der Erlösung zum Leben allein mit alle Bedenken überwindender, das menschliche Gefühl ganz unmittelbar gefangennehmender und widerstandslos überzeugender Macht zu einem so zwingenden Ausdruck bringen konnte, daß sich auch das skeptischeste Gemüt ihm nicht zu entziehen vermag, ist einzig wieder nur seine Kunst.

Schluß.

Der Aufgabe, dieses »holde Wunder« durch die zersetzende Analyse einer ins Einzelne gehenden philosophischen Deutung zu zerpflücken und zu zerstören, kann ich mich nun um so mehr überhoben erachten, als bei diesen Werken weder principielle Mißverständnisse — von der angeblichen »Weltflüchtigkeit« des Parsifal ist übrigens schon die Rede gewesen — aus dem Wege zu räumen sind, noch auch ihre Stellung als krönender Abschluß einer Weltanschauung, die wir in ihrem Wachsen und Werden vor uns haben vorüberziehen sehen, die besondere Klarlegung ihrer Bedeutung für diese Entwickelung notwendig macht. Hier legt der »Darsteller« der Weltanschauung den Griffel aus der Hand, um die einzig adäquate Darstellung der »Philosophie« des Künstlers an die Stelle seiner trockenen Darlegungen treten zu lassen: — die lebendige Wirkung des Kunstwerkes selbst. Der Rest ist, für ihn — Schweigen, für den Leser — Schauen und Erleben! —

Namen- und Sachregister.

A.

Abstraktion s. Anschauung.
Allgemeinheit s. Individuum.
Altruismus 81.
Amor (s. a. Liebe) 130, 136—139.
Amor und Caritas 82, 132, 138 f.
Anarchismus 76, 98 f., 144.
Anschauung und Begriff 3 ff., 10, 26 f., 70, 119 f.
Anthropologismus 73 f.
Antike 31, 35, 79, 86, 174 f.
Apollon 88, 179.
Aristoteles 26.
Arnim-Brentano (Des Knaben Wunderhorn) 31.
Auber 54.

B.

Bahnsen, Julius 39, 138 f.
Bakunin 63.
Bayreuth 163 f., 166 f.
Bayreuther Blätter 65, 137, 181.
Beethoven 8, 23 ff., 27—30, 34 f., 50—54.
Befreiungskriege, die deutschen 30 f., 38.
Begriff s. Anschauung.
Bellini 54.
Berlioz 30.
Bewußtsein s. Schaffen.
Bismarck 41, 152, 175 f.
Boisserée, Gebrüder 31.

Briefe R. Wagners: an Liszt 24, 107, 146, 150; an Röckel 125, 128, 130, 132, 146, 151; an Schopenhauer 136 f.; an Uhlig etc. 96, 118, 140, 158.
Brünnhilde 124, 126.
Bülow, Hans von 166.
Bulwer (Rienzi) 56.
Byron 31.

C.

Calderon 31.
Caritas s. Amor.
Carlyle, Thomas 63, 177.
Charakter R. Wagners 18, 37 f., 43 —49, 109 f., 142 f.
Chamberlain, H. St. 16 f., 67, 71 ff., 95, 134 f., 162.
Christentum, das, und Wagners Verhältnis zu ihm 14, 19 f., 104, 115, 155 f., 171, 177—181.
Christentum und Hellenismus 87 f.
Civilisation 84 f., 90 f., 117 f., 158 ff., 169.

D.

Degeneration s. Menschheit.
Denker s. Künstler.
Deutsch (s. a. Nationale, das) 29, 54, 59 f., 115 f., 166, 171—175, 177, 181.
»Deutsch? Was ist« 60, 171.

»Deutsche Kunst und deutsche Politik« 171.
Deutschland, das junge 32.
Dichtkunst und Musik. 21—28.
——, Entwickelungsgang der deutschen 25 ff.
Dinger, Hugo 16 f., 63, 84, 97, 147, 176.
Dogma, religiöses 156 ff.
Donizetti 54.
Drama, antikes 26, 86.
——, gesprochenes 7.
——, das ideale (s. a. Worttondrama) 25 f.
Dramatiker, Wagner als s. Worttondichter.
Dualismus im Wollen des Menschen 39—43.
Duns Scotus 72.

E.

Egoismus 81 f., 151—154.
Einseitigkeit, Wert der 10 f.
Ellis, William Ashton 63.
Entwickelung s. Evolutionismus.
Entwürfe, Wagners dramatische 65 ff.
Erlösung 19, 124, 127, 129, 145, 148, 155 f., 178, 180, 186.
Ernst 174.
Ethik 34 f., 47, 126, 144, 146 ff., 156, 168, 170, 179 f., 183 f.
Europa, das junge 55.
Evolutionismus 75 f., 84 f., 93, 121 f., 170.

F.

»Feen, Die« 52 f.
Feuerbach, Friedrich 77.
—— Ludwig, und Wagners Verhältnis zu ihm 14 f., 18—20, 33, 69—78, 80 f., 98, 100, 118 f., 121, 128, 141 f., 145 ff., 170, 178, 180.
Fischer, Kuno 33.
Frantz, Constantin 33, 177.
»Friedrich Barbarossa« 35.

G.

Gedichte Wagners, kleinere 175.
Gefühl und Verstand 67, 111, 113.
Gegenwart, die (s. a. Kunst) 89 ff.
Genies, die Tragödie des 111, 113.
Gesamtkunstwerk, das (s. a. Künste) 91 ff.
Geschichte 26, 68, 75 f., 78 f., 83 ff.
Geschichtsphilosophie 18, 75 f., 85—89.
Geyer, Ludwig 34.
Gleïzès, Antoine 185.
Glückseligkeitstrieb 83.
Gnade s. Recht.
Gobineau, Graf 181 f.
Goethe 25 ff., 31, 39 f., 133, 173 f., 178.
Goltz, Bogumil 11.
»Götterdämmerung, Die« 124, 130 ff.
Gottfried von Straßburg 103.
Gozzi 37, 52.
Griechentum 86—89.
Grimm, Gebrüder (Märchen) 31.

H.

Hegel 18, 33, 74 ff., 84, 118, 121.
Heiligen, die Natur des 42.
Heinse (Ardinghello) 55.
Hellenentum s. Griechentum.
Herwegh, Georg 129.
Hoffmann, E. Th. A. 32, 35—38, 51 ff.
»Holländer, Der fliegende« 60, 64 f., 71, 101—107, 110 f., 114, 117, 119 f., 122, 141, 173.
Humor 154, 186.

I.

Ibsen, Henrik 164.
Ideals, die widerspruchsvolle Natur des 39 ff.
——, Verwirklichung des 18 f., 40 ff., 47, 49, 75 f., 89 f., 118 f., 144, 147 ff., 153—156, 158, 160, 165, 176.
Idealismus, praktischer 49, 98, 143.
Individuum und Allgemeinheit 83 ff.
Innerlichkeit 174.
Instinkt s. Schaffen.

J.

Jesus 77, 88, 179.
»Jesus von Nazareth« 65, 76, 122 f., 179.
»Judentum in der Musik, Das« 182.
Julirevolution, die 38 f., 51.

K.

»Kaisermarsch« 175.
Kant 25 f., 28, 33, 43, 47.
Kapitalismus 58, 62.
Kolumbus 129.
Kommunismus 81 f.
Königtum 97, 154 f.
Konservativ 89, 154, 176 f.
Kontemplative Natur, die 41 f.
Körner, Theodor 30.
Kultur 83 ff., 158 ff., 169.
Kunst 6, 79, 89 ff., 150 f., 157—160, 169.
—— und Gegenwart 61, 89 ff., 158.
—— und Industrie 58, 62.
—— und Leben 49, 151, 158—165.
—— und Philosophie 2—5, 9, 187.
——, die deutsche, als Kulturgewalt 20 f.
——, ——, und die deutsche Philosophie 21.
—— die Wagnersche, ihre Stellung in der Gegenwart 161—164, 167.
»—— und Klima« 73.
»—— Die, und die Revolution« 73, 85, 88, 179.
Künste, die einzelnen, und das Gesamtkunstwerk 22 f., 92—95.
Kunstlehre, Wagners 91—97, 147.
Künstler, Wagner als 5—9, 119 f., 151.
—— und Denker 5 ff., 13 f., 26 f., 70, 119 f., 127, 141 ff., 169 f., 186 f.
—— und Mensch 44, 69, 159.
Künstlerische Mensch, der 42 f.
Kunstwerk, das 4.
—— Form und Inhalt im 13 f., 26, 67 f., 115 f.
Kunstwerkes, Sinnlichkeit des 54.
Kunstwerk der Zukunft 91—97, 158.
»Kunstwerk der Zukunft, Das« 72 f., 89, 99, 156.
Kunstwerke, Wagners 5 ff.
——, ——, frühere und spätere 101—105.
——, ——, Verhältnis zu den Quellen 102 ff.
——, ——, als Selbstbekenntnisse 105 f., 109 f.

L.

Lange, Fr. A. 74.
Leben s. Kunst.
Leben, Wagners: Abstammung 33 f. Jugendeindrücke 35 ff. Schul- und Studienzeit 50 ff. Paris 55—59. Dresden 60 ff. Verbannung 63, 139 f. Vom 2. Pariser Aufenthalt bis zum Ende 165 ff.
Lebensaufgabe, Wagners 7 ff., 17 f., 27 ff.
Lessing 174.
Lichtenberg, G. Chr. 36.
Liebe (s. a. Amor und Caritas) 46, 81 f., 87, 130, 132, 139, 168, 179.
Liebesbedürfnis 80, 82 f., 128, 151.
»Liebesverbot, Das« 52—55.
Liszt, Cosima 166.
——, Franz 8, 30.
»Lohengrin« 14, 64 f., 71, 78, 101—105, 110—117, 119, 122, 141.
Lucrez 77.
Ludwig II., König von Bayern 151, 157, 166.

M.

»Meistersinger von Nürnberg, Die« 60, 101—104, 140 f., 153 f., 158, 171, 173, 186 f.
Mendelssohn, Felix 50.
Mensch s. Künstler.
——, natürlicher und historischer 78 f.
——, seine sociale Natur 83.

Mensch und Philister 118.
Menschheit, Entwickelungsgang der 86 ff.
——, Verfall der 19, 176 f., 181, 185.
Meyerbeer, G. 30, 56.
Mitleid 81 f., 179, 184.
»Mitteilung an meine Freunde, Eine« 73, 101, 105, 113, 119, 151.
Mozart 34, 50, 66.
Musik 23 ff., 27, 46, 147, 159, 168.
—— und Dichtkunst 21—29.
——, Entwickelungsgang der deutschen 23 ff.
Musikschwärmerei 161 f.
Mythos 78.

N.

Napoleon Buonaparte 30.
Nationale und Übernationale, das, in Wagner 171 f.
Natur und Kultur 83 ff., 117 f.
»Nibelungen« s. »Ring«.
»Nibelungenmythos, Der« 125.
Nietzsche, Friedrich 20, 25 44 f., 48 f., 133, 164, 172.
Nordau, Max 164.

O.

Objektivität 10, 174.
Oper 7, 27 f., 51, 57, 66 f., 95 f.
——, deutsche 31.
——, deutsche, französische und italiänische 54.
»Oper und Drama« 8, 73
Optimismus und Pessimismus 15, 19 f., 98, 118—121, 127 f., 133, 136, 139—147, 149—156, 165, 168 ff., 176 f., 179—183.

P.

»Parsifal« 14, 76 f., 101—104, 156, 166, 171, 179 f., 186 f.
Patriotismus (s. auch Deutsch) 153, 172.
Paulus, der Apostel 42.

Pessimismus s. Optimismus.
Philosoph s. Denker.
Philosophie und Kunst 2 ff.
—— und Religion 2.
——, deutsche 32 f.
»Pilgerfahrt zu Beethoven, Eine« 66.
Planer, Wilhelmine 55.
Platon 22 f., 138, 141.
Politik, die, und Wagners Verhältnis zu ihr 97, 148, 151 ff., 156, 166, 170, 175—177.
Politiker, der 41, 175 f.
Prosaschriftsteller, Wagner als 5 ff., 37, 159.
Protestantisch 180 f.

R.

Rassenfrage 182.
Reaktion in Deutschland, die 38.
Recht und Gnade 155.
Reflexion s. Schaffen.
Reformator, Wagner als (s. a. Theaterreformator) 34, 60 ff.
Regeneration 143 f., 170, 179, 181.
Reinmenschliche, das 17 f., 29, 49 f., 68 f., 73 ff., 78 ff., 115, 118, 143 f., 147, 155, 159 f., 163, 170, 173 ff., 186.
Reinmenschlichen, die Sehnsucht nach dem 105 ff., 110, 114 f., 156, 178.
Religion (s. a. Kunst und Philosophie) 153, 155 ff., 178.
»Religion und Kunst« (nebst den »Ausführungen«) 171.
Religiosität, Wagners 76 ff., 156, 177—181, 184.
Renaissance, die 21, 174 f.
Revolution 88 f., 122, 148.
——, die deutsche, von 1848/49 38, 62 f., 97.
Revolutionär, Wagner als 51, 59, 62 f., 96 ff., 122 f., 148, 151, 154, 158 ff.
»Rienzi« 56 f., 59 f., 64, 101.
»Ring des Nibelungen, Der« 14, 64 f., 71, 76, 101 ff., 119, 123—134, 145, 156, 166.

Röckel, August 63.
Romantik, die deutsche 31 f.
Rossini 30.
Rousseau, J. J. 84, 93.
Rückert 138.
Ruge, Arnold 173.

S.

Sachs, Hans (i. d. Meistersingern) 60, 154, 158, 173, 186.
»Sarazenin, Die« 65.
Schaffen, bewußtes und unbewußtes (Instinkt und Reflexion) 8, 64 f., 128 ff., 134.
Schelling 33.
Schemann, Ludwig 181.
Schiller 25—29, 31, 43, 63, 67, 151 f.
Schlegel, A. W. 31.
——, Fr. 178.
Schopenhauer, Arthur, und Wagners Verhältnis zu ihm 10, 14 f., 18 ff., 28, 33, 69, 71, 76, 81 f., 98, 119 ff., 129—139, 141 f., 145—150, 153, 156, 170, 173, 179 f., 183 f., 186.
Schriften, Wagners 5—8.
Schriftsteller s. Prosaschriftsteller.
Schröder-Devrient, Wilhelmine 54.
Seidl, Arthur 181.
Sensualismus s. Sinnlichkeit.
»Sieger, Die« 179.
Siegfried 123 ff., 186.
»Siegfrieds Tod« 65, 124.
Sinnlichkeit 51, 54, 74, 87, 107 ff., 121, 144, 146 f.
Sittlichkeit s. Ethik.
Sociale Frage und Socialismus 58—61, 63, 90, 97 f., 148, 156, 170.
Spinoza 40.
Spontini 64.
Springer, R. 185.
Staat 95 f., 152, 155.
»Staat und Religion, Über« 151—154, 169, 178.
Stammhammer, J. 103.
Stein, Heinrich von 21, 69 f.

Stirner, Max 75.
Storm, Theodor 150.
Strauß, D. Fr. 177.
Subjektivität 9 ff., 74.

T.

»Tannhäuser« 14, 61, 65, 71, 78, 101, 102—111, 113—117, 119, 121 f., 141, 165.
Theaterreformator, Wagner als 34 f.
Todessehnsucht 146, 149 f.
Tolstoi, Graf Leo 84.
Tragik im Leben Wagners 164 f., 167.
Tragöde, Wagner als 140 f.
Treue 48 f.
»Tristan und Isolde« 76, 101—104, 132—139, 149 f., 162.

U.

Unbewußtsein s. Schaffen.
Unwillkür s. Willkür.
Utilitarismus 81, 174 f., 183 f.

V.

Vaterlandsvereinsrede, Wagners 97, 154.
Vega, Lope de 31.
Vegetarianismus 183—185.
Verfall s. Menschheit.
Verstand s. Gefühl.
Vivisektion 183 f.
Vogler, Abbé 30.
Volk 62.

W.

Wagenseil, J. Chr. 37.
Wagner, Albert (Richards Bruder) 34.
——, Cosima (Richards 2. Frau) 166.
——, Friedrich (Richards Vater) 33.
——, Heinrich Woldemar 63.
——, Richard s. Charakter, Kunstwerke, Leben, Schriften, Tragik, Weltanschauung u. s. w.
——, Richards Großvater, Mutter und Schwestern 33 f.

Wagner, Siegfried (Richards Sohn) 166.
——, Wilhelmine (Richards 1. Frau) 55, 57.
Wagnerbegeisterung, die moderne 161 ff.
Wahn 152 ff., 157 ff., 185.
Wahrhaftigkeit 47.
Weber, Karl Maria von 30 ff., 35, 52—54.
Weib, das 55, 117 f.
Weinlig, Theodor 51.
Weltanschauung, religiöse, künstlerische und philosophische 1—5.
——, individuelle Beschränktheit einer jeden 9.
——, Bedeutung der künstlerischen 3 ff., 9 ff.
—— Wagners, die: ihre Darstellung (Methode, Quellen, Schwierigkeiten) 12—20.
—— ——, fremde Einflüsse auf die 13, 15 ff., 100 f., 116 f.
—— ——, Einflüsse der Lebensumstände auf die 139 f., 167 ff.

Weltanschauung Wagners: ihre Einheit 7, 12—15.
—— ——: ihre Entwickelung 15 ff.
—— ——: ihre Voraussetzungen 17 f.
—— ——: Widersprüche 12 f., 119, 159 ff.
›Wibelungen, Die‹ 86.
›Wieland, der Schmied‹ 65, 123.
Wille, 98, 126 ff., 138, 151—154, 184, 186.
Willens, Verneinung des 127 f., 137 f., 141, 145, 149, 155 f., 168, 180, 186.
Willkür und Unwillkür 98 f., 132.
Winckelmann, J. J. 174.
Wolfram von Eschenbach 103.
Wolzogen, Hans von 165, 182 f.
Worttondichter, Wagner als dramatischer 7, 29, 49, 51, 57, 66.
Worttondrama 7, 24 f., 27 f., 44, 67 f., 78, 95.
Wotan 124—128, 186.
Wundt, Wilhelm 93.

Z.

Zola, Emile 4.

www.ingramcontent.com/pod-product-compliance
Lightning Source LLC
Chambersburg PA
CBHW032100300426
44116CB00007B/823